张会芳

著

近代无锡农村的地权、租佃与经济发展

1840~1952

LAND OWNERSHIP, TENANCY
AND RURAL ECONOMIC DEVELOPMENT
IN WUXI COUNTY, 1840-1952

社会科学文献出版社
SOCIAL SCIENCES ACADEMIC PRESS (CHINA)

目 录

绪 论 ……………………………………………… 1

    一 土地问题研究回顾 ……………………………… 1

    二 研究单位的确定 ………………………………… 12

    三 无锡研究的意义 ………………………………… 16

    四 主要内容及资料概述 …………………………… 23

第一章 "小上海"的崛起 ………………………… 29

    一 传统商品经济的发展 …………………………… 29

    二 近代工业的兴起 ………………………………… 31

    三 乡村经济的变化 ………………………………… 34

    四 多样的乡村风貌 ………………………………… 40

第二章 无锡农村土地占有概观 …………………… 45

    一 1929 年中央研究院社会科学研究所的调查 …… 46

    二 土改时期的调查 ………………………………… 56

    三 两个时期调查结果的比较 ……………………… 65

第三章 土地占有的变化趋势 ……………………… 69

    一 地主阶层户口增长的原因 ……………………… 71

    二 地主占地数字增加的实质 ……………………… 76

    三 中农阶层经济力量的提高 ……………………… 78

　　四　分散化，还是趋中化？ ………………………………… 81

第四章　土地占有的实态 ………………………………………… 86
　　一　不均衡的苏南 ……………………………………………… 86
　　二　无锡的地域差别 …………………………………………… 89
　　三　地主的规模 ………………………………………………… 94

第五章　影响土地分配统计的因素 ……………………………… 103
　　一　调查地点和范围的选择 ………………………………… 103
　　二　公田的归类 ……………………………………………… 106
　　三　"外地业主"因素 ……………………………………… 110

第六章　无锡农村租佃关系及其变化 ………………………… 115
　　一　两种不同的租佃关系 …………………………………… 115
　　二　租佃关系的变化 ………………………………………… 123
　　三　变化的不均衡 …………………………………………… 132
　　四　无锡在苏南的代表性 …………………………………… 138

第七章　土地改革的原则与权变 ……………………………… 145
　　一　地租与减租 ……………………………………………… 145
　　二　田面田的抽补与折价标准 ……………………………… 151
　　三　地主占有土地与土改没收征收范围 …………………… 161
　　四　地域差异与土地分配单位 ……………………………… 166

第八章　土地改革后的无锡农村经济发展 …………………… 170
　　一　解放前后的工商业发展与农村经济 …………………… 171
　　二　土改后的农业生产 ……………………………………… 175
　　三　土改后的农村经济 ……………………………………… 179
　　四　土改后的农民生活 ……………………………………… 184

结　语 ……………………………………………… 188

附　录 ……………………………………………… 195

　　一　无锡县行政区域划分 ……………………… 195

　　二　相关资料 …………………………………… 204

主要参考文献 ………………………………………… 223

后　记 ……………………………………………… 242

绪　论

一　土地问题研究回顾

中国是一个历史悠久的农业大国，农民曾长时间占人口的绝大多数。土地是农业生产的最主要资源，也是乡村社会经济的基础。土地问题作为近代中国农村经济问题的核心及民主革命的中心问题，历来是学界关注的焦点。长期以来，流传的中国近现代史论著在谈到旧中国的土地问题时，通常都沿用如下论断，即占乡村人口不到 10% 的地主、富农占有 70%～80% 的土地，他们借此残酷地剥削农民，不仅攫取了农民剩余劳动的全部，还侵占了农民维持生活的必要劳动的一部分，甚至最大部分。在新中国成立前的几十年间，地权越来越集中，失去土地的农民越来越多。这一说法从何而来，似乎是一个难解之谜，虽然经过后来学者考证，几种可能的资料来源都存在不确之处①，但这并不妨碍其成为长时期内农村经济史研究领域的主流观点。

从 20 世纪 80 年代末开始，越来越多研究者借助统计数据对此提出质疑，指出旧中国乡村的土地集中程度并没有那么严重。例如，章有义提出，全面抗战爆发前地主、富农一般占地 50%～60%，从宽

---

① 章有义编著《明清及近代农业史论集》，中国农业出版社，1997 年，第 76～79、87页；郭德宏：《中国近现代农民土地问题研究》，青岛出版社，1993 年，第 47～53 页。

说，60%左右。① 郭德宏认为，中国地域广阔，情况复杂，但就多数地区看，约占人口总数10%的地主、富农，占有土地总数的50%～52%；约占人口总数90%的劳动人民，占有土地总数的48%～50%。② 乌廷玉的结论是：到新中国成立前夕，除个别县、乡外，占全国人口6%～10%的地主、富农只占有28%～50%的土地，他们从未占有60%以上的土地；占人口90%～94%的农民占有50%～72%的土地。③ 刘克祥估计，20世纪30年代土地的阶层分配状况为：占全国人口11.8%的地主、富农占有61.7%的土地，而占全国人口66%的贫雇农只占有17.2%的土地。④ 这里所提出的地主、富农占地比重，略高于其他学者的判断。近年来，有学者根据县志中的土改前地权分配资料估算，认为占总人口9.39%的地主、富农占有42.8%的土地。⑤ 也有学者考证，土改前夕农村前10%的富有阶层占有土地的比例，南方各省的准确数据为30%左右（±5%），而北方低于这一水平。如果考虑到公田和一田二主等因素，则这一比例应更低。⑥ 以上数据明显低于其他学者的估计。还有学者单独计算地主的土地占有情况。郭德宏认为，地主占农村户数和人口约3.79%，占有土地约38.29%。⑦ 高王凌的结论是：地主户数占农民总户数的3%～4%，人口约为农民总人口的5%，占有土地多在30%～40%，总之不到40%，简单平均为36%。⑧ 总的来说，虽然不同学者所提出的具体数字略有差别，但均

---

① 章有义：《本世纪二三十年代我国地权分配的再估计》，《中国社会经济史研究》1988年第2期。
② 郭德宏：《旧中国土地占有状况及发展趋势》，《中国社会科学》1989年第4期。
③ 乌廷玉：《旧中国地主富农占有多少土地》，《史学集刊》1998年第1期。
④ 刘克祥：《20世纪30年代土地阶级分配状况的整体考察和数量估计——20世纪30年代土地问题研究之三》，《中国经济史研究》2002年第1期。
⑤ 庞浩、徐之茵、管汉晖：《土改前后地权分配之比较：基于县志的研究》，《中国经济史研究》2021年第1期。
⑥ 龙登高、何国卿：《土改前夕地权分配的检验与解释》，《东南学术》2018年第4期。
⑦ 郭德宏：《中国近现代农民土地问题研究》，青岛出版社，1993年，第42页。
⑧ 高王凌：《租佃关系新论：地主、农民和地租》，上海书店出版社，2005年，第5、9页。

较过去所指陈的数据为低。多数人认为，旧中国农村富裕阶层（地主、富农）所占有的土地，一般情况下不超过 60%，土地集中程度并不十分严重。①

　　还有一些论著对区域的土地分配状况有所涉及。史建云认为，"在近代，直到 1937 年之前，华北平原农村一直以自耕农经济为主要农业经营方式"。② 秦晖、苏文早有"关中无地主"之说。③ 张佩国认为，江南地区"土地占有的集中化是不存在的"。④ 黄道炫认为，20 世纪 20～40 年代，作为南方苏维埃运动中心区域的江西、福建，"地主、富农占地约 30%，贫雇农占地约 20%。就更大规模的东南地区而言，该数据也有相当的代表性"。⑤ 常明明认为，20 世纪 30～40 年代，中南区（河南、湖北、湖南、江西、广东、广西等六省及武汉、广州两市）地主、富农占地总体上约 45%。在土地关系集中地区，地主、富农占地超过 60%；在土地关系分散地区，地主、富农占地一般在 25%～30%；在土地关系一般集中地区，一般少于 40%。⑥ 另据黄正林研究，近代黄河上游的甘肃、青海、宁夏三省区，就整体情形而言，占人口 10%～20% 的地主、富农占耕地的 30%～40%，而占农村人口 80% 的自耕农和贫雇农占有土地 60%～70%，地权比较分散。⑦

---

① 徐畅：《民国时期中国农村地权分配及其变化》，《聊城大学学报（社会科学版）》2013 年第 4 期。

② 史建云：《近代华北平原自耕农初探》，《中国经济史研究》1994 年第 1 期。

③ 秦晖、苏文：《田园诗与狂想曲：关中模式与前近代社会的再认识》，中央编译出版社，1996 年，第 48～53 页。

④ 张佩国：《近代江南乡村地权的历史人类学研究》，上海人民出版社，2002 年，第 134 页。

⑤ 黄道炫：《一九二○—一九四○年代中国东南地区的土地占有：兼谈地主、农民与土地革命》，《历史研究》2005 年第 1 期。

⑥ 常明明：《集中抑或分散：土改前农村土地占有关系再探讨——以中南区为中心》，《贵州社会科学》2011 年第 6 期。

⑦ 黄正林：《近代黄河上游区域地权问题研究》，《青海民族研究》2010 年第 3 期。

　　针对近代中国土地日益集中化的估计，20世纪80年代以来，也陆续有学者提出不同看法。一种观点是"稳定化"。例如，章有义认为，对地权分配长期起作用的两个基本因素是土地自由买卖和遗产多子均分制，此外还有很多短期因素起着集中或分散的作用。种种长期和短期因素交错交织在一起，在长期上、整体上形成地权的阶级分配的某种常态，即地主和农民占地的比例大体稳定。"人们所想象的地权不断集中的长期趋势，实际上是不存在的，或者说是不可能存在的。"① 姜涛在关于中国人口与土地关系的长时段研究中认为，20世纪20～40年代中国乡村各阶层占有土地的比重"只有很小幅度的波动"。② 另一种观点是"分散化"。例如，郭德宏提出，在新中国成立前几十年间，各地区地权变化的情况很复杂，但总的来说，地权是越来越分散，并非越来越集中。地主、富农占有的土地有所下降，中农、贫农、雇农及其他劳动人民占有的土地逐渐有所上升。③ 朱玉湘也指出，进入20世纪以来，在一些地方土地占有趋于集中的同时，有很多地区的地权是逐步趋于分散的，特别到了抗日战争时期，在日伪统治和掠夺下的沦陷区与游击区，地主阶级占有土地有分散的趋势。④ 也有学者依然持"集中化"的观点。例如，刘克祥通过考察认为，20世纪30年代的地权仍存在集中趋势，广大中小自耕农失地破产，中小地主也普遍衰败，而大地主、城市地主急剧膨胀，全国土地恶性集中。⑤ 最新的一些研究更倾向于支持"分散"的看法。例如，徐畅认为，民国时期"地权变化存在地区和时段差异"，"总体趋向

---

① 章有义：《本世纪二三十年代我国地权分配的再估计》，《中国社会经济史研究》1988年第2期。
② 姜涛：《人口与历史：中国传统人口结构研究》，人民出版社，1998年，第200页。
③ 郭德宏：《旧中国土地占有状况及发展趋势》，《中国社会科学》1989年第4期。
④ 朱玉湘：《试论近代中国的土地占有关系及其特点》，《文史哲》1997年第2期。
⑤ 刘克祥：《20世纪30年代地权集中趋势及其特点——30年代土地问题研究之二》，《中国经济史研究》2001年第3期。

分散"。① 关永强提出：从变动趋势来看，绝大部分学者都认为近代
中国农村的地权分配呈现逐渐分散化的趋势，只有很少数学者认为
近代地权分配的差距是趋于恶化的。没有足够的证据表明近代中国
存在着全国性地权集中化的趋势。②

　　除史学的实证考察分析外，20 世纪八九十年代以来，国内外学
界开始借助经济学研究收入分配的基尼系数③等分析工具，对我国历
史上的地权分配进行量化研究，得出了一些有别于传统认识的新观
点。有学者以明清时期的鱼鳞图册数据和 20 世纪以来的土地调查数
据为基础进行估算，认为地权分配的南北差距并不十分明显；但无论
南方还是北方，各地区（省区）间的差别较大。④ 也有学者根据县
志资料中的地权分配数据，认为土改前地权分配不平等程度较高，
各地不平等程度差异较大。⑤ 还有学者根据基尼系数的比较，认为传
统中国乡村地权分配的不平等程度低于世界上绝大多数传统与现代
国家。⑥

　　面对相同的资料，研究者采用不同的分组和计算方法，所得出的

① 徐畅：《民国时期中国农村地权分配及其变化》，《聊城大学学报（社会科学版）》
2013 年第 4 期。
② 关永强：《农村土地产权制度的历史借鉴：近代中国地权分配研究述评》，《南开经济
研究》2015 年第 3 期。
③ 基尼系数，亦称吉尼系数，1922 年由意大利经济学家基尼提出，是国际学术界常用的
衡量收入分配不平等程度的指标。基尼系数越大，不平等程度越高，其取值范围为
0～1，一般认为，基尼系数在 0.2 以下表示分配高度平均，0.2～0.3 表示分配相对平
均，0.3～0.4 表示分配相对合理，0.4～0.6 表示贫富差距较大，0.6 以上表示贫富悬
殊、非常不均。参见国家统计局《从基尼系数看贫富差距》，《中国国情国力》2001
年第 1 期。
④ 田传浩、方丽、张旋：《中国历史上的地权分配——基于鱼鳞图册的估计》，《中国农
村研究》2013 年第 2 期。
⑤ 庞浩、徐之茵、管汉晖：《土改前后地权分配之比较：基于县志的研究》，《中国经济
史研究》2021 年第 1 期。
⑥ 田传浩、方丽、张旋：《中国历史上的地权分配——基于鱼鳞图册的估计》，《中国农
村研究》2013 年第 2 期；庞浩、徐之茵、管汉晖：《土改前后地权分配之比较：基于
县志的研究》，《中国经济史研究》2021 年第 1 期。

基尼系数往往不尽相同，甚至差别较大。例如，赵冈通过纵向考察宋代至民国时期地权分配的基尼系数，针对过去所流行的地权分配"不断集中论""无限集中论"观点，提出地权分配的长期演变趋势是越来越分散。[①] 但胡英泽认为，赵冈计算基尼系数的方法存在重大错误，导致其所统计的历史时期地权分配基尼系数普遍偏低，根据这些数据得出的结论值得商榷。[②] 再如，秦晖、金雁利用关中各地的土改档案、清代至民国时期的土地册等资料计算，土改前关中地区除个别县外，绝大多数地方的土地分配基尼系数均在 0.23 以下。[③] 而胡英泽对于关中土地册的研究，所得出的地权分配基尼系数普遍高于秦晖、金雁的计算结果，由此引发对"关中模式"的质疑，认为关中的地权分配并没有那么平均。[④] 关于华北乡村的地权分配，学界近年来亦争论不一。针对华北农村以自耕农为主、地权分散的传统结论，有学者提出，20 世纪二三十年代，晋冀鲁三省农户地权分配基尼系数大致在 0.5 以上，地权分配很不平均。也有学者认为，全面抗战爆发前晋冀鲁三省农村地权分配以人计算的基尼系数应接近或不高于 0.4，地权分配可谓相当平均。[⑤]

长期以来，租佃制被认为是近代中国农村占主导地位的生产关系，其性质被视为封建剥削，受到广泛批评。近年来，学界的看法有所改变，出现了许多新的观点和思考。章有义提出："要正确估量自

---

① 赵冈：《中国传统农村的地权分配》，新星出版社，2006 年，第 143～168 页。
② 胡英泽：《历史时期地权分配研究的理论、工具与方法——以〈中国传统农村的地权分配〉为中心》，《开放时代》2018 年第 4 期。
③ 秦晖、金雁：《田园诗与狂想曲：关中模式与前近代社会的再认识》，语文出版社，2010 年，第 52～53、75～79 页。
④ 胡英泽：《近代地权研究的资料、工具与方法——再论"关中模式"》，《近代史研究》2011 年第 4 期。
⑤ 胡英泽：《近代华北乡村地权分配再研究——基于晋冀鲁三省的分析》，《历史研究》2013 年第 4 期；赵牟云：《抗战前山西土地问题新探》，黄宗智主编《中国乡村研究》（第 13 辑），福建教育出版社，2017 年，第 1～28 页；刘志：《近代地权分配研究方法刍议——基尼系数与统计方法的运用》，《近代史研究》2020 年第 1 期。

耕农民小土地所有制在旧中国土地关系中所占的地位……人们惯于把土地关系狭隘地理解为租佃关系，即地主和佃农的关系，而把农民小土地所有制视为无足轻重的因素，不是一笔带过，就是根本不提。实际上，小自耕农占有土地达 40% ~ 50% ，或者说，40% 左右，乃是中国近代土地关系的一个重要组成部分。"① 高王凌依据文献和田野调查提出：地主对农民的高额地租剥削并不存在，地主与农民的关系也不像通常所描述的那样对立，农民在业佃关系中并非总处于绝对弱势的一方②，在学界引起了较大争议。

　　不少学者围绕区域租佃制度状况进行具体探究。乌廷玉曾分别考察近代东北、黄河流域、苏浙皖等地的租佃关系，提供了不少文献资料。③ 此外，史建云、史志宏、李金铮关于华北平原的研究④，秦晖、钞晓鸿等关于陕西地区的研究⑤，张玮关于晋西北地区的研究⑥，章有义、白凯、曹幸穗、曹树基、张丽、邢丙彦关于长江下游地区的

①　章有义：《本世纪二三十年代我国地权分配的再估计》，《中国社会经济史研究》1988年第 2 期。

②　高王凌：《租佃关系新论：地主、农民和地租》，上海书店出版社，2005 年，第 75 ~ 76、130 页。

③　乌廷玉：《旧中国黄河流域各省的租佃关系》，《近代史研究》1987 年第 2 期；《旧中国苏浙皖三省的租佃关系》，《历史研究》1987 年第 6 期；《解放前东北三省的租佃关系》，《社会科学战线》1989 年第 2 期；《近代山西省的租佃关系》，《晋阳学刊》1989年第 6 期；《解放前河北省的租佃关系》，《河北学刊》1991 年第 3 期。其成果后来结集为《中国租佃关系通史》（吉林文史出版社，1992 年）出版。

④　史建云：《近代华北平原地租形态研究——近代华北平原租佃关系探索之一》，《近代史研究》1997 年第 3 期；《近代华北平原佃农的土地经营及地租负担——近代华北平原租佃关系探索之二》，《近代史研究》1998 年第 6 期；史志宏：《20 世纪三四十年代华北平原农村的租佃关系和雇佣关系——以河北省清苑县 4 村为例》，《中国经济史研究》2003 年第 1 期；李金铮：《矫枉不可过正：从冀中定县看近代华北平原租佃关系的复杂本相》，《近代史研究》2011 年第 6 期。

⑤　秦晖：《封建社会的"关中模式"——土改前关中农村经济研析之一》，《中国经济史研究》1993 年第 1 期；钞晓鸿：《本世纪前期陕西农业雇佣、租佃关系比较研究》，《中国经济史研究》1999 年第 3 期。

⑥　张玮：《战争·革命与乡村社会——晋西北租佃制度与借贷关系之研究：1937—1945》，中国社会科学出版社，2008 年。

研究①，温锐关于赣闽边地区的研究②，李德英关于成都平原的研究③，张家炎关于江汉平原的研究④，对于各地的租佃率、租佃手续、地租形态、地租额、地租率、征租方式、地主佃农一般状况、主佃关系以及民国政府的佃农政策等都做了清楚阐释，其中不乏新的见解。从既有成果看，关于东北、华北、华中、华南、西北、西南等主要经济区域，均已有所涉及。

　　关于租佃制在中国近代农村社会经济生活中所占的比重，既有研究显示，南北各地的差异甚大。史建云曾收集冀鲁豫三省 300 余县的 100 多种调查统计资料进行排比分析，得出结论："近代华北农村中自耕农占了举足轻重的地位"，"租佃关系虽占有一定比重，但决不是占统治地位的生产关系"。不仅如此，从民国建立到全面抗战爆发前夕，佃农比重还有逐步下降之势。⑤ 史志宏、李金铮关于清苑县、定县的分析，为以上观点提供了佐证。⑥ 与北方乡村相比，南方

① 章有义：《近代徽州租佃关系案例研究》，中国社会科学出版社，1988 年；〔美〕白凯：《长江下游地区的地租、赋税与农民的反抗斗争，1840—1950》，林枫译，上海书店出版社，2005 年；曹幸穗：《旧中国苏南农家经济研究》，中央编译出版社，1996 年；曹树基：《两种"田面田"与浙江的"二五减租"》，《历史研究》2007 年第 2 期；曹树基：《苏南地区"田面田"的性质》，《清华大学学报》（哲学社会科学版）2007 年第 6 期；张丽：《1929—1948 年无锡农村土地出租率和地租率的变化趋势及其原因分析》，徐秀丽、黄正林主编《中国近代乡村研究的理论与实证》，社会科学文献出版社，2012 年，第 259～270 页；邢丙彦：《近代松江土地租佃制度研究》，上海人民出版社，2015 年。

② 温锐：《清末民初赣闽边地区土地租佃制度与农村社会经济》，《中国经济史研究》2002 年第 4 期。

③ 李德英：《国家法令与民间习惯——民国时期成都平原租佃制度新探》，中国社会科学出版社，2006 年。

④ 张家炎：《话语、现实与乡村社会——以二十世纪前半期江汉平原的租佃与雇佣关系为例》，黄宗智主编《中国乡村研究》（第 16 辑），广西师范大学出版社，2021 年，第 205～242 页。

⑤ 史建云：《近代华北平原自耕农初探》，《中国经济史研究》1994 年第 1 期。

⑥ 史志宏：《20 世纪三四十年代华北平原农村的租佃关系和雇佣关系——以河北省清苑县 4 村为例》，《中国经济史研究》2003 年第 1 期；李金铮：《相对分散与较为集中：从冀中定县看近代华北平原乡村土地分配关系的本相》，《中国经济史研究》2012 年第 3 期。

地区的租佃制度较为发达和普遍。曹幸穗认为，"土地租佃是旧中国苏南农村的主要生产关系形式，其土地租佃率之高，冠于全国"。[①]温锐认为，当年"赣闽边地区农村土地租佃比率之高是一个不争的事实"，租佃土地占比达 55%～65%。[②]章有义提出，近代徽州耕地中租佃经营的当在 50% 以上，"相对于其他地区而言，徽州租佃经营所占的比重比较高，则是事实"。[③]总的来看，近代中国"南方多租佃，北方多雇佣"，是学界普遍注意到的现象。此外，差异还可能存在于同一地区的内部。例如，秦晖通过考察关中农村，认为该地区地权分配平均，几乎是自耕农的世界。[④]钞晓鸿则认为，20 世纪前期的陕西农村经济表现出不同的区域特征，其中陕北、陕南租佃盛行，关中"并非租佃制不存在，但相对于小农自耕与雇佣制而言，是异常稀少"。[⑤]

地租率是反映地主与佃农所得农业收获份额的重要指标。[⑥] 相关研究表明，以往考察地租率时，大多估计偏高，主要原因是往往只计算地租在一季主要作物产量中的比重（实际上农作物有可能是一年两熟或两年三熟），从而使得地租率无形增加。例如，曹幸穗依据苏南地区 3 个县（无锡、嘉定、常熟）6 个村庄的研究指出，如果把佃农的冬夏两季作物（一年两熟）的产量合并计算，平均地租约占年收获物的 44%；如果以夏季作物（本区主作物）计算，

---

① 曹幸穗：《旧中国苏南城居地主的土地租佃》，《古今农业》1990 年第 2 期。

② 温锐：《清末民初赣闽边地区土地租佃制度与农村社会经济》，《中国经济史研究》2002 年第 4 期。

③ 章有义：《近代徽州租佃关系案例研究》，中国社会科学出版社，1988 年，第 313～314 页。

④ 秦晖：《封建社会的"关中模式"——土改前关中农村经济研析之一》，《中国经济史研究》1993 年第 1 期。

⑤ 钞晓鸿：《本世纪前期陕西农业雇佣、租佃关系比较研究》，《中国经济史研究》1999 年第 3 期。

⑥ 李金铮、邹晓昇：《二十年来中国近代乡村经济史的新探索》，《历史研究》2003 年第 4 期。

则地租率均超过产量的 50%。① 章有义对徽州的研究结论类似：如以单季租即稻租计，通行地租率为 50%～67%；如将小季收成估算在产量内（按大季收成的二三成估算），实际地租率即为 40%～55%。② 关于地租率的变化趋势，学界看法不一。据曹幸穗研究，苏南地区近代百余年来地租额并无多大变化③；章有义认为，从鸦片战争前夕起，除个别年代外，近代徽州实收地租大都没有上升迹象，总的趋势是缓慢下降的④；史建云也指出，近代华北平原佃农负担有减轻的趋向，因为佃农缴纳地租以定额地租和货币地租为主，而定额地租率低于分成地租率，货币地租率又低于定额地租率⑤。但有学者认为，就成都平原而言，从清代到民国，地租率的确呈现出上升的趋势。⑥

地主和佃农的关系也是近年学界谈论较多的问题。史建云认为，在华北地区，地主对佃农农业经营的干涉降到最低程度，这标志着佃农对于地主基本上没有人身依附，主佃之间保持相对平等，形成一种单纯经济上的契约关系，传统的租佃制度正在走向衰退。⑦ 曹幸穗提出：由于土地绝大多数属于城居地主所有，而且地权在地主间经常买卖变动，苏南的地主与佃农一般无直接联系。在许多村庄中，佃农除了缴纳地租之外，一般不再给地主提供任何额外的劳务。这说明，在商品经济发展的社会环境中，传统的主佃关系开始向纯粹的经济契

① 曹幸穗：《旧中国苏南农家经济研究》，中央编译出版社，1996 年，第 79 页。
② 章有义：《近代徽州租佃关系案例研究》，中国社会科学出版社，1988 年，第 328 页。
③ 曹幸穗：《旧中国苏南农家经济研究》，中央编译出版社，1996 年，第 82 页。
④ 章有义：《近代徽州租佃关系案例研究》，中国社会科学出版社，1988 年，第 331 页。
⑤ 史建云：《近代华北平原佃农的土地经营及地租负担——近代华北平原租佃关系探索之二》，《近代史研究》1998 年第 6 期。
⑥ 李德英：《国家法令与民间习惯——民国时期成都平原租佃制度新探》，中国社会科学出版社，2006 年，第 8 页。
⑦ 史建云：《近代华北平原地租形态研究——近代华北平原租佃关系探索之一》，《近代史研究》1997 年第 3 期。

约关系转变。① 章有义也认为，近代徽州一般佃户对地主的人身依附关系愈来愈淡薄，几乎只有"单纯纳租义务"，租佃关系基本上契约化了。② 而钞晓鸿的研究则发现，在租佃盛行的陕北、陕南，主佃关系存在较为紧张的迹象。例如，陕北米脂县的佃户中，在所谓的"死租"情况下，往往是地主有肆意撤佃的自由而不是佃户有永佃的自由；在陕南，佃户除缴纳正租外，还有副租，还要送交礼物，甚至"妻媳有为地主作女佣及奶妈之义务"。③ 有的学者着重强调主佃关系的复杂面相。例如，李金铮基于河北定县的个案考察提出，当地租佃关系更多表现为你中有我、我中有你的普通农民之间的复杂关系。总体说来，地主和佃农之间的关系比较缓和，地主欺压佃户之事并不多见，但主佃关系不紧张，并不意味着二者关系是平等的。④ 张家炎认为，20 世纪上半叶江汉平原的租佃关系显示，当地既有阶级间的剥削，也存在道义经济（灾年减租）与市场竞争。只强调某一方面显然都与乡村实际不符。⑤

　　总体来看，学界对近代中国农村土地问题研究呈不断深入趋势，在各方面都得出了不少新的结论。但这些研究中，从全国范围着眼多，论证也相对细致，而具体的区域和个案研究则尚欠充分，对各地区土地占有和租佃状况的了解还远远不够。依据民国至土改时期所形成的大量农村调查材料，完成关于区域土地问题较为翔实的研究，这正是本书的主要目的。

---

① 曹幸穗：《旧中国苏南农家经济研究》，中央编译出版社，1996 年，第 70、82 页。
② 章有义：《近代徽州租佃关系案例研究》，中国社会科学出版社，1988 年，第 320 页。
③ 钞晓鸿：《本世纪前期陕西农业雇佣、租佃关系比较研究》，《中国经济史研究》1999 年第 3 期。
④ 李金铮：《矫枉不可过正：从冀中定县看近代华北平原租佃关系的复杂本相》，《近代史研究》2011 年第 6 期。
⑤ 张家炎：《话语、现实与乡村社会——以二十世纪前半期江汉平原的租佃与雇佣关系为例》，黄宗智主编《中国乡村研究》（第 16 辑），广西师范大学出版社，2021 年，第 205～242 页。

二　研究单位的确定

关于土地租佃关系的研究，是一个已经有众多研究成果的老问题。对相关研究进行一一梳理和详细评说，当非本书有限的篇幅所能涵括。本书所感兴趣和要讨论的主题是：既然中国地域辽阔，各地社会经济情形复杂已为学界所公认，那么在研究土地分配和租佃关系问题时，应该采取什么方式来观察和描述，才可能最为贴近研究对象的本真状态？

以往关于土地问题的分析，主要采用比较归纳的方法。例如，章有义得出全面抗战爆发前"地主富农一般占地50%～60%"的结论，主要通过归纳20世纪20～30年代关于土地分配的一些范围较广的官方统计和私人估计，并参考新中国成立后土改时期所做的一些调查统计[1]；郭德宏得出旧中国几十年间地主、富农占土地总数一半左右的结论，也主要是通过详细列举大革命至土地革命时期、抗日战争至解放战争时期、新中国成立前夕三个阶段有关全国农村各阶级土地占有状况的一些具体调查统计，并加以比较和综合。[2] 近年来，研究者除继续采用传统的各阶层占地比例来描述地权分配状况外，也广泛利用基尼系数来直观衡量地权分配的不均衡程度。与过去所使用的指标相比，利用基尼系数进行地权分配研究的优点和局限性都显而易见。[3]

基于大量调查统计资料，近代地权分配研究取得了丰硕的成果，

---

① 章有义编著《明清及近代农业史论集》，中国农业出版社，1997年，第79～87页。
② 郭德宏：《中国近现代农民土地问题研究》，青岛出版社，1993年，第10～42页。
③ 刘志：《近代地权分配研究方法刍议——基尼系数与统计方法的运用》，《近代史研究》2020年第1期；刘志：《方法与实证：近代中国土地分配问题再研究》，《华东师范大学学报》（哲学社会科学版）2020年第2期；胡英泽：《近代中国地权分配基尼系数研究中若干问题的讨论》，《近代史研究》2021年第1期。

但依然存在不少认识分歧。有学者指出，研究土地分配，无论是否利用基尼系数等分析工具，土地分配数据的数量和质量对于统计结果影响极大。① 周锡瑞曾将民国时期土地分配调查资料的缺陷概括为五个方面：一是土地调查范围大小标准不同，省、区、县、村庄之间都存在差异，确定谁具有代表性非常困难；二是虽然民国时期土地分配数据丰富，但缺乏标准一致的数据；三是使用了不可比较的分类，有的调查按自耕农、佃农、自耕农－佃农分类，有的按富农、中农、贫农分类；四是部分数据缺失，有的调查缺失无地户数据，有的将外居地主排除在统计数据之外；五是未考虑土地质量的差异性，同样以亩为单位的统计，土地产出相差较大。②

根据这样的调查统计资料，研究者要得出符合或基本符合历史时期实际状况的地权分配估计，的确是比较困难的。在引用之先，必然需要对各相关调查的背景和资料的质量有所判断。以一些较为细致的区、乡、村等层面的调查为例，在引用时，其中的统计数字是否可靠，即使数字可靠解释又是否妥当，即使解释妥当又是否能代表调查点所在的该区域的一般情况，均是需要考虑的问题。由于时间和精力等诸多条件的限制，依靠单个学者的努力，来对各调查的相关背景及其对调查结果的影响均一一进行梳理，并据此对资料重新进行整理分析，进而形成关于中国农村土地关系的整体判断，难度是可想而知的。在这样的情况下，按照一定的区域，"对众多互为对立的材料全面引证、分析、清理"③，在此基础上完成关于一个地区土地问题的较为科学的研究，不仅十分必要，也是更为可行的。

---

① 胡英泽：《历史时期地权分配研究的理论、工具与方法——以〈中国传统农村的地权分配〉为中心》，《开放时代》2018 年第 4 期。

② Joseph W. Esherick，"Number Games：A Note on Land Distribution in Prerevolutionary China"，*Modern China*，Vol. 7，No. 4（Oct.，1981），pp 387 – 411.

③ 黄道炫：《一九二〇——九四〇年代中国东南地区的土地占有：兼谈地主、农民与土地革命》，《历史研究》2005 年第 1 期。

　　但是，即使以较严谨的方法完成的区域性研究，是否就能充分说明中国农村的实际情形？这涉及研究的学术定位和认识论问题，是旨在说明一般的状况和变化趋势更为重要，还是应该重在介绍农村实态的多样和复杂？关于各地的区域性研究，比之全国范围的研究，在研究单位的选择和资料的使用上，无疑都更为细致；但就研究方法本身而言，往往殊途同归，其不利之处在于，采用寻找一般性的方法，在有助于认识不同单位之间相似性的同时，容易淡化个体的特点和具体特征。而土地和租佃关系，往往有其具体依存的自然生态和社会经济环境，数字的背后，也往往有较为复杂的社会经济含义，如果离开了这些来谈一般的情况，不能不出现问题。

　　通过对于学界既有论著的梳理可知，以村为单位的研究方法在近年来尤其受到重视。与全国性和区域性的研究相比，以村为单位的个案研究无疑有其独有的优点，采用这种方式，有助于将研究对象置于更具体可感的环境，从而更为贴近观察研究对象的特殊性和复杂性，包括土地和租佃关系的内在逻辑，都能获得相对较为完整的回答。但问题在于，许多个案研究，往往有以小社区来寄寓大社会的志愿，其价值所在，也是其常受质疑之处：来自较小范围的经验事实，从整体上看有多大代表性？对于这样的个案应如何定位？正如有的学者所言："长期以来，学者们一直被'进入村落'和'超越村落'困扰着，中国的村落千姿百态，对村落的个案调查，尽管可以做的非常深入细致，但也容易囿于个案的特殊性而失去普遍的解释力……不断地做微观层次的村落个案研究并不能形成宏观的中国社会理论。"[1]原因在于中国地域广阔，农村的状况复杂，不仅各地情况不一样，甚至同一区域中不同的村庄都会有很大的差别，不论认为土地集中还

---

[1]　李善峰：《20世纪的中国村落研究：一个以著作作为线索的讨论》，《民俗研究》2004年第3期。

是分散以及租佃关系恶化还是良性发展的人，都不难为自己的观点找到有力的佐证，出现"公说公有理，婆说婆有理"的局面，学界关于此种现象也曾有"一村一理论"的概括。如何真正地在"地方性知识"和"整体社会知识"之间找到结合点，或者说，即使关于地方性的个案研究未被普遍性的"宏大叙事"所切入和笼罩，其价值和意义又如何体现，是否仍应以取得代表性和普遍性的知识为最终诉求？这是困扰村落研究者以及部分区域研究者的难题。

　　那么，究竟应该如何认识和研究土地问题，所得出的看法和结论才能在最大程度上减少偏颇？在选择区域或个案时，怎样的研究单位比较合适？既有的研究，或以较大的地理和经济、文化区域为范围，或聚焦于具体的村庄，相比之下，以县为单位的研究则显得少之又少。众所周知，从政治角度看，近代以前的县是作为国家行政体制的最末端而存在，具有实体的含义；从社会经济角度看，即便同一个县之内的乡村，也会有平原与山地、水田与旱田、郊区与非郊区、商品经济发展程度高低、交通便利与否等诸多区分，进而影响到各地农村土地占有和租佃关系的状况，也会有较大的分殊。多样化的自然环境和社会经济类型，往往在同一个县的范围内都能得到反映。因此，在具备较为丰富资料的情况下，以县这一层次作为基本研究单位，以一定个案为基础进行村庄类型比较，或许能在一定程度上有助于消释关于单一的社区个案研究代表性的疑问，呈现实际情况的复杂多样，并对于避免陷入另一种类型的大而化之的研究有所弥补吧。

　　以上讨论，主要是从学理角度的一些总结。从土改实践的角度讲，采用区域和个案的研究方式，来认识土地租佃关系亦有其必要。不管全国范围的调查结论如何，各地在进行土改时，都不能简单地直接套用，只能从本地区的客观实际出发。而本地区的土地租佃关系状况，作为客观存在的现实，并不因为人为的描述而有所变化；相反，在制定和推行政策的过程中，必须对之持以足够的清醒认识和尊重，才能保证政策措施符合实际并易于推行，收到预期效果。另外，来自区域的调查研究结果有其限度，此一地区的经验，未必即能推而广之，代表整体的状况和覆盖其他地区的现实。基于这样的考虑，关于本地的土地占有和租佃关系状况对土改展开过程的影响，也是本书论述的内容之一。

在区域的选择上，本书在综合比较民国以来农村调查资料的基础上，确定以历来各种调查统计和文献资料都最为丰富的地区之一——江苏省无锡县①作为主要的考察对象。所关心的问题是：近代以来无锡农村土地占有和租佃关系的整体状况如何？在不同区域之间有何差别，又经历了怎样的变迁？在本地区推行土改的过程中，是如何认识与对待这些特点和差别，并由此产生了怎样的影响？以及土改既以"解放农村生产力，发展农业生产"为目的，那么本地区在土改之后，农业生产、农村经济和农民生活如何得到改善，这样的改善又是在什么条件下发生的？等等。相信通过对这些问题的研究与解答，有助于从村基层到县一级，更为全面、深入地认识中国农村土地问题，并由对土地问题的理解进而更为全面深入地认识现代中国社会的变革和发展。

三 无锡研究的意义

作为本书研究对象的无锡县，与长江三角洲其他地方一样，在农业生产方面具有得天独厚的自然优势，素来被称为"鱼米之乡"；在传统商品经济的发展方面，也属于全国较为先进的一小部分地区之列。不仅如此，清末以来民族工商业的兴起，更使无锡享有"民族工商业摇篮"的美誉，20世纪二三十年代一度被称为"模范县"，深

---

① 历史上的无锡县，对应今无锡市下属的大部分区域，不包含江阴和宜兴。

受时人瞩目。直到今天，无锡也仍是全国社会经济最为发达的地区之一，曾有"华夏第一县"之称。在这样背景下的无锡农村，作为全国农村经济的一种类型，与其他地方的农村相比，既有共同点，也有明显的特性。

近代无锡农村，亦处在动态的发展变化之中。但总的来看，其间除了较大的战争如19世纪中叶的太平天国运动、20世纪三四十年代的抗日战争和解放战争，所带来的影响具有突发性，容易造成农村社会经济结构的扭曲或中断外，其他外力包括工商业发展的影响，往往是以渐进的浸染方式为主，可以说农村发展的轨迹还是具有一定规律和连续性。同时，无锡农村内部也是不平衡的，虽然从整体上看，当地以平原为主，仅有少数圩田和低山丘陵，地理和气候方面的差异不甚显著，但各处所受城市经济和外力影响的程度不同，导致其经济结构，包括副业和兼业发达程度以及土地占有和租佃关系的特点，也都相应有所区别。因此，研究无锡农村，不仅可以了解到经济较为发达地区农村发展的特点尤其是工商业发展与农村经济的关联，进一步探讨近代以来农村问题的症结所在，并对今天思考农村的未来发展方向有所启发；同时，无锡内部乡村类型的多样，也有助于我们进一步观察较为复杂的实态，尽量避免以偏概全。通过不同个案的比较，或更容易看出：在自然条件相对区别不大的情况下，促成各处社会经济包括地权和租佃关系分化的主要是哪些因素，以及如何促成分化。

正因其交通便利、经济和教育文化都较为发达，从政治文化角度看，无锡自民国以来，除了当地人才辈出，也是各种外来因素如国共两党以及投身乡村建设运动的部分派别，和其他一些心系乡土的学术机构、知识分子都关注与较为活跃的地区之一。民国以来无锡各种相关调查资料都比较集中和丰富，或许正有此原因。此外，数十年来，无锡也一直处在中外学者的研究视野之内，产生了不少成果，以下仅就与农村和土地问题相关者做一概括。

　　关于无锡及其所处的苏南地区近代以来农村土地和租佃关系状况的研究，中外学者代表性的论著有林惠海《中支江南农村社会制度研究》（1953）①、村松祐次《清末民初江南地主制度文书研究》（1966）、《近代江南的租栈：中国地主制度的研究》（1970）②、罗伯特·阿什《革命前中国的土地占有：20世纪二三十年代的江苏省》（1976）③、白凯《长江下游地区的地租、赋税与农民的反抗斗争（1840—1950）》（1992）④、唐文起《抗战前江苏农村土地所有权浅析》（1993）⑤、曹幸穗《旧中国苏南农家经济研究》（1996）⑥、川胜守《清末江南的租栈、业佃关系》（1977）、《清末民初江南的租栈、业佃关系再论》（1998）⑦、柳泽和也《近代中国的农家经营和土地所有——1920—30年代华北、华中地域的结构和变动》（2000）⑧、夏井春喜《中国近代江南地主制研究：租栈关系簿册的分析》（2001）⑨、小岛淑男《近代中国的农村经济和地主制》（2005）⑩、夏井春喜

①　林惠海『中支江南農村社会制度研究』、東京、有斐閣、1953年。

②　Yuji Muramatsu, "A Documentary Study of Chinese Landlordism in Late Ch'ing and Early Re-publican Kiangnan", *Bulletin of the School of Oriental and African Studies*, University of London, Vol. 29, No. 3, 1966, pp. 566–599. 中译本见〔日〕村松祐次《清末民初江南地主制度文书研究》，邢丙彦译，《史林》2005年第3期；村松祐次『近代江南の租栈：中国地主制度の研究』、東京大学出版会、1970年。

③　Ash, Robert, *Land Tenure in Pre-revolutionary China*, *Kiangsu Province in the 1920s and 1930s*, London：Contemporary China Institute, 1976.

④　Kathryn, Bernhardt（白凯），*Rents, Taxes, and Peasant Resistance, the Lower Yangzi Region, 1840–1950*, Stanford University Press, 1992. 中译本2005年由上海书店出版社出版。

⑤　唐文起：《抗战前江苏农村土地所有权浅析》，《民国档案》1993年第3期。

⑥　曹幸穗：《旧中国苏南农家经济研究》，中央编译出版社，1996年。

⑦　川勝守「清末、江南における租栈・業戸・佃戸関係：九州大学所蔵江蘇省呉県冯林一栈関係簿冊について」、『史淵』114期、1977年3月；川勝守「清末民国初、江南における租栈・業戸・佃戸関係再論—九州大学所蔵江蘇省呉・長洲県冯林一栈関係簿冊の再検討・補遺」、『史淵』135期、1998年3月。

⑧　柳沢和也『近代中国における農家経営と土地所有—1920—30年代華北・華中地域の構造と変動』、御茶の水書房、2000年。

⑨　夏井春喜『中国近代江南の地主制研究：租栈関係簿冊の分析』、汲古書院、2001年。

⑩　小島淑男『近代中国の農村経済と地主制』、汲古書院、2005年。

《中华民国时期江南地主制研究》（2014）①、邢丙彦《近代松江土地
租佃制度研究》（2015）② 等。其他关于该地区社会经济史的著作中，
也有相当篇幅涉及这一问题。从总体上看，无锡所处的苏南③或江
南④，不仅是农村社会经济调查研究成果最为丰富的一个地区，同时
也是向来被学界认为土地占有比较集中、租佃率较高的地区之一。不
过，从研究的时段看，和关于明清时期的研究相比，关于近代的研究
在数量和深度上都相对要逊色不少；从研究的地域和方法看，许多著
作虽名为"江南"或"苏南"，但其事实依据实际主要来自原苏州府
所属的吴县、吴江等局部地方，对于苏南或江南地区内部的差别关注
不够。实际上，根据民国以来的调查，仅以无锡一个县而论，也与附
近的苏州、常熟地区农村情况有明显的不同。

　　关于无锡农村研究，主要的成果有高桥孝助《"居乡"的"善
士"与在地地主层——以江苏省无锡、金匮县为例》（1982）⑤、汤可

---

① 夏井春喜『中華民国期江南地主制研究』、汲古書院、2014 年。
② 邢丙彦：《近代松江土地租佃制度研究》，上海人民出版社，2015 年。
③ 现在所说的苏南，主要指江苏省长江以南区域，是一个地理或者社会经济概念。但在
　新中国成立初期，苏南曾是一个行政单位。1949 年 4 月，成立苏南行政公署（1950 年
　4 月改称江苏省苏南人民行政公署，9 月改称苏南人民行政公署），驻地在无锡，下辖
　镇江、常州、苏州、松江 4 个专区和无锡、苏州 2 个直属市，计 27 个县、249 个区、
　2741 个乡镇（包括无锡、苏州、常州、镇江 4 个市的郊区在内）。1952 年 11 月，经中
　央人民政府批准，苏南、苏北两个行署撤销，合并成立江苏省。
④ 关于"江南"的地域范围，学界讨论甚多，意见不一，大则囊括苏皖南部、浙江全省
　乃至江西大部，小则仅有太湖东部平原之一角。影响较大的是李伯重和周振鹤的观
　点。前者认为，明清时代的"江南"地区，其合理范围应是苏、松、常、镇、宁、
　杭、嘉、湖、太八府一州之地；后者认为，近代以来江南指的是镇江以东的江苏南部
　及浙江北部地区，更加狭义的范围，则仅指太湖流域。其他还有苏松常镇或苏松嘉湖
　四府说、苏松杭嘉湖五府说、苏松常嘉湖六府说、苏松常镇杭嘉湖七府说、苏松常
　镇宁杭嘉湖八府说、苏松常镇宁杭嘉湖徽九府说、苏松常镇宁杭嘉湖甬绍十府说，等
　等［李伯重：《简论"江南地区"的界定》，《中国社会经济史研究》1991 年第 1 期；
　周振鹤：《释江南》，钱伯城主编《中华文史论丛》（第 49 辑），上海古籍出版社，
　1992 年，第 141～147 页］。总的来看，尽管不同研究者视野中的"江南"范围相去甚
　远，但大体均认为其核心地带是苏、松、常所在的太湖流域，无锡正属于其中一部分。
⑤ 高橋孝助「『居郷』の『善士』と在地地主層—江蘇省無錫・金匱県の場合」、『近き
　に在りて』第 2 号、1982 年 9 月、第 3—14 頁。

可《抗战前的无锡农村副业》（1983）[①]、严学熙《蚕桑生产与无锡近代农村经济》（1986）[②]、崔晓黎《家庭·市场·社区——无锡清苑农村社会经济变迁的比较研究（1929—1949）》（1990）、《变迁中的传统农业与社区市场——无锡县和清苑县近代农村社会经济变迁的比较研究》（1990）[③]、吴柏均《无锡区域农村经济结构的实证分析（1920—1949）》（1991）[④]、朱文强《怎样认识20至50年代无锡农民的纯收入——对〈第二次无锡、保定农村经济调查报告〉的再研究》（1998）[⑤]、夏明德《一种工业·两个中国——无锡县的缫丝业和小农家庭生产（1865—1937）》（1999）[⑥]、汪效驷《江南乡村社会的近代转型——基于陈翰笙无锡调查的研究》（2009）[⑦]、张丽《非平衡化与不平衡——从无锡近代农村经济发展看中国近代农村经济的转型（1840—1949）》（2010）[⑧]等。日本学者奥村哲在其著作中，也以一章左右的篇幅，重点分析了无锡地区商品经济的发展与农业经营规模变迁的关系。通过其研究证明，该地区农业经营的持续零散化现象并不像"中国农村"派所主张的是半殖民地半封建社会下农村经济崩溃的显示，而是伴随近代化、城市化，土地生产性上升的同时，

---

① 汤可可：《抗战前的无锡农村副业》，《中国农史》1983年第1期。

② 严学熙：《蚕桑生产与无锡近代农村经济》，《近代史研究》1986年第4期。

③ 崔晓黎：《家庭·市场·社区——无锡清苑农村社会经济变迁的比较研究（1929—1949）》，《中国经济史研究》1990年第1期；《变迁中的传统农业与社区市场——无锡县和清苑县近代农村社会经济变迁的比较研究》，《农村经济与社会》1990年第4期。

④ 吴柏均：《无锡区域农村经济结构的实证分析（1920—1949）》，《中国经济史研究》1991年第3期。并参见同作者《中国经济发展的区域研究》，上海远东出版社，1995年。

⑤ 朱文强：《怎样认识20至50年代无锡农民的纯收入——对〈第二次无锡、保定农村经济调查报告〉的再研究》，《中国经济史研究》1998年第3期。

⑥ Bell Lynda S.（夏明德），*One Industry, Two Chinas: Silk Filatures and Peasant-Family Production in Wuxi County, 1865-1937*, Stanford University Press, 1999.

⑦ 汪效驷：《江南乡村社会的近代转型——基于陈翰笙无锡调查的研究》，安徽人民出版社，2009年。

⑧ 张丽：《非平衡化与不平衡——从无锡近代农村经济发展看中国近代农村经济的转型（1840—1949）》，中华书局，2010年。

作为农户选择面拓宽、农业比重下降的结果而发生的现象，因而并不是农民的贫困和没落。①

关于近代无锡农村的土地占有和租佃关系状况，迄今没有较为系统深入的研究，相关论述主要见于一些地方史志成果。其中王赓唐、张振华《1911—1949 年无锡地区的土地关系》（1983）② 一文，写作年代较早，资料和论述都有待继续展开。《无锡县志》（1994）卷五"农业"第一章"农业经济制度变革"③ 和中共锡山市委农村工作部所撰《无锡县的土地改革运动》（1996），所秉持的仍是较为传统的观点。有意思的是，二者虽然都强调"土地改革以前，无锡县农村的土地制度同样极不合理，大量的土地集中在地主阶级手中"，但所列举的证据，地主占有全部土地的比例均不过 25% 左右。

王赓唐、汤可可主编的《无锡近代经济史》（1993），主要依据无锡第一批进行土改的 10 个区 77 个乡的统计试算的结果，16% ~ 18% 的地主、富农占有土地的 39.49%，低于通常说的略超过半数，中农、贫农、雇农和其他劳动人民占有土地总数的 56.03%，也比通常所说的有所增加。作者认为："无锡在土地占有情况方面有它的地方特色，在地主阶级内部，中小地主阶层比重较大；在农民阶级内部，中农阶层所占有的土地也在缓慢地增加。这和邻近一些县份稍有不同。""半个多世纪来，无锡土地所有权集中现象有缓和的趋势。……解放前几十年间，各地区地权变化的情况很复杂，但总的说来，地权是愈来愈分散，并非越来越集中。这一现象，……最低限

---

① 奥村哲『中国の資本主義と社会主義：近現代史像の再構成』、桜井書店、2004 年、第 5 章「養蚕業の展開と農家経営の変遷」、第 187—219 頁。
② 王赓唐、张振华：《1911—1949 年无锡地区的土地关系》，江苏省中国现代史学会编《江苏近现代经济史文集》，1983 年，第 348 ~ 367 页。
③ 谈汗人主编《无锡县志》，上海社会科学院出版社，1994 年，第 192 页。

度能在无锡得到印证。"①以上结论是来自作者对既有资料的整理分析或者个人的见闻所得，并未注明，是否完全准确，还有待结合其他更多的调查资料进行验证和补充。

在农村经济研究中，对于既有的调查统计资料直接引证，缺乏分析或仅以较少的笔墨分析，或根据需要仅做简单的加工处理，都是较为常见的现象。部分原因是与调查相关的背景资料本身较为缺乏，面对已经汇总整理的数据，研究者虽欲一睹其本来面目，也无可奈何。中央研究院社会科学研究所的无锡农村调查（1929）及新中国成立后的历次追踪调查②就是这样，由于各种原因，这几次调查的原始资料都没有公布，而已出版成果中的数据多经过整理加工。虽然1929年第一次调查和1958年追踪调查的结论曾经在多处被引用，但基本都是直接套用现成的数据，对于数据的来源，很少也很难去做深入探究。

例如，在1958年追踪调查的基础上，由刘怀溥等撰写的《江苏省无锡县近三十年来农村经济调查报告（1929—1957年）》提到，在1929年调查过的11个代表村，各阶层占有土地数量的差异很大，地主阶层占有土地面积的比重高达40.36%，总体上，地主和富农两阶层的人口占15.02%，而占有土地61.02%；贫雇农和中农占人口的79.98%，却仅占有土地37.23%。这种土地占有状况在20世纪30～40年代基本没有改变。③

这样看来，无锡农村的地权确实较为集中。但是，吴柏均在20世纪90年代初发表的文章中指出：在调查村之一的张塘巷，有一占

① 王赓唐、汤可可主编《无锡近代经济史》，学苑出版社，1993年，第155～159页。
② 关于1929年无锡农村调查及新中国成立后历次追踪调查的过程和资料收藏整理的概况，参见史志宏《无锡、保定农村调查的历史及现存无、保资料概况》，《中国经济史研究》2007年第3期。
③ 刘怀溥等：《江苏省无锡县近三十年来农村经济调查报告（1929—1957年）》，《当代中国农业合作化》编辑室编《中国农业合作史资料》1988年第2期（增刊），"解放前后无锡保定农村经济"（专辑），第1～2页。

有土地最多的特殊地主户（占有土地 1003 亩，人口 4 人），如果把该户舍去，经过修正后，各阶层土地占有量的差额就缩小了，地富两阶层占总人口的 14.90%，占有土地的 51.76%；中农及贫雇农占总人口的 80.07%，占有土地的 46.06%。与未修正前状况相比，地主变化最大，在占总人口比重基本没变的情况下（仅减少 0.13 个百分点），占有土地面积下降了 14.16 个百分点，为 26.20%。同时，其平均每人占有土地面积亦降至 9.89 亩，比未修正数减少 8.3 亩。1936~1948 年的情况亦大致如此，因为修正统计中所去除的地主户在此期间没有变化。因此，以上统计结果表明，无锡土地占有与北方地区相比较为集中，但没有一般所论的那么大差额。与这段时间内江苏的其他调查县相比，无锡为土地占有相对分散区域。[①]

吴柏均的分析不但提供了有价值的背景线索，有助于了解调查村的实况，而且在对调查结果进行必要的修正使之更加符合实际这一方面，做了一个很好的尝试。经过这样处理所得到的结果，更有助于反映在少数特殊的大地主之外，众多中小地主的规模和所占比重情况。在本书的相关章节中，将参考同样的方式，对 1929 年 20 个代表村的调查结果进行适当处理；同时，在对其他调查资料的分析中，也力图从考察相关背景出发，来对调查结果的准确性和代表性做适当的评价。

四　主要内容及资料概述

本书将利用丰富的无锡相关调查资料，参考各种研究，力图弄清楚该地区近代以来工商业发展背景下农村经济、土地占有和

---

① 吴柏均：《无锡区域农村经济结构的实证分析（1920—1949）》，《中国经济史研究》1991 年第 3 期。

租佃关系的整体状况及其演化，内部不同区域之间的差别，以及以上特点对于新中国成立后在这一地区推动减租和土改工作的影响，土地改革结束后农村社会经济情况的变化。全书分为以下章节。

绪论部分，主要介绍近代农村土地问题研究学术进展、本书以"县"作为基础研究单位的考虑、选择无锡作为考察对象的理由、书稿的主要内容和所依据的资料类别。

第一章"'小上海'的崛起"，介绍无锡县的自然环境、历史沿革、传统商品经济发展概况、近代民族工商业的兴起及其对于无锡农村经济发展的影响。

第二章"无锡农村土地占有概观"，主要通过1929年中央研究院社会科学研究所调查和土改时期相关调查的比较，考察近代无锡农村各阶层土地占有状况。

第三章"土地占有的变化趋势"，以对中国科学院经济研究所1958年追踪调查数据的重新释读为基础，分析1929~1948年无锡农村土地占有的变化趋向。

第四章"土地占有的实态"，主要依据民国和土改时期的调查资料，分析无锡农村土地集中程度在苏南地区所居的位置，无锡不同乡、村间土地占有的差别，大、中、小地主的规模和比重。

第五章"影响土地分配统计的因素"，主要考察以下因素对于地权分配统计数字的影响：不同调查地点和范围的选择；是否将公田计入地主阶层占有的土地；在调查和统计过程中，是否考虑到外地业主的存在和规模；等等。

第六章"无锡农村租佃关系及其变化"，分析作为无锡农村最主要两种租佃形式的租田和借田各自的内容，在近代尤其是全面抗战爆发以来不同的变化趋势，以及无锡租田的变化特点在当时苏南农村的代表性。

第七章"土地改革的原则与权变",分析无锡农村土地占有和租佃关系状况对于新中国成立初期所推行的减租和土改过程的影响,面对各地区复杂和有差别的情况,相关政策在制定和推行过程中如何做出调整和适应。

第八章"土地改革后的无锡农村经济发展",从农业生产、农村经济、农民生活角度梳理无锡土改后的农村社会经济变化情况,分析其与苏南纯农业地区的异同。

结语部分,对无锡个案研究的意义进行初步总结。

本书所运用的资料主要有以下五种。

(1) 国内外学者的相关研究(前面已有介绍),它们给了笔者很多的启发和帮助,使笔者能在前辈思考的基础上继续有所延伸。

(2) 民国时期的无锡农村调查。民国时期关于无锡农村,有比较丰富的调查资料,按照时间顺序,较大规模的调查有:1929 年陈翰笙发起的中央研究院社会科学研究所的调查(包括新中国成立后的历次追踪调查),1931 年江苏省农民银行的调查,1934～1935 年国民党中央政治学校地政学院学员的调查,抗日战争期间"满铁"上海事务所调查室的调查,等等。此外还有一般的社会学者和乡村改进机关数量众多、规模相对有限、地点较为分散的调查。在一个范围相对集中的地域,调查的主体涉及各个方面,并且其中不乏综合性、科学性较高的调查,这样的例子是不多见的。这为本书的写作提供了较为丰富的史料基础。

(3) 地方档案资料。新中国成立后土改时期的资料,有大量篇幅对于农村社会经济情况进行细致的描述,故也可视为农村调查的一种类型。值得一提的是,这一时期的资料,虽然整体上数量丰富,但是迄今为止,整理出版的只是少数,浩如烟海的档案和数据,仍湮没在各地各级档案馆里。虽然近年来一些专业的研究者对这批资料给予了很高的评价①，但是关于资料的分析和使用还有很大空间，需要在这个方向上继续努力。

土改时期的调查，主要是为制定土改实施方案和政策措施提供依据。如《中共苏南区委关于苏南土地改革准备工作计划》②和《无锡县土地改革准备工作计划（草案）》③都提到，为了正确掌握土改政策，所有各乡均须在进行土地改革前完成对该乡土地、人口、阶级关系、特殊问题等基本情况的调查工作，分一般调查和典型调查两种。一般调查要求了解本地区农村土地、人口的一般情况及农村阶级特点和土改中的特殊问题等；典型调查要求比较全面系统地了解一个乡的情况，并提出土改实施办法，呈报上级党委审查批准后施行。此外，对于特殊土地、难划的阶级、封建地主的情况等，还应做专门调查。这样的调查留下了数量可观的资料，为认识和研究当时的农村社会尤其是阶级关系问题，提供了很好的基础。此外，各地区在土改完成或者告一段落之后所形成的工作总结，以及土改结束后一些地区关于农业生产和农民生活的报告，也为本书的写作提供了很有价

---

① 侯建新指出："新中国诞生于一场新式的农民革命中，而这场革命的社会内容，至少对占中国绝大部分空间与人口的农村而言，就是土地改革。土地改革不仅是中国历史上的具有重大意义的伟大实践，而且土地改革过程中对中国农村的认识和研究，以及土改过程中逐村逐户地丈量、分配而形成的土地资料和农户分析资料，也是中国经济史上最具开发价值的信息宝库。不论就其社会价值还是学术价值而言，大概是现存旧中国农村研究的任何资料都无法比拟的。"（《二十世纪二三十年代中国农村经济调查与研究评述》，《史学月刊》2000年第4期）侯先生所评价的主要是土改过程当中形成的社会经济资料，对于之前土改准备期间实地深入调查所形成的各种成果，也同样适用。此外，黄道炫也提到："1950年代前后中共土地改革部门为配合土地改革而进行的一系列调查更具全面性、客观性"，"1950年代前后中共土地改革部门所做调查的可靠性与其重视调查研究的传统、掌握的资源、调动的力量、调查为制定政策提供依据的目标是分不开的"。见《一九二〇—一九四〇年代中国东南地区的土地占有：兼谈地主、农民与土地革命》，《历史研究》2005年第1期。

② 《中共苏南区委关于苏南土地改革准备工作计划》（1950年7月5日），中共江苏省委党史工作办公室、江苏省档案馆等编《江苏土地改革运动（1950—1952）》，1998年，第36～42页。

③ 《无锡县土地改革准备工作计划（草案）》，锡山区档案馆，B1-2-6，第1～3页。

值的参考。

（4）其他资料

关于土地租佃关系的材料，除了民国至土改时期的各种农村调查外，各时期的方志以及文集、笔记、年谱、传记、回忆等地方史料和个人史料，也都能从不同角度提供参考。在这方面，位处江南富庶地带、社会经济和教育文化长期以来都较为发达的无锡地区，无疑也具有相当的优越性。

（5）自己的田野调查和考察分析体会

在书稿的准备阶段，笔者曾多次到过无锡，除查阅相关档案文献外，实地的考察主要有两次：一次为陪同日本"南京江南近现代史研究会"的十余位学者，访问无锡近代一些代表性民族工商企业的管理人员，并与地方文史专家交流座谈；另一次为随同北京大学邓小南教授主持的一个课题组，访问无锡四乡，足迹遍及惠山古镇、荣巷、荡口、七房桥、严家桥等地。尽管由于时间短暂，行程匆忙，未及做深入调研，但是借此毕竟对无锡各地乡村的自然和人文风貌增加了一些感性的认识，对既有的文献记载也有所印证和补充。

关于本书所依据的资料，还有一点需要指出。作为本书主要研究对象的土地租佃关系，是带有很强实证性的社会经济问题，在研究过程中不可避免涉及大量数据。问题在于，一方面，正如学界以往对于民国以来各种农业调查统计的质量所提出的批评[1]，关于无锡农村的调查也存在类似的问题，许多调查的背景资料较为欠缺，往往面对现成的数据，难以了解其来源和整理方法，不利于对其价值和可靠性进行较为客观的判断；同时，这些在不同时期、由不同作者以不同途径所形成的资料，不仅在调查地点上各有侧重，在调查内容的翔实和准确程度上也并不均衡，这不能不对其相互之间的可比较性有所影响。

---

[1]　曹幸穗：《民国时期农业调查资料的评价与利用》，《古今农业》1999 年第 3 期。

另一方面，对于相关问题的研究又不可能脱离这些数据，尤其是关于地权分配的一般状况及其变化趋势的讨论，在相当程度上更接近于"定量"而非"定性"的研究方式。因此，本书对于相关数据的引证，将尽可能采取更为审慎的办法，一方面，尽量把调查数字还原于具体的环境，结合对该地区社会经济结构和调查地点在其中所居位置的分析，判断调查数据对于解释该地区一般情况所具有的代表性；另一方面，试图将数量的分析和具体个案的描述方式结合起来。所谓一般状况或趋势，更多是后人出于认识论角度的把握，而参差不齐，或许正是农村社会经济生活的本然状态。"理论是灰色的，而生活之树常青"，在认可实际生活丰富多变的前提下，再去观察其中较具共同性的内容，这或许有助于尽量减少立论角度的一些偏颇吧！

第一章　"小上海"的崛起

一　传统商品经济的发展

无锡县地处江苏省南部，长江三角洲腹地；东接常熟、吴县，南滨太湖，西连武进，北靠江阴。据民国时期调查，全邑东西相距120余里，南北相距110余里，面积约3650方里[①]。邑城居中，东西相距2里许，南北相距3里许，城境7方里有奇。

本地有史籍记载的历史，可追溯至3000多年前。殷商时，泰伯自岐山奔吴，筑城于梅里（今无锡梅村一带），自号"句吴"，开创吴国历史。战国时曾为春申君城。汉高祖五年（公元前202），始置无锡县治，缘邑之西城外有锡山，山多锡矿，周秦时采掘之人日多，客民与土著争利，时启衅端，既而锡尽，民亦安宁，故名无锡。新莽时改称有锡。东汉复为无锡。元代升为州。明初降为县。清雍正二年（1724），分无锡之东境为金匮县，因无锡城区曾有金匮山而得名（民初被削平）。民国元年（1912），金匮复并于无锡，直属于江苏省苏常道。南京国民政府建立后，道制废除，无锡县直隶于江苏省。[②]

---

① 方里，平方里的简称，市制面积单位。指1里见方、长宽各1里的面积。1方里=1/4平方千米。

② 薛明剑等：《无锡指南》，民国八年（1919）初版，民国三十六年（1947）第十七版，"沿革形势"，第19页。

无锡属北亚热带季风气候区，境内气候温和，土地肥沃，雨量充沛，日照充足。县域南临太湖，北通长江，京杭运河贯穿全境，河道纵横交织，湖荡星罗棋布，灌溉便利，交通发达。[①] 民国以来，随沪宁铁路和锡澄、锡宜、锡沪等公路相继通车，"更成江南四冲之要枢矣"[②]。

因得天时地利之宜，无锡素有江南"鱼米之乡"的美称，农业历史悠久，商品经济发达。据史籍记载，唐、宋时，无锡已成为江南名城，商市兴旺。明万历年间，无锡已是著名的产米区和粮食集散地。至清代，粮食经营尤盛，被誉为"锡邑百业之冠"。光绪年间，南漕北移，无锡成为苏浙两省的办漕中心，年承办漕粮 130 万石（9750 千克）以上，与芜湖、九江、长沙并称全国四大米市。清末，无锡粮行增至 140 余家，各地每年流入无锡市场的粮食达 700 万～800 万石，各堆栈保持的粮食储存量常达 150 万～250 万石。全面抗战爆发前夕，无锡米市达鼎盛期，年集散米粮 1000 万石（7.5 亿千克）以上。[③] 当时无锡输出的米粮只有 5.4% 为本县所出，其余43.9% 来自附近各县，45.7% 来自苏北和长江中下游各省，其中以安徽为最多。[④]

无锡又有"布码头"之称。明代中叶，土布已成为无锡土产的大宗，东北乡民众纺纱织布尤盛。清初，无锡以棉布为主体的商业活动比较活跃。据《锡金识小录》记载，无锡虽不产棉花，但"棉布之利"，"为他邑所莫及"。当时无锡生产的"布有三等。……坐贾收

---

① 谈汗人主编《无锡县志》，上海社会科学院出版社，1994 年，第 125、257 页。

② 薛明剑等：《无锡指南》，民国八年（1919）初版，民国三十六年（1947）第十七版，"沿革形势"，第 19 页。

③ 茅家琦、李祖法主编《无锡近代经济发展史论》，企业管理出版社，1988 年，第 2、26 页；谈汗人主编《无锡县志》，上海社会科学院出版社，1994 年，第 3、467 页。

④ 郑焱、尤学民、汤可可：《试析近代无锡的转口贸易》，《无锡近代经济发展史论》，企业管理出版社，1988 年，第 216～217 页。

之，捆载而贸于淮扬高宝等处。一岁所交易，不下数十百万"。[1] 清
末，全县有木织机四五万台，年产土布300万匹（约3000万米）以
上。加上本邑布商在江阴、常熟等地设庄收布，无锡土布年销量可在
七八百万至1000万匹。[2]

清咸丰年间，蚕桑事业日渐发展，无锡又以丝市著称。据《申
报》报道，"向年无锡、金匮两县饲蚕之家不多。自经兵燹以来，该
处荒田隙地，尽栽桑树，由是饲蚕者日多一日，而出丝者亦年盛一
年"。[3] 据厘金总局统计，光绪五年（1879）无锡输出的生丝达9.22
万千克。[4] 1900年前后，全县各乡镇普遍设立茧行，"每至四月间，
茧行林立，收茧之多，岁必数百万金"。[5] 20世纪二三十年代，江苏
全省平均年产鲜茧60万担（无锡占1/4以上），除部分直接运沪外，
大部于无锡集散。皖南、浙北和山东的部分蚕茧，也都集中到无锡。[6]

二　近代工业的兴起

尽管长期以来无锡传统经济已相当发达，但更令人瞩目的还是
近代民族工业发展所取得的成就。19世纪末20世纪初，以机器生产
为标志的近代工业开始在无锡兴起，无锡成为我国民族工业的发祥
地。光绪二十一年（1895），杨宗濂、杨宗瀚兄弟筹资白银24万两，
在城区创办无锡第一家近代工业企业——业勤纱厂。光绪二十六年

①　（清）黄印：《锡金识小录》卷一，转引自谢国桢《明代社会经济史料选编》（上），
　　福建人民出版社，1980年，第112～113页。
②　张泳泉、章振华：《无锡的土布业》，《无锡近代经济发展史论》，企业管理出版社，
　　1988年，第251页。
③　《申报》，光绪六年五月十四日（1880年6月21日），第二页。
④　谈汛人主编《无锡县志》，上海社会科学院出版社，1994年，第3页。
⑤　郑焱、尤学民、汤可可：《试析近代无锡的转口贸易》，《无锡近代经济发展史论》，企
　　业管理出版社，1988年，第216页。
⑥　严学熙：《无锡南通两个地区经济中心的形成和比较》，《无锡近代经济发展史论》，企
　　业管理出版社，1988年，第26页。

（1900），荣宗敬、荣德生兄弟开办保兴面粉厂。同年，匡仲谋在杨墅园开办亨吉利布厂。光绪三十年（1904），周舜卿投资白银 8 万两，在东垏开办了无锡第一家机械缫丝厂——裕昌丝厂。宣统元年（1909），朱晋良在棉花巷开办无锡第一家机器厂——协记机器厂。至民国三年（1914），无锡共开办纺织、缫丝、面粉、机械等近代工业企业 19 家。[①]

　　第一次世界大战期间，欧洲列强忙于战争，无暇东顾，中国民族工业得到较快发展，无锡工商业也迎来了发展的好时机。1911~1927年，上海工厂数量由 48 家增加到 491 家，苏州由 2 家增加到 17 家，无锡由 8 家增加到 76 家，南通由 5 家增加到 13 家，南京由 1 家增加到 12 家，大连由 39 家增加到 146 家，广州由 3 家增加到 45 家。无锡工厂数量在全国仅次于上海、大连，居第三位。[②] 1933 年，无锡城乡有各种近代工业企业 315 家，形成了纺织、缫丝和面粉三大优势行业。工人总数达 7 万多人，仅次于上海，居全国第二位。工业生产净值达 7726 万元，在全国六大工业城市中仅次于上海、广州，居第三位，综合经济实力在全国主要城市中居第五位，被誉为"小上海"。[③]

　　伴随近代工业的发展，与商品经济有关的部门和行业也相应发展起来。据统计，1929~1930 年，无锡城区已有各种商业行业 30个，商店超过 1000 家。1935 年，全县共有工商各业达 164 个行业，6797 个单位，还不包括茧行、水果、金融和典当等 400 多个单位。随着无锡城乡经济的发展，在县城周围出现了 79 个集镇，其中 1000~5000 人的重要集镇就有 16 个。[④]

　　作为"百业之枢纽"的金融业发展也很快。1870 年前后，无锡钱

---

① 谈汗人主编《无锡县志》，上海社会科学院出版社，1994 年，第 4、311~312 页。
② 汪春劼：《无锡：一座江南水城的百年回望》，同济大学出版社，2018 年，第 18 页。
③ 谈汗人主编《无锡县志》，上海社会科学院出版社，1994 年，第 4 页。
④ 严学熙：《无锡南通两个地区经济中心的形成和比较》，《无锡近代经济发展史论》，企业管理出版社，1988 年，第 26~27 页。

庄只有六七家，且范围较小；1894 年，发展到 10 余家；1929 年，猛增到 33 家。资本额一般都在 9000 元到 2 万元，较大的 3 万元。放款一般都在 20 万~30 万元，较大的 50 万~100 万元。1932 年，各大银行在无锡设立的分行共 7 家，年营业额达 3.3 亿元（不包括江苏银行）。①

19 世纪中后期，无锡虽是江南地区日趋繁荣的商业城市，但整体性质仍属于传统农业社会。清末以来，近代工业企业的相继开设，从各方面推动了无锡城市的发展，使"从前自然生长起来的城市"，在不太长的时间里"变成了现代化大工业城市"。② 20 世纪 20 年代，无锡已发展成为苏南地区的产业中心。③ 全面抗战爆发前夕，无锡各业经济达到新中国成立前的顶峰。④ 1933 年商务印书馆出版的《中国都市工业化程度之统计分析》一书中，这样赞美无锡："我国之重要工业都市，其工业完全为华商所经营，由华商自行创始，自行建设而自行发展者，首推无锡。无锡之新式工业，虽始创于中日战争以后，然其发展之孟晋，实非他地所能及。"⑤ 据著名经济学家薛暮桥回忆，"当时的中国是半殖民地半封建社会，可谓七分封建、三分资本；但无锡在那个时候已有七分资本、三分封建之说"。⑥

曾有文章写道：与无锡相比，当年的常州只有为数极少的几家小纺织厂、小铁工厂以及梳篦、筛绢等手工作坊，工业底子十分薄弱；苏州也是"大规模之工业极少"，直到新中国成立前夕，千人以上的工厂只有一家，手工业占全部城市产业户数的 94.5%，其余工厂中，

① 唐文起：《近代无锡经济中心的形成和发展》，《无锡近代经济发展史论》，企业管理出版社，1988 年，第 10 页。
② 汪春劼：《无锡：一座江南水城的百年回望》，同济大学出版社，2018 年，第 14~15 页。
③ 唐文起：《近代无锡经济中心的形成和发展》，《无锡近代经济发展史论》，企业管理出版社，1988 年，第 3~4 页。
④ 顾纪瑞：《无锡近代经济中心的形成年代、主要功能及其地位》，《无锡近代经济发展史论》，企业管理出版社，1988 年，第 15 页。
⑤ 龚骏：《中国都市工业化程度之统计分析》，商务印书馆，1933 年，第 106 页。
⑥ 薛暮桥：《薛暮桥回忆录》，天津人民出版社，1996 年，第 1 页。

职工 50 人以下的又占 91%，人们嘲笑它是"工厂没有庙宇大，烟囱不及宝塔多"；镇江开埠后，陆续建立了电厂、水厂、火柴厂、碾米厂和面粉厂，但始终没有形成规模，到新中国成立前夕，全市仅有数十家小工厂和作坊，职工总数不过 3500 人，其中大部分还是码头装卸工人；[1] 辉煌一时的南通近代工业在 1924 年便进入拐点，其后是江河日下。[2] 与无锡同时代江苏其他城市的工业发展程度，是否确如上文所述，还有待进一步核实。但无锡的领先地位应无疑问，诚如时人所述，"（无锡）工商之盛，为本省各县冠"。[3]

从城市地位看，在相当长时间里，无锡不过是常州府治下的一个普通县城。但经过几十年的强劲发展，到全面抗战爆发前夕，无锡已成为具有全国影响的江南经济重镇，跻身于全国工业都市五强，只是仍未脱离县的建制。1947 年，无锡县参议会曾通过提案，电呈行政院，请以无锡辖境改设无锡市。时值国共内战，烽烟四起，这一愿望并未实现。1949 年无锡解放后，不仅由县升格为市，且第一次成为省会所在地。在苏南行政区所辖的几大城市中，无锡的历史地位最低，一直为县城，为何挑中其作为苏南的行政中心，"可能与无锡的地理区位和经济实力有关"。[4] 1952 年恢复江苏省建制后，无锡成为与东部的苏州、西部的常州齐肩的地级市，并称为"苏锡常"，延续至今。

三　乡村经济的变化

长期以来，相对优越的自然条件以及稳定的社会环境，促进了苏南地区经济的繁荣，也带来了人口的快速增长。明清时期，这一区域

[1] 郑焱、尤学民、汤可可：《试析近代无锡的转口贸易》，《无锡近代经济发展史论》，企业管理出版社，1988 年，第 223～224 页。
[2] 汪春劼：《无锡：一座江南水城的百年回望》，同济大学出版社，2018 年，第 21 页。
[3] 殷惟龢编《江苏六十一县志》，商务印书馆，1936 年，第 29 页。
[4] 汪春劼：《无锡：一座江南水城的百年回望》，同济大学出版社，2018 年，第 24～25 页。

已成为全国人口最为稠密的地区之一。19世纪以来，苏南地区的人口增长更为迅速，人地矛盾也更加突出。无锡作为苏南发达的工业区域，其人地关系压力尤为明显。根据20世纪50年代初（土改前）的调查，苏南全区每人平均耕地面积为1.82亩。若以农村人口计算，每人平均耕地面积为2.1亩；以农业人口计算，每人平均耕地面积为2.26亩。各地区因人口密度不同，每人平均土地数量也不一致：溧阳、太仓、青浦、松江等县，人均土地数在3亩以上；溧水、高淳、江宁、句容、丹阳、丹徒、金坛、宜兴、南汇、奉贤、金山、宝山、嘉定、吴江、吴县等县，人均土地数在2~3亩；无锡、武进、常熟、川沙、上海等县，人均土地数在2亩以下。无锡不仅人均占有土地数量不高，同时各乡之间也不平衡。据统计，靠近城市周围的70多个乡，有14个乡人均土地在1亩以下，占18%；有33个乡人均土地在1~1.5亩，占42%；有20个乡人均土地在1.5~2亩，占26%；有11个乡人均土地在2亩及以上，占14%。[①] 同时期的另一份调查指出，无锡全县人均占有地亩最多者为3.15亩（梅村区薛典镇三保），最少者仅0.78亩（查桥区云林乡），靠近城区之乡镇，尚有每人平均不到半亩者。[②]

据陈翰笙研究，南方稻作区每户平均有6~10亩才能维持生计，如果是佃农，这个面积还要加倍。[③] 一项关于无锡农村的调查也指出，平均每人需有自耕田2亩（或稻田1亩半、桑田半亩）才能维持生活。[④] 但实际上，无锡许多地方的平均数都达不到这个标准。耕

---

① 中国共产党苏南区委员会农村工作委员会编《苏南土地改革文献》，1952年，第473页。

② 《无锡县农村经济概况》，华东军政委员会土地改革委员会编《江苏省农村调查》，1952年，第62页。

③ 陈翰笙：《解放前的地主与农民——华南农村危机研究》，冯峰译，中国社会科学出版社，1984年，第10页。

④ 中共无锡县委调研科整理《无锡农民生活概况》（1950年3月），锡山区档案馆，B1-1-6，第101页。

地资源不足以维持农村人口的最低生活水平，客观需要在传统种植业之外开辟更多的收入来源。近代上海和无锡工商业的发展、城市经济规模的扩大，恰好为此提供了契机。

19世纪中叶以前，无锡农民主要靠稻麦种植和家庭棉纺织业为生。太平天国运动后，由于国际市场对蚕丝需求的扩大，蚕桑业在无锡兴起，并迅速取代家庭棉纺织业成为无锡农村的主要副业。20世纪20年代后，伴随欧美国家对生丝需求的急剧下降和丝茧价格的大幅回落，无锡蚕桑业逐渐衰退，越来越多农村劳动力开始转移到上海和无锡等新兴的近代工商业城市去谋生。据统计，从19世纪40年代到20世纪40年代的100年里，上海人口增加了9倍，主要原因为外地人口（尤其是江南和苏北地区农村人口）的流入。19世纪末20世纪初，上海总人口的70%～80%是从中国其他地方移民来的外地人口，他们构成了上海体力劳动者的主体。其中江南农民以进入纱厂、制造厂当工人和在各种店铺、餐厅、旅馆做售货员、服务员者居多。[1] 作为近代江南地区工商业发展仅次于上海的新兴城市，无锡在吸纳劳动力方面的贡献也相当突出，并对周边农村结构产生了显著影响，主要体现于以下三个方面。

一是吸引了部分农村人口进城，推动了乡村职业结构的改变。随着工厂的增加、生产的集中，无锡城区人口的数量和比重上升很快。民国初年，无锡城乡人口为79万余人，其中城区仅五六万人，1920年城区人口突破10万，1928年接近20万。城市人口占总人口的比重，1928年约占23%，1935年上升到25%左右。[2] 在总人口中，职工人数增长也很快。20世纪20年代初期，无锡有产业工人4万余

[1] 张丽：《非平衡化与不平衡——从无锡近代农村经济发展看中国近代农村经济的转型（1840—1949）》，中华书局，2010年，第234页。
[2] 汪春劼：《无锡：一座江南水城的百年回望》，同济大学出版社，2018年，第19页。

人，到1929年已达到70685人。① 在这些工人中，无锡本地人（包括城区及农村）只占一半多一些，其余都是外地人。1929年的一份调查研究报告称，在当时逐户详细调查的332个无锡工人家庭中，有工人及家属2239人，无锡本地人1214人，占54.2%；江苏省外县人718人，占32.1%；外省人307人，占13.7%（江苏省外县人以江阴、武进、盐城、扬州四县最多，共396人；外省人中，浙江114人，湖北108人，安徽64人，江西4人，河北1人）。②

在一些距离城区和市镇较近的乡、村，居民职业结构发生改变，工、商所占比重显著提高。据1929年12月调查，无锡汶上乡乡民的职业结构中，农占55%，工、商所占比重分别为20%和5%，其他为20%。③ 同年中央研究院社会科学研究所调查的黄巷村，居民职业原本比较单一，没有厂工，手工业比较发达，女子木机纺织盛行。随着丽新布厂和义生丝厂相继在附近开办，原来的手工业如女子木机纺织逐渐消失，住户职业呈现出复杂趋势，业厂工、商人的户数较多。据调查，该村住户职业除农民（佃农和自耕农）外，还有厂工、船工、雇农、商人或小贩、手工业者（木匠、铜匠、泥水匠等）、仆人、船主、地主、神巫、机器工、畜工业者、铁路工人、店员、跑街、捐客商、教员、职工等十余种。居民中业厂工（不论主业或兼业）者63户，业商人或小贩者15户，其余业机器工者2户，铁路工人、店员、捐客商、职工各1户，因此"有超过半数以上之户数进于工商业之部门"。而佃农与自耕农中，"有一大部分以种植菜蔬，挑到城里贩卖，作直接交换的缘故，也染濡着商人的气氛了"。④ 另据

① 《统计消息：全国工人生活概况调查统计》，《统计月报》第2卷第11期，1930年11月。
② 童家埏：《无锡工人家庭之研究（附图表）》（未完），《统计月报》第1卷第6期，1929年8月。
③ 《汶上乡乡民职业比较表》，《无锡县政公报》第27期，1930年3月。
④ 钱俊瑞、秦柳方：《黄巷经济调查统计》，《教育与民众》第1卷第8期，1930年；钱俊瑞、秦柳方：《黄巷经济调查统计（续）》，《教育与民众》第1卷第9期，1930年。

调查，1933 年，无锡全县人口职业构成的比例如下：农业 51%，工业 12%，商业 21%，其他 16%。[①]

二是促进了商品生产的发展，推动了乡村产业结构的改变。明清时期，无锡农村副业就以项目众多、物产丰富而著称于江南一带；然就其经营形式来说，尽管相当一部分副业已商品化，但其主体仍然不过是男耕女织，或者是捕捞采集，从事服务性的建筑、缝纫、粮食加工等劳务。19 世纪末以来，特别是辛亥革命到全面抗战爆发前夕，在资本主义工商业的刺激下，无锡农村副业不但在生产规模和水平上有了巨大进步，而且在经营性质上开始发展为资本主义的家庭劳动和资本主义商品经济的有机组成部分。全面抗战爆发前约 1/4 世纪的时间，是无锡地区农村副业发展的高峰时期，共有蚕茧、纺织、针织、编织、丝线、绳缆、竹木、藤柳、棕麻、皮毛、铜铁、砖石、香火灯烛、耍货、酒酱、豆制品、畜牧饲养、捕捞、狩猎、蔬菜、瓜果、茶叶、药材、杂货等二三十个大类，主要物产在 80 种以上。[②]

在各种副业中，以养蚕最为普遍。根据记载，19 世纪无锡四乡蚕茧的产量并不高，农民自养自缫，出售生丝。进入 20 世纪后，沪、锡两地丝厂兴起，对蚕茧的需求量越来越大，有力地促进了无锡农村蚕桑业的发展。民国二十年（1931）前后，为全县蚕桑最盛期，养蚕者 15 万余户，桑田面积 23 万～25 万亩。其中 1929 年桑田面积达 251037 亩，约占全县可耕地的 20%；养蚕户数达 161809 户，约占全县总户数的 83%；年产鲜茧约 24 万担，价值 1200 万元。[③] 蚕农出售鲜茧后，或购买农具、肥料、布匹、日用品，或偿还"日常支出不

---

① "满铁"上海事务所调查室编『江蘇省無錫県農村実態調査報告書』、1941 年、第 2 頁。
② 汤可可：《抗战前的无锡农村副业》，《中国农史》1983 年第 1 期。
③ 无锡县政府、无锡市政筹备处主编《第一回无锡年鉴》，"农业"，民国十九年（1930），第 5、10 页；蒋国良主编《无锡县农业志》，中国农业出版社，1996 年，第 84、95 页；严学熙：《蚕桑生产与无锡近代农村经济》，《近代史研究》1986 年第 4 期。

足时的借贷""粮食不敷时的赊欠"。关于蚕桑业在无锡所占之地位，当地1939年的一份材料这样写道："锡邑蚕桑事业为江南各县冠，每年蚕茧收入数逾千万，农村经济赖以宽裕，百业间接沾其余润，市面因之繁荣，乡村因之安定，以故蚕事盛衰攸关地方整个经济。"①

随着商品性农村副业的发展，还形成了一些专业化的农业经济区域。从20世纪初开始，无锡农村以自然物产和社会经济条件为基础，逐步形成了适应市镇工商业发展、居民消费和外贸出口需要的市郊经济体系及农副产品专业生产基地。如东郊的蔬菜，梁溪河沿岸的淡水鱼养殖，西南山麓的桃、梅，北乡的西瓜，周泾巷下甸桥的丝棉，东北乡的土布、花边，南乡的砖石等，都形成了集中的出产地。这使得生产专业化，有利于提高劳动生产率，并引起广泛的农产品交换。②

三是机械灌溉等应用逐渐普及，推动了农业生产技术的改变。无锡各乡气候、水系都无明显差异，但地势地貌、耕作制度仍大略有所区分。1935年出版的《无锡概览》提到，该县地势，因太湖在南，濒湖多山，故南高北低。分论之，则在南部，乃西高东低；在北部，则东高西低。西北之区，乃最卑洼。东北旧怀上、怀下各市乡，地较高亢，土亦稍瘠，往岁麦虽丰收，稻乃难熟。③

清末以来，由于抽水机的应用，以上所谓高低平荡等自然差别起了较大变化。据县志记载，无锡农田灌溉，旧时以人力、牛力和少数风力牵引的龙骨水车提水。清光绪三十四年（1908），始用机器做动力。民国七年（1918），首建杨家圩排灌站。民国十六年（1927），

---

① 奉派无锡县公署实习员姚蝶侬、冯志成编订《二十八年无锡县行政状况调查报告书》，1939年，第31页。
② 汤可可、郑焱：《抗战前的无锡农村副业》，《无锡近代经济发展史论》，企业管理出版社，1988年，第299页。
③ 无锡县政府编印《无锡概览》，民国二十四年（1935）出版，"十六 农业"，第1～2页。

开原乡田庄、浜顶自然村始用电力灌溉。至民国三十七年（1948），全县已有70%的农田实行机电灌溉。[①] 上述《无锡概览》中也提到："自戽水机兴，人力之灌溉易之机力，于是水流上达，乃无远弗届，而高田遂得尽熟，故戽水机对于本邑之农产，其功固未可没也。"[②] 可见，在城市工商业发展的背景下，先进生产工具的应用，促进了农业自然条件的改善和土地生产力的提高。

四　多样的乡村风貌

在无锡近代工商业发展过程中，各地农村由于与作为工业中心的城区距离远近不同，经济上受其辐射的程度有别，因此，各地的经济结构和与城市经济联系的水平，都很不一致。例如，前面提到1929年中央研究院社会科学研究所调查的黄巷村，作为县城近郊一个靠近工厂区域的自然村，社会经济结构受工商业的影响比较明显。不仅体现在住户职业复杂，业厂工、商人的户数较多，且厂工收入在全部收入中所占比例较高。该村田内外收入总数是23762.11元，其中田内收入有10969.24元，占全部收入量的46.16%；厂工收入全年有3627.4元，占全部收入量的15.27%，在田外收入中居第一位，相当于田内收入的1/3。因此，调查者认为，这里不再是纯粹的农村，而已经处在"由农村机构蜕变到工商社会的过程中"，"农村工商业化的趋势，在这里已经是日甚一日，工商业意识已逐渐在农民心理中打下根基"。[③]

位于无锡南乡的鲍家庄，其调查时间与黄巷相同，但社会经济状况明显有别。该村是一个以鲍姓为主体的村落，位于太湖近旁，距十

①　谈汗人主编《无锡县志》，上海社会科学院出版社，1994年，第257页。
②　无锡县政府编印《无锡概览》，民国二十四年（1935）出版，"十六 农业"，第2页。
③　钱俊瑞、秦柳方：《黄巷经济调查统计（续）》，《教育与民众》第1卷第9期，1930年。

四区（原开化乡）区公所仅 2 里，从地理和交通条件看并非完全闭塞，但经济结构仍以农业为主，以种植稻、麦和植桑养蚕为主要内容，居民职业分化的程度较低，商业和手工业都以满足本村需要的特点较为明显。① 居民"大多家产淡薄，苟无职业，则难谋生，故无失业与无业者"，"既无大富，亦少赤贫，农村经济，虽不活动，尚能维持"。② 与黄巷相比，如果说后者代表了受城市工商业发展影响较大的农村的话，前者应该说是一种受外在影响较小，居民职业和社会分化程度较低，农村社会经济各方面都相对较为均衡的小农社会典型。

20 世纪 30 年代初，江苏省农民银行无锡分行调查的第四区（旧开原乡），位于无锡城西南，因惠山及舜柯山横亘中间，有山南、山北之分。虽仅一山之隔，两地社会经济情形差别明显：山南地带是著名民族工商业者荣氏家族的故乡，居民从事工商者较多；山北居民富保守性，缺少向外发展思想，多以农为业。从全区教育看，受教育者不论成人或儿童，均以山南为多。从交通看，山南车路密如网布，人力车到处可通；山北车路甚少。从整体经济状况看，山南为工商区域，经济富裕，高楼大厦比比皆是；山北为纯粹农区，收入有定，且自耕农占少数，经济较为枯涩。全区小康者比例最高的是山南的荣巷镇，最低的是山北的严家棚乡。负债者所占比例最低的是山南的孙蒋乡，山北 16 个乡镇负债者所占比例均在 60% 以上。从种种情况来看，山南、山北差别俨然，无怪乎为该调查报告作序的黄炎培，也曾有"开原乡之山南北，略等于江苏省之江南北"这样的喟叹。③

---

① 据调查，本村共有杂货铺 2，肉庄 1，豆腐作坊 2。农村手工业，女子于蚕事农忙之暇，统织草席。有木匠 5 人，箍桶匠 2 人，泥水匠 3 人，缝工 3 人，小学教师 2 人，塾师 1 人。在外营生者，仅有打铁者 12 人，在商店当伙计者 7 人，学徒 3 人，充机关职员者 1 人。

② 孙东城等：《农村调查实录：无锡鲍家庄》，《明日之江苏》第 2 卷第 1 期，1930 年。

③ 顾倬等编《江苏无锡县农村经济调查第一集·第四区》，江苏省农民银行总行，1931 年。

　　20 世纪 30 年代的许多农村调查中，都不约而同提到无锡的第十区（原北夏乡，亦名北下乡）。该区位于无锡东北部，面积在全县各区中为最小，人口密度较大。与第四区相比，虽然二者在行政建制上同级，但第十区的面积要小得多，人口密度也大得多。第四区全区面积共 202 方里，下辖 4 镇、32 乡共 241 村，平均每乡镇包含 6～7 个自然村，平均每方里 169.5 人；第十区全区面积共 138.5 方里，下辖 4 镇、16 乡共 342 村，平均每乡镇包含 17 个左右自然村，平均每方里 196.1 人。此外，该区居民中纯农家的数量较多。据统计，全区共计 27164 人，而纯农人数达 23089 人，占全区人口的 85%。正是土地较为集中、人口密度大且农业所占比重高等情况，使得本区（原北夏乡）在 30 年代常被时人视作无锡较为贫瘠的农村典型，与经济总体较为宽裕的第四区（旧开原乡）情况形成鲜明对照。①

　　在不同的社会经济背景下，各地在发展过程中所伴生的土地问题，也呈现出复杂多样的形态。例如，黄巷作为一个靠近工厂区域的自然村，居民多数是种灰肥田的佃农，在 116 户农家中，有 84 户永耕佃农，16 户暂耕佃农，8 户收租佃农②，而自耕农 14 户、地主 4 户也大多是兼业佃户。③ 由于附近工厂的开设，该村耕地面积更呈日减之势，但由于村中人口向工商业输出的较多，居民有的把灰肥田转租

---

① 华洪涛：《无锡一隅之农村概况》，《教育与民众》第 3 卷第 7 期，1932 年；王天予：《无锡北夏的农村经济》，《农行月刊》第 2 卷第 11 期，1935 年；阮荫槐：《无锡实习调查日记》，萧铮主编《民国二十年代大陆土地问题资料丛书》第 98 册，台北成文出版社有限公司、美国中文资料中心 1977 年影印，第 51602 页。

② 根据原文所列"黄巷田权分析表"，永耕佃农、暂耕佃农、收租佃农均有田面耕种权。三者的区别和联系在于：拥有田面，自耕自种，向拥有田底的地主纳普通租，为永耕佃农；拥有田面，不自己耕种，对外出租，收盖头租，向拥有田底的地主纳普通租，为收租佃农；从有田面权的农民手中租入土地耕种，向其纳盖头租，自己没有稳定的田面耕种权，为暂耕佃农。

③ 本村农户多存在兼业情况，如永耕佃农兼收租佃农，永耕佃农兼暂耕佃农，永耕佃农兼自耕农，永耕佃农兼暂耕佃农、自耕农，暂耕佃农兼自耕农，等等。书中统计因包含各户兼业在内，故总数不等于 116 户。

成为收租佃农，还有的依靠雇用外来客工从事耕作。总计全村雇主共58 户，需用外来人工者，除永耕佃农外，以厂工及船工、船主为最多。在全村各项动力费用中，雇用人工费用（自有人工不计）也达1023.34 元，远远高于雇用牲畜（17.00 元）和机器灌溉（413.78元）的费用。① 虽然该村居民多数为佃户且经营面积狭小，但农业本身的地位已有所下降，土地问题虽存在，但并未成为主要问题。

鲍家庄全村 650 亩土地中，每家田地最多者 25 亩，最少者半亩，以 10 亩以下者为多。全村 99 户中，自耕农有 52 户，占一半以上，半自耕农也有 35 户。② 与黄巷相比，该地农业在经济结构中所占比重较高。虽然本村每户农家平均耕地达 6 亩多，完全没有土地的农民很少，也不存在占地较多的大地主，但其经济状况，未必较黄巷这样佃户较多、经营面积狭小但工商业相对发达的地方为优。

第四区（旧开原乡）山南、山北地带土地分配情形迥异：山南较平均，小自耕农占绝对多数；山北则佃农占多数，土地呈集中状态。③ 与黄巷相比，山南地带虽然受工商业的影响也较大，但农家成分以自耕农为主。经营规模则同样较为零碎，5 亩以下的经营占绝大多数，部分乡镇甚至达到 100%。尽管本地农家多为小自耕农，但由于有来自工商业的收入作为补充，因此农村经济总体上较为宽裕，民国时期的一些农村调查中，也多将该地视为无锡比较富裕的农村典型。④

类似的例子还有许多。从一系列的调查来看，民国以来在无锡农村，不同区域之间自然条件和城乡联系等方面的差别，导致其经济结构和土地问题的实态，也都存在相当程度的多样性，未可一概

---

① 钱俊瑞、秦柳方：《黄巷经济调查统计（续）》，《教育与民众》第 1 卷第 9 期，1930 年。
② 孙东城等：《农村调查实录：无锡鲍家庄》，《明日之江苏》第 2 卷第 1 期，1930 年。
③ 顾倬等编《江苏无锡县农村经济调查第一集·第四区》，江苏省农民银行总行，1931 年。
④ 蒋启藩：《游开原乡记》，《学生杂志》第 4 卷第 5 期，1917 年；阮荫槐：《无锡实习调查日记》，萧铮主编《民国二十年代大陆土地问题资料丛书》第 98 册，第 51602 页。

而论。近代的无锡农村，已深深卷入工业化、市场化的大潮之中，在讨论农村经济和土地问题时，只有在整体的视野下，结合对于土地和农业在地方经济结构中意义的分析，才能得出较为全面的结论。

第二章　无锡农村土地占有概观

在无锡，虽然土改时期以土地占有为主题的调查众多，但是民国时期的调查规模较大、覆盖范围较宽、内容较为严谨，可与之形成对照者，仅见于 1929 年中央研究院社会科学研究所的无锡农村调查相关成果。此外各方面的调查，材料取得多受限于个别的区、乡或村庄，虽然其中不乏科学程度较高者，但以局部的经验，是否能推之于全体，尚有疑问。故本章主要依据 1929 年无锡农村调查关于土地分配状况所得的认识，与土改时期的调查结果相对照，以明了民国至土改时期无锡农村土地占有的一般状况及变化趋势。笔者所关心的问题是，从整体上看，这两个时期的农村调查所反映的无锡地主占有土地的比例，即当地土地集中的程度是否一致？如果并不一致，其原因何在？从调查材料的对比来看，新中国成立前无锡农村土地占有的变化趋向是什么，地主占有土地的数量和比例自 20 世纪 20 年代末以来究竟增加还是减少了，抑或基本保持稳定？

本章讨论所依据的资料，除土改时期的一些调查统计外，主要来自中央研究院社会科学研究所 1929 年的调查。关于这次调查，以往所发表的成果主要集中在两个方面：对于调查过程的介绍和梳理[①]，

[①] 代表性的成果有史志宏：《无锡、保定农村调查的历史及现存无、保资料概况》，《中国经济史研究》2007 年第 3 期；汪效驷、郑杭生等：《史学和社会学视野中的陈翰笙无锡调查》，《苏州大学学报》（哲学社会科学版）2007 年第 2 期；张丽、李坤：《陈翰笙与中国土地革命和无锡保定农村调查》，《中国农史》2019 年第 3 期；范世涛：《陈翰笙与国立中央研究院无锡农村经济调查》，《中国经济史研究》2020 年第 5 期；等等。

以及基于这批资料的相关研究①。其他参考价值较高者还有部分当事人的回忆。② 日本学者奥村哲在 2004 年出版的著作中，也曾以一章篇幅，对 1929 年无锡农村调查的背景和经过进行分析，并对作为这次调查重要成果之一的陈翰笙《现代中国的土地问题》一文做了细致解读。③ 其论述中颇有新意，本书的写作也深受启发，但是结合已公布的档案资料，还可对其进行适当补充以及在一些问题的认识上提出新的看法，详见下文。

一　1929 年中央研究院社会科学研究所的调查

近代关于无锡农村真正意义上大规模调查的实践，当以中央研究院社会科学研究所的活动为开端。1929 年，陈翰笙主持中央研究院社会科学研究所，从事农村经济的研究工作；是年 2 月，王寅生等受陈之约，亦到该所工作。这一年春季，由陈翰笙发起，该所着手进行无锡农村调查，试图通过实地调查了解农村经济情况，认识农村社会性质和革命的中心任务。当时由王寅生负责草拟调查计划，制订调

---

① 代表性成果有崔晓黎：《变迁中的传统农业与社区市场——无锡县和清苑县近代农村社会经济变迁的比较研究》，《农村经济与社会》1990 年第 4 期；吴柏均：《无锡区域农村经济结构的实证分析（1920—1949）》，《中国经济史研究》1991 年第 3 期；朱文强：《怎样认识 20 至 50 年代无锡农民的纯收入——对〈第二次无锡、保定农村经济调查报告〉的再研究》，《中国经济史研究》1998 年第 3 期；张丽：《人口、土地和农业生产力水平：二十世纪初无锡农村地区人口压力的测量》，《中国农史》2007 年第 3 期；等等。

② 如陈翰笙：《中国农村经济研究之发轫》（1930 年 7 月），陈翰笙、薛暮桥、冯和法编《解放前的中国农村》第 2 辑，中国展望出版社，1987 年，第 3~7 页；陈翰笙：《四个时代的我》，中国文史出版社，1988 年；廖凯声：《社会科学研究所无锡农村调查记略》，《国立中央研究院院务月报》第 1 卷第 8 期，1930 年；秦柳方：《回忆一九二九年无锡农村调查》，中共无锡市、县委党史办公室，无锡市档案局编《无锡革命史料选辑》第 10 辑，1987 年，第 45~61 页；等等。

③ 奥村哲『中国の資本主義と社会主義―近現代史像の再構成』、桜井書店、2004 年、第 7 章「中国農村派の無錫農村調査―下降分解論批判」、第 239—265 頁。

查表格，物色调查人员等工作。7月，在无锡组织了中央研究院无锡农村经济调查团，陈翰笙常到无锡指导，王寅生则常驻无锡主持该项工作，并在城内设立了办事处。参加这次调查工作的有45人，大多数生长在无锡或邻近各县，其中1/3为国立北京大学、劳动大学、上海法政大学等研究农业或社会经济的毕业生或肄业生；1/3为当地从事乡村改进、工人教育的工作人员或小学教员；1/3为该县高级中学的肄业生。调查人员分为4个小组，由张稼夫、钱俊瑞、秦柳方、刘端生分别担任小组负责人，从7月初到9月底，在无锡四乡，选定有代表性的22村1204农户做了挨户调查，并对附近的55个村和8个中心市镇做了概况调查。①

　　1929年的这次调查是在认真的准备和指导下进行的，调查人员又多来自无锡及邻近各县，具有地缘的优势，因此，调查的结果应该说具有相当的可信性。遗憾的是，调查材料经整理分析后写成的研究报告，由于中央研究院的压力，未能发表，至今也一直未能找到其原稿。通过这次调查所得到的材料和结论，只能从20世纪30年代以来陈翰笙、王寅生、钱俊瑞、薛暮桥等发表的文章中，得到片断的、间接的反映。其中公认的最具代表性的是陈翰笙《现代中国的土地问题》②。

　　根据此文，经过这次调查对于无锡农村土地关系的主要认识见表1。

---

① 史志宏：《无锡、保定农村调查的历史及现存无、保资料概况》，《中国经济史研究》2007年第3期。
② 该文是陈翰笙1933年参加太平洋国际学会加拿大班夫双年会的论文，被视为关于中国土地问题的权威之作，奠定了陈翰笙在国际学术界的地位。文章于1933年以英文形式发表，30年代有多个中译本，名称有《现代中国的土地问题》《现今中国的土地问题》《中国当前的土地问题》等。现在所引用的中文版本，主要来自中国农村经济研究会《中国土地问题和商业高利贷》（上海黎明书店，1937年）。陈翰笙、薛暮桥、冯和法编《解放前的中国农村》（第2辑，中国展望出版社，1987年）也收入此文，其中标注该文发表时间为1934年。

表1　无锡土地分配表（1929年20个代表村）

阶层	农家数目（户）	农家百分比（%）	占有地亩（亩）	地亩百分比（%）	每家平均地亩（亩）
地主	59	5.7	3217	47.3	54.5
富农	58	5.6	1206	17.7	20.8
中农	205	19.8	1418	20.8	6.9
贫农与雇农	713	68.9	965	14.2	1.4
总计	1035	100	6806	100	6.6

　　据调查当年所发表的《亩的差异：无锡22村稻田的173种大小不同的亩》，所选定的22个代表村的名称及位置如下：怀上市的曹庄里，怀下市的探花墩，北下乡的苏巷，南延市的张塘巷，南延市的跨上泾，泰伯市的小房巷，新安乡的龚巷，开化乡的前章，开化乡的东吴塘，富安乡的阳湾里，富安乡的邵巷，开原乡的毛村，万安市的周家桥，万安市的新开河，青城市的唐家塘，天上市的前刘巷，天下市的西大房，天下市的任巷，景云市的黄巷，景云市的黄土泾桥，扬名乡的白水荡，开原乡的张巷桥。[①] 不过，在陈翰笙的这篇文章中提到的只有20个代表村，所缺的两个代表村名称，暂时难以判定。[②]

　　关于表1，作者的说明如下："无锡的地主，仅有5%是自己经营田产，他们在农村户口中只占6%以下，却占有耕地47%，其余69%的人家，都是贫农与雇农，他们占有的田地，仅为14.2%。"[③] 由此可知，由于地主阶层所占有的土地比例接近全部土地的一半，因此无

[①] 陈翰笙等：《亩的差异：无锡22村稻田的173种大小不同的亩》，国立中央研究院社会科学研究所，民国十八年（1929），第19～41页。

[②] 参与这次调查的廖凯声1930年发表的回忆中，作为调查失败的例子，曾举出"后漳泾"和"任巷"，但"后漳泾"的名称并不见于《亩的差异：无锡22村稻田的173种大小不同的亩》记载。秦柳方1987年发表的文章中，列举有"小沙头"，未列举"探花墩"。见廖凯声：《社会科学研究所无锡农村调查记略》，《国立中央研究院院务月报》第1卷第8期，1930年；秦柳方：《回忆一九二九年无锡农村调查》，《无锡革命史料选辑》（第10辑），1987年，第45页。

[③] 《解放前的中国农村》第2辑，中国展望出版社，1987年，第81～82页。

锡的土地集中程度是较高的。

有意思的是，同为调查团主要成员的王寅生和钱俊瑞，在1932年完成《土地分配和资本的将来》① 一文②，其中这样写道："随后在1931年进行的一项调查发现，无锡共921个拥有100亩及100亩以上的自田和租田的地主家庭，其土地总面积高达305000亩，占全县耕地的24%。如果加上拥有土地不到100亩的地主家庭，结果表明，无锡39%的农田掌握在地主手中。"③

这篇文章中所提到的无锡全县地主占有土地比例，比陈翰笙列举的数字低了8个百分点左右。两篇基本在同一时期发表的文章，关于无锡地主占有土地的比例，却给出了两个具有明显差距的数字。那么，出现差距的原因是什么？对于1929年调查前后无锡地主占有土地的比例究竟应该如何认识？是否这些属于同一群体的作者对于当

---

① 该文另有《无锡的土地分配和资本主义的发展》《无锡的土地分配与资本主义前途》《无锡的土地集中与资本主义前途》《无锡的土地分配与农村资本主义的发展》等多种名称。参见陈洪进：《陈翰笙的史学思想》，《世界历史》1985年第8期；秦柳方：《千淘万漉 缜密调查——王寅生传略》，《经济日报》主编《中国当代经济学家传略（二）》，辽宁人民出版社，1987年，第197页；薛葆鼎编《吴地经济学家》，南京大学出版社，1997年，第62页；《王寅生文选》，中国财政经济出版社，1999年，第375、380页。

② 该文中文稿未公开出版，英文本于1938年由太平洋国际学会刊行（*Agrarian China*：*Selected Source Materials from Chinese Authors*，compiled and translated by the Research Staff of the Secretariat，Institute of Pacific Relations，Kelly and Walsh，Limited，Shanghai，1938，pp. 5 – 10），其标题为 Land Concentration in Wusih，near Shanghai（上海附近无锡的土地集中），末尾注 Wong Yin-seng，Chien Tsen-jui and others，Land Distribution and the Future of Capital，an unpublished MS.，dated 1932（王寅生、钱俊瑞等《土地分配与资本的将来》，未出版的手稿，1932年）。英文本另有1939年伦敦（George Allen & Unwin，Ltd.）的版本。1940年，杉本俊朗综合两个英文版本，将其翻译为日文［太平洋問題調查会編、杉本俊朗訳『中国農村問題』、岩波書店、昭和十五年（1940）］。范世涛近年撰文对陈翰笙主持无锡农村经济调查的过程、理论准备和研究成果进行考证，在附录中提供了据1939年英文本翻译的该报告中译稿（《陈翰笙与国立中央研究院无锡农村经济调查》附录二《无锡的土地分配和资本主义的前途》，《中国经济史研究》2020年第5期，第188~190页）。

③ *Agrarian China*：*Selected Source Materials from Chinese Authors*，Kelly and Walsh，Limited，Shanghai，1938，p. 6；『中国農村問題』、岩波書店、昭和十五年（1940）、第22頁。

时无锡土地集中程度的认知，的确有着明显的分歧呢？

或许由于材料稀见的关系，很长时间里许多研究者并未注意到王寅生和钱俊瑞这篇文章的存在，自然也就没有任何的分析和评论。真正开始注意到两篇报告中数字差异的，是日本学者奥村哲。他在2004年出版的著作中指出，陈翰笙在《现代中国的土地问题》中所提出的20个代表村地主占有土地比例，从整个无锡来看可能是过高了。作为论据，分别引用了1930年无锡县政府编纂的《第一回无锡年鉴》的记载、王寅生和钱俊瑞所提出的数字（见上）和土改时期的一些统计，来与之进行对照。[①]

那么，两篇文章中关于地主占有土地比例的差别，是否由对地主定义的不同所导致的？奥村哲否认了这种可能，据其分析，陈翰笙在这一时期所使用的地主概念，主要见于《广东的农村生产关系与农村生产力》（1934）一书：

"凡村户具备下列三条件者方为地主：（1）所有亩数超过当地普通农家所必需有的；（2）所有亩数半数以上出租；（3）除雇工式的小老婆外无人下田耕种者。以上三项虽皆具备，而所得田租犹不足以维持全家生活，同时全家收入大部分非田租者，不作地主论。"[②]

钱俊瑞撰写的书评中认为："这里有两个问题。第一，中国的地主固然绝对大多数是收租过活（收租地主），而也有很少数的地主是普鲁士式的地主经营。这样，该书所列第二个条件即所有亩数半数以上出租的条件是否能普遍适用，自然又成问题。第二，多数地主生活费用是很大的。有些人物，田租收入'虽不足以维持全家生活，同时全家收入大部分非田租'，然而他们却不能不说是兼地

[①] 奥村哲『中国の资本主义と社会主义—近现代史像の再构成』、樱井书店、2004年、第237—250页。

[②] 陈翰笙编《广东的农村生产关系与农村生产力》，上海中山文化教育馆，1934年。本书所引用者，见《解放前的中国农村》第2辑，中国展望出版社，1987年，第98页。

主呢。"①

奥村哲认为，根据钱俊瑞的书评，他所认为的地主范围毋庸说是进一步扩大了。如果按照钱氏所提出的标准来衡量，在他发表的文章中，地主所占有土地的比例应该更高才对，但事实上，如前所述，与陈翰笙的文章相比，在钱俊瑞的文章中，地主占有土地的比例实际是明显下降而不是提高了。因此，陈翰笙所提出的无锡地主占有土地比例较高，原因应当不在于地主概念的包括范围过宽。王寅生和钱俊瑞所提出的数字之所以比陈翰笙提出的比例低了8个百分点左右，或许是因为前者是根据无锡全县范围的调查，而陈翰笙所依据的只是所选取的20个代表村的调查。②

对于奥村哲的分析，还可以进一步补充。

首先，王寅生和钱俊瑞文章中提到的"1931年调查"是否存在，具体情况如何？奥村哲认为，1931年的这项调查是存在的，只是由于资料有限，未能了解到调查的情况。③ 事实上，根据两篇文章所提到的地主户数、占有土地总数，可知其数字来源应有区别。陈翰笙的文章所列举的调查农家共1035户，其中地主59户，占有土地3217亩；而王寅生和钱俊瑞的文章中，仅仅是拥有自田和收租田在100亩及以上的地主，已达921户，占地超过30万亩。很大可能的确存在前后两次不同的调查，且各自采样范围不同，不能排除调查覆盖范围不同而造成有差别统计结果的可能。前一调查即人们熟知的1929年调查，主要以20个代表村为对象；后一调查可能覆盖全县，范围更

① 钱俊瑞：《评陈翰笙先生著〈现今中国的土地问题〉——兼评陈先生近著〈广东的农村生产关系与农村生产力〉》，《中国农村》第1卷第5期，1935年2月；薛暮桥、冯和法编《〈中国农村〉论文选》，人民出版社，1983年，第890~891页。
② 奥村哲『中国の資本主義と社会主義—近現代史像の再構成』、桜井書店、2004年、第250—251頁。
③ 奥村哲『中国の資本主義と社会主義—近現代史像の再構成』、桜井書店、2004年、第262頁。

加全面，但过去学界对此关注十分有限。

在目前公开的王寅生、钱俊瑞传记资料中，都未见有关 1931 年这次调查的记载。杉本俊朗日译本的跋语提到：1929 年、1931 年，中央研究院社会科学研究所在陈翰笙指导下，曾两度举办江苏无锡农村实态调查。① 现存于第二历史档案馆的一份档案也提到：1931年，中央研究院社会科学研究所派张（稼夫）、钱（俊瑞）二人再次赴锡，目的是对前年的调查进行补充，"确知该县全县各户所有地亩数"。② 因此，1931 年的调查确实存在，当无疑问。

据《国立中央研究院院务月报》刊载的社会科学研究所工作报告，社会学组 1931 年上半年继续整理无锡农村经济调查材料，"因发现各项农具费，长工工资，及秧田中人工费等，多有缺陷，再作补充调查。此种补充调查，已经完毕"。另外，"无锡地权之集中及耕地之分散，五月份已统计完毕。但农村实地调查中，对于地权方面，尚有未周详处，故又计划城乡各仓厅收租之调查"③。上述 1931 年的调查，可能即对应这两项调查或其中的一次。

另据秦柳方 1987 年发表的回忆，1929 年调查告一段落之后，材料由陈翰笙、王寅生、钱俊瑞、张稼夫、廖凯声等七人进行整理。在整理过程中，又对税捐、田租、币价以及工商业等与农村经济直接有关的情况，追溯到近 20 年来的演变，继续搜集材料，并进行统计、整理和分析。④ 1996 年出版的《无锡县农业志》"大事记"部分也提到："民国 21 年（1932）11 月，国立中央研究院社会学术研究所钱

---

① 太平洋問題調査会編、杉本俊朗訳『中国農村問題』、岩波書店、昭和十五年（1940）。

② 中国第二历史档案馆藏《中央研究院调查浙江钱塘道属农村及无锡县农村经济文件》，全宗号三九三，案卷号 258。

③ 《社会科学研究所二三四五月份工作报告》，《国立中央研究院院务月报》第 2 卷第 9 期，1931 年。

④ 秦柳方：《回忆一九二九年无锡农村调查》，《无锡革命史料选辑》（第 10 辑），1987年，第 48 页。

俊瑞等人来锡，调查研究锡、澄、宜、溧等县农村经济崩溃原因。"①
由此看来，无锡农村经济调查可能还不止一两次。

正如有的学者所指出，"陈翰笙和王寅生主持的无锡农村经济调查始于 1929 年，事实上并非一次完成，而是因资料整理和报告起草需要还进行了后续调查"，"是一个复杂过程"。② 只是，这一次或多次后续调查的轮廓并不清晰，显然还有不少未知内容等待去发现，需要我们给予更多的关注。

再回到陈翰笙及其同人的文章。《土地分配和资本的将来》在叙述 1931 年的调查之前，首先引用了 1929 年的调查结果："中央研究院社会科学研究所 1929 年的一项田野调查表明，在无锡的 20 个代表村中，地主占全部农村人口的 5.36%，其所拥有的自耕田和收租田合计达全部耕地的 47.08% 之多。"③ 文中列举表格如表 2 所示。

表 2　1929 年无锡的土地集中情况

阶层	占全部农家数之百分比	占全部耕地亩数之百分比
贫农	68.49	14.17
中农	20.06	20.83
富农	5.68	17.73
地主	5.77	47.27

这里未提到各阶层的具体户数和占地亩数，但所列举的各阶层占有耕地亩数百分比，与陈翰笙文章中的"无锡土地分配表"数据基本一致，只是各阶层占全部农家户数的百分比稍有变化。

---

① 蒋国良主编《无锡县农业志》，中国农业出版社，1996 年，第 13 页。

② 范世涛：《陈翰笙与国立中央研究院无锡农村经济调查》，《中国经济史研究》2020 年第 5 期。

③ *Agrarian China*：*Selected Source Materials from Chinese Authors*，Kelly and Walsh, Limited, Shanghai, 1938, pp. 6, 8；太平洋问题调查会编、杉本俊朗訳『中国農村問題』、岩波書店、昭和十五年（1940）、第 22、25 页。

而陈翰笙的文章在引用 1929 年的调查结果之前，也提到："在江苏无锡，千亩以上的地主仅有耕地 8.32%，中小地主却有耕地 30.68%。该地 9% 以上的土地，属于地方公团、庙宇及各宗族，只有余下的 52% 的耕地，为 600000 农民所有。"[1] 这段文字未注明资料来源，但所列举的大、中、小地主占有土地比例之和，也正好是 39%，与钱俊瑞文章中所引证的材料并不矛盾。

综上，在两篇文章中，提到这一时期无锡地主阶层占有田地的状况，都同时提供了两组有明显差距的数字，并且未做出解释或说明，这从逻辑上来讲显然是不太可能的。也许，数字的出入并不代表认识层面的对立，而是可能和调查的取样范围以及对材料进行整理、分析的方式有关。关于无锡地主占地比例，47% 与 39% 的数字均有所本，而 39% 的数字可能来自更大范围的调查，据常理判断，代表性应该更强一些。1929 年调查所得的 20 个代表村地主占地比例，相对于无锡整体而言可能确实偏高了。

这两篇文章中也都提到了公田问题。20 世纪 30 年代初，在陈翰笙及其同人的思想认识中，均将各种公田视为地主阶层占有土地的一部分。《现代中国的土地问题》指出："国有及公有的土地，为大地主所掠夺，他们非法的然而在事实上垄断了这些土地的地租。"文中所列举的公田类别有官田、庙田、族田等，以族田为主体。[2] 钱俊瑞和王寅生的文章也提到，被一些有力的地主通过这样那样的方式、以族田或公有土地的名义攫取，在事实上为他们所拥有的土地，占无锡全部农田的 9% 左右。[3]

另一个相关的问题，由于城居地主大量存在是江南地区显著的

---

[1] 《解放前的中国农村》第 2 辑，中国展望出版社，1987 年，第 81 页。

[2] 《解放前的中国农村》第 2 辑，中国展望出版社，1987 年，第 85 页。

[3] *Agrarian China*: *Selected Source Materials from Chinese Authors*，Kelly and Walsh，Limited，Shanghai，1938，pp. 8–9；太平洋問題調查會編、杉本俊朗訳『中国農村問題』、岩波書店、昭和十五年（1940）、第 25 頁。

社会事实①，因此在关于地主阶层的户口、田亩统计中，应该区别是仅就居住在村内的地主而言，还是包括村内村外地主实际的总数。根据陈翰笙对"无锡土地分配表"的说明，"无锡的地主，仅有5%是自己经营田产，他们在农村户口中只占6%以下，却占有耕地47%，其余69%的人家，都是贫农与雇农，他们占有的田地，仅为14.2%"。② 所谓地主阶层的户口数所占比例，应该是仅就居住在乡村的地主而言，而占有田地数量比例的统计，应包括了地主阶层的全体。但钱俊瑞在1934年发表的《中国现阶段底土地问题》中提到："江苏无锡的农村很可作为江南东部各县的代表。实际调查的结果，全县农民所有的土地仅占总面积百分之五十二。只是在村的地主，他们所占的田亩，已达总面积的百分之四十七。"③ 这段文字所依据的也是1929年的20个代表村调查，由此观之，47%的数字还只是居住在农村的地主所占有耕地的比例，与陈翰笙的表述有所出入。

　　二者孰更可信？如果依据钱俊瑞文章中所提供的数据进行计算，除去全县农民和在村地主占有土地的比例，剩下的部分，若理解为不在村地主所对应的土地比例，只有1%左右，比在村地主所占有土地的比例（47%）低了许多，可以说只是全体中很微小的一部分。但苏南（江南）地主的一般情况，大地主多居住于市镇或无锡、苏州、上海等较大城市，除一部分纯粹的收租地主外，亦有相当以其地租收入所得投资于工商业，或从事其他兼业经营；居住在农村的，多为中小地主。以此推断，不在村地主占有土地的数量和比例通常高于在村地主，或至少不会低于后者。因此，陈翰笙的表述应该更为可信一些。

---

①　《广东的农村生产关系与农村生产力》中提到："地主普通都住在市镇和都会里，为农村挨户调查的范围所不能及。广东的大地主大多数是宗祠、庙会、华侨和大商人。留在村内极少数的小地主绝不能代表广东地主的整个势力。"（见《陈翰笙集》，中国社会科学出版社，2002年，第69页）江南地主的情况与广东相仿。
②　《解放前的中国农村》第2辑，中国展望出版社，1987年，第81~82页。
③　《解放前的中国农村》第2辑，中国展望出版社，1987年，第189页。

综上所述，根据 20 世纪 20 年代末陈翰笙及其同人的调查分析，无锡地主阶级占有全部农村土地的 39% 左右；如将村内、村外地主占有土地的总量合计，则达到 47% 左右。此外，被视为由地主阶层在事实上拥有的族田、庙田、学田等各种公有田地，占无锡农田的 9% 左右。由这些数字来看，在当时无锡农村，土地集中确实已达到相当程度。

二 土改时期的调查

土改时期的调查分为综合调查和个案调查两类，关于无锡地区土地关系的较全面统计主要如下。

见于地方档案的有《无锡县情况》，《无锡县土地占有及使用情况调查表》（1950 年 2~5 月），《无锡县土地关系》（无锡县委调研科，1950 年 3 月 20 日），《苏南土地情况及其有关问题的初步研究（初稿）》（中共苏南区党委农村工作委员会，1950 年 5 月 1 日），《无锡县 77 个乡土地占有使用情况统计表》（苏南农协调研科，大部分为 1950 年 10 月 26 日原表，少数为同年 12 月 26 日覆算表），《欧阳惠林关于无锡县秋收前完成 81 个乡土改工作基本总结报告》（约 1950 年 10 月末），《无锡县 14 个区土改前土地占有情况的统计》（1951 年 2 月），等等。1952 年由中共苏南区党委农村工作委员会内部印行的《苏南土地改革文献》和华东军政委员会土地改革委员会内部出版的《江苏省农村调查》，也收入了无锡县土改时期的一些调查，与上述未发表的地方档案相比，这些稍后经过初步整理出版的材料，在标题、内容上虽有所改动，但所引用的数据基本没有出入。

以上各份调查的性质稍有区别，《无锡县情况》、《无锡县土地占有及使用情况调查表》和《无锡县土地关系》都是在全县土改开始之前，即土改准备时期形成的材料，而《无锡县 77 个乡土地占有使用情况统计表》和欧阳惠林关于 1950 年秋收前完成土改的 81 个乡的工作报告，均是关于无锡县第一批土改乡的总结性成果。关于 14 个区土改前土地占有情况的统计，则是全县土改基本结束后所形成的数据。

上述调查中关于无锡地主阶层占地情况的记载分别如下。

（1）《无锡县土地占有及使用情况调查表》。① 调查地点包括荡口区北延镇 4 个保，查桥区云林乡，张村区的泰安乡 3 个村、寺头乡 6 个村、观惠乡 3 个村、张村镇、胶南乡。各乡、村的土地占有情况是：荡口区北延镇 4 个保的土地占有较为集中，地主占地比例接近 40%。其他地方，包括查桥区云林乡和张村区的各调查乡、村，地主占有土地一般都在 15% 以下，甚至只有百分之二三。

中共苏南区党委农村工作委员会 1950 年 5 月完成的《苏南土地情况及其有关问题的初步研究（初稿）》②，关于各县市的分析涉及无锡的部分，也以上述调查表为依据，所得结论是：武进、无锡、江阴及其周围地区土地占有情况（无论地主占有或地主、富农共同占有）比较分散，无锡虽然北延镇（靠近吴县）地主占有土地占 39.86%，但从整个无锡来说，土地基本上是比较分散的，地主占有土地一般均在 15% 以下。

（2）《无锡县农村经济概况》。③ 关于各阶层占有土地情况的调查，涉及 9 个地点：堰桥乡的两个村、薛典镇第三保、北延镇第十保、云林乡、玉祁镇第三保、北延镇第九保、坊前乡、周新镇第八

---

① 《无锡县土地占有及使用情况调查表》，锡山区档案馆，B1 – 2 – 10，第 35 ~ 42 页。据现有记载，至晚在 1950 年 4 月底，查桥乡已遵循划小区乡的要求，改划为东亭和安镇两个区。因此，从这一表格中所列举的调查地点名称推测，其形成时间当不晚于此时。

② 中共苏南区党委农村工作委员会：《苏南土地情况及其有关问题的初步研究（初稿）》，1950 年 5 月 1 日，第 5 页。

③ 本调查收入华东军政委员会土地改革委员会 1952 年编印的《江苏省农村调查》一书，署名为苏南区农民协会筹备会调研科，1950 年 3 月 10 日。此时无锡县尚处于土改准备阶段，行政上划分为梅村、前洲、荡口、开原、滨湖、查桥、张村、新渎、张泾 9 个区。

保、新渎镇第五保。其中，堰桥乡的两个村（86.79%）、薛典镇第三保（80.18%）、北延镇第十保（67.92%），地主占有土地的比例很高。其余6个地方，包括云林乡（12.65%）、玉祁镇第三保（6.90%）、北延镇第九保（2.28%）、坊前乡（17.35%）、周新镇第八保（28.61%）、新渎镇第五保（32.71%），地主占有土地的比例都在1/3以下。

（3）《无锡县土地关系》。① 关于各阶层人口和占有田亩的数字，系根据荡口区北延镇4个保、梅村区坊前乡、开原区湖山乡5个保、新渎区新渎镇3个保、张村区戴圻村等5个地区的材料综合而成。其中，地主以4.13%的人口，占有30.52%的田亩。根据原表说明，公学庙田被列为"其他"阶层的一部。如计入地主占有土地内，则地主占地比例当会更高一些。

（4）《无锡县77个乡土地占有使用情况统计表》。② 无锡县土改的准备阶段和第一期工作，都是在苏南农村工作团③无锡团的主导下完成的。当时无锡农村工作团各队负责土改乡数共81个，据欧阳惠林④总结，这81个乡的大致情况如下："土改范围包括一个全区，五个区大部，四个区一部，一共是十个区的81个乡的范围，散布着四点，北部西漳，南部南泉、华庄，西南新渎、藕塘，东部墙门、东

---

① 无锡县委调研科：《无锡县土地关系》（1950年3月20日），锡山区档案馆，B1-1-6。
② 《无锡县77个乡土地改革前各阶层占有与使用土地情况统计表》（一），锡山区档案馆，B1-2-11。
③ 华东地区解放之初，工作重点主要放在接管城市方面。随着城市接管工作的完成，华东局根据各省、市、区的反映和当时华东的实际情况，向中共中央提出关于抽调大批干部下乡、加强农村工作的建议，得到批准。中共苏南区党委于1949年7月从直属机关干部、苏南党校学员和苏南公学新招收的知识青年中共抽调1800多人，分别组成苏南农村工作团无锡团和吴县团，经过短期训练后于8月底下乡，在苏南农村民主建政、剿匪反霸、减租减息、土地改革过程中发挥了重要作用。参见欧阳惠林《经历与往事》，中共江苏省委党史工作办公室编，2000年，第430～432页。
④ 时任中共苏南区党委秘书长兼农村工作委员会书记、苏南行署土地改革委员会主任、苏南农村工作团无锡团团长。

亭、安镇、梅村等区，最远达到县的边缘，近的靠近城郊一二里路，在81个乡有各种不同的土地类型，稻田、桑田等各种类型。"①

本调查覆盖范围包括东亭区的14个乡、新渎区的15个乡、梅村区的10个乡、墙门区的3个乡、华庄区的9个乡、南泉区的2个乡、安镇区的11个乡和西漳区的13个乡，共计77个，所缺少的乡为二队所在的藕塘乡、四队所在的新安乡和六队所在的曹乐乡、塘南乡。据统计，在这77个乡当中，地主阶层占有全部土地的20.68%，即使加上全部公地也只有24.74%左右（见表3）。

表3　无锡县77个乡土改前各阶层占有与使用土地情况统计 I

		户口		人口			占有土地		使用土地（亩）
		户数（户）	占比（%）	人数（人）	占比（%）	外出（人）	亩数（亩）	占比（%）	
地主		1747	2.20	9928	2.72	2714	97943.43	20.68	19313.86
公地	私有公地	996	1.26	336	0.09	7	17766.62	3.75	1743.11
	国有公地	48	0.06				1470.29	0.31	171.45
	小计	1044	1.32	336	0.09	7	19236.91	4.06	1914.56
工商业资本家		1065	1.34	6578	1.80	3606	9615.28	2.03	5651.82
小土地出租者		9066	11.43	41720	11.45	14068	39763.94	8.40	31515.13
富农		1108	1.40	6758	1.85	436	21600.89	4.56	19385.50
中农		26106	32.91	127842	35.07	9500	177993.36	37.59	236606.16
贫农		32740	41.28	144356	39.60	10656	92031.69	19.43	173735.07
雇农		1069	1.35	2694	0.74	127	397.37	0.08	1646.62
其他		5373	6.77	24307	6.68	8246	14986.42	3.17	15744.16
总计		79318	100	364519	100	49360	473569.29	100	505512.88

注：1. 上表系根据原表格改制而成。统计范围仅包括本乡户，不包括居住外乡而有土地在本乡户之户数、人口、出租田、自耕田和佃入田。2. 地主阶层，包括纯粹地主和其他成分兼地主；小土地出租者，包括军烈家属、工人、职员、自由职业者、小贩、其他职业、鳏寡孤独等；富农包括富农和半地主式富农；其他成分，包括贫民、游民、不明成分等。

① 《欧阳主任关于无锡县秋收前完成八十一个乡土改工作基本总结报告》，锡山区档案馆，B1-1-5，第89页。

20世纪90年代，中共无锡县委农村工作部编写的《无锡县志》
"农业"卷和中共锡山市委农村工作部编写的史志资料《无锡县的土
地改革运动（征求意见稿）》①，关于无锡县土改前的土地占有情况，
在引用上述77个乡的统计时，对于"公地"做了更细致的区分。根
据1950年原表的填表说明，所谓"公地"包含"私有公地"和"国
有公地"两类。"私有公地"包括祠堂、庙宇、寺院、教堂、学校和
团体在农村中的土地，国有公地是指公立学校及其他国家土地。这两
份材料在引用上述表格时，从总户口中除去1044个公地单位（包括
私有公地996个单位、国有公地48个单位），在土地总数中，亦除去
了国有公地1470.29亩，但在地主阶层原来所占有的土地面积
（97943.43亩）中，加入了私有公地（17766.62亩），使其达到
115710亩（见表4）②。这样计算的结果，地主占有全部土地的比例
为24.51%。

表4　土改前无锡县77个乡各阶层占有土地情况调查

阶层	户数（户）	占比（%）	土改前占有土地		
			亩数（亩）	占总亩（%）	每户平均（亩）
地主	1747	2.23	115710	24.51	66.23
富农	1108	1.42	21601	4.58	19.50
工商业资本家	1065	1.36	9615	2.04	9.03
中农	26106	33.35	177993	37.70	6.82
贫农	32740	41.83	92032	19.49	2.81
雇农	1069	1.36	397	0.08	0.37
其他阶层	14439	18.45	54750	11.60	3.79
总计	78274	100.00	472098	100.00	6.03

---

① 谈汗人主编《无锡县志》，上海社会科学院出版社，1994年，第192～195页；中共锡
山市委农村工作部：《本部编写的史志资料及召开的有关业务会议的通知》（1999），
锡山区档案馆，B5-2-145，第1～21页。

② 这两份材料在引用77个乡的调查数据时，将"小土地出租者"与"其他阶层"合并
成为新的"其他阶层"，并对各阶层所占有的土地亩数做了四舍五入处理。因此，表4
与表3显示的各阶层占有土地数略有差别，但差距不大。

继续回到 1950 年关于 77 个乡的统计，如果考虑到村外村内地主所占有土地的总数，即以使用土地的总数减去其他各阶层占有土地的总数，结果是 505512.88 −（473569.29 − 97943.43）= 129887.02 亩。以此数除以使用土地总数 505512.88 亩，则居住在本乡和外乡的地主所占有的土地实际占全部使用土地的 25.69%（不包括公田）。

原表另列无锡县 75 个乡土地改革前各阶层占有与使用土地情况的统计，在无锡县农村工作团 6 个大队所调查的 81 个乡基础上，所缺之乡数，除前述 4 个乡外，另有五队所在之高泾乡和六队所在之羊尖乡，因材料错误未列入计算。在这 75 个乡当中，本乡地主占有土地 92915.18 亩，占全部土地的 20.11%，如果加上公地为 24.25%。若以乡内外地主占有的土地合计，则地主占有土地总数为 124729.14 亩，占全部使用土地的 25.26%（不包括公田）。[①]

欧阳惠林关于 81 个乡土改的总结报告，提到 74 个乡的各阶层占有土地统计。其中，地主以 2.18% 的户数和 2.74% 的人数，占有 17.37% 的田亩（不包括公田 4.15%）。这一数字低于上文所列的各种数字。[②]

综上，根据无锡县第一期土改乡的各种相关统计，居住在本乡的地主占有土地比例不过 20% 左右，加上公田亦不到 25%，如以本乡外乡地主合计，大约为 25% 强（不包括公田）。无论是 77 个乡、75 个乡或者 74 个乡的数据，所反映的趋势基本一致，从总体上看，无锡应该属于土地比较分散的地区。

（5）《苏南农村土地制度初步调查》。[③] 这份材料中提到，无锡地主占有 28.98% 的土地，但是对这一数字的来源未做任何说明。在中

---

① 《无锡县七十七个乡土地占有使用情况统计表》，锡山区档案馆，B1 − 2 − 11，第 90 页。

② 《欧阳主任关于无锡县秋收前完成八十一个乡土改工作基本总结报告》，锡山区档案馆，B1 − 1 − 5，第 90 页。

③ 华东军政委员会土地改革委员会编《江苏省农村调查》，1952 年，第 6 页。

共苏南区党委农村工作委员会 1952 年内部印行的《苏南土地改革文献》中，附有该机构 1950 年 9 月制成的《苏南 20 个县 1722 个乡土地改革前各阶级（层）占有土地比较表》，其中提到，根据无锡县 10 个区 77 个乡的统计，土地总数为 518738.62 亩，其中地主阶层所占土地比例为 24.50%，公地（私有公地＋国有公地）所占比例为 4.48%。[①] 二者合计，正好是 28.98%。因此可以推测，《苏南农村土地制度初步调查》中所列的无锡地主占地比例数字，包括了公地在内。

这里所提到的 10 个区 77 个乡统计，与上文提到的 10 个区 77 个乡应该是同一范围。但是，这里所出现的数字，无论是土地的总数还是包括地主在内的各阶层占有土地比例数字，都与前述的统计有所不同。那么，这里的数字是如何得出的呢？在《无锡县 77 个乡土地改革前各阶层占有与使用土地情况统计》中，曾经将各阶层分为两个类别：居住本乡户和居住外乡而有土地在本乡户。试将各阶层两类户别的各自占有土地（包括出租田和自耕田）合计，结果如表 5 所示。

表 5　无锡县 77 个乡土改前各阶层占有与使用土地情况统计 Ⅱ

| | | 居住本乡户 | | | | 居住外乡而有土地在本乡户 | 合计 | |
| | | 户口 | | 占有土地 | | | | |
		户数（户）	占比（%）	亩数（亩）	占比（%）	占有土地亩数（亩）	亩数（亩）	占比（%）
地主		1747	2.20	97943.43	20.68	29135.62	127079.05	24.50
公地	私有公地	996	1.26	17766.62	3.75	3863.47	21630.09	4.17
	国有公地	48	0.06	1470.29	0.31	128.74	1599.03	0.31
	小计	1044	1.32	19236.91	4.06	3992.21	23229.12	4.48
工商业资本家		1065	1.34	9615.28	2.03	2776.48	12391.76	2.39

[①]　中国共产党苏南区委员会农村工作委员会编《苏南土地改革文献》，1952 年，第 768 页。

	居住本乡户				居住外乡而有土地在本乡户	合计	
	户口		占有土地		占有土地亩数（亩）	亩数（亩）	占比（％）
	户数（户）	占比（％）	亩数（亩）	占比（％）			
小土地出租者	9066	11.43	39763.94	8.40	3841.92	43605.86	8.40
富农	1108	1.40	21600.89	4.56	191.50	21792.39	4.20
中农	26106	32.91	177993.36	37.59	2063.04	180056.4	34.71
贫农	32740	41.28	92031.69	19.43	1400.31	93432	18.01
雇农	1069	1.35	397.37	0.08	17.80	415.17	0.08
其他	5373	6.77	14986.42	3.17	1750.45	16736.87	3.23
总计	79318	100	473569.29	100	45169.33	518738.62	100.0

经过这样计算所得到的各阶层土地总数及其所占比例，都与《苏南土地改革文献》附表中所列的数字相一致。由此可以推断，《苏南土地改革文献》和《苏南农村土地制度初步调查》中所提到的无锡地主占地28.98％的数字，也来源于第一期推行土改的10个区77个乡调查，在统计过程中，包括了居住本乡户、居住外乡而有土地在本乡户以及公地数字在内。

所谓居住外乡而有土地在本乡户是怎样的含义？这77个乡的原始统计表都是按照统一的式样制作，在"填表说明"中提到，所谓"居住外乡而有土地在本乡者"是指：①家居外乡而有土地出租给本乡农民耕种者；②家居城市而有土地出租给本乡农民耕种或在本乡境内有土地雇人耕种者；③家居外省外县而有土地在本乡走种者。至于居住附近邻区邻乡耕种本乡范围内土地者，以田跟耕种人走为原则，均不统计在内。关于西漳区严埭乡的统计表在"备注"栏内提到：居住外乡而有土地在本乡户，系指本乡之外出户，不包括原籍在外乡的业主。[1] 从

---

① 《无锡县西漳区严埭乡土地改革前各阶层占有与使用土地情况统计表》（1950年10月26日），锡山区档案馆，B1-2-11，第75页。

以上定义，对于这一概念所指代的社会经济事实，尤其是与社会经济史研究中习惯用的"不在地主"（或前文所使用的"村外地主""乡外地主"）等名词的关联，还无法清晰地判断。但可以肯定的是，在 77 个调查乡，即使把公田和居住外乡而有土地在本乡户都考虑进来，地主阶层所占有的土地尚未超过土地总数的 30%。

（6）土地改革结束时 14 个区的统计。前述中共锡山市委农村工作部 1996 年编写的史志资料《无锡县的土地改革运动（征求意见稿）》，还引用了 1951 年 2 月全县土改结束时关于 14 个区[①]土改前土地占有情况的统计，如表 6 所示。

表6　无锡县 14 个区阶级成分划定及其土改前土地占有情况

成分	户数（户）	占总户的比重（%）	人数（人）	占总人数的比重（%）	占有土地（亩）	占总亩数的比重（%）	每户平均（亩）	每人平均（亩）
地主	4072	2.18	25080	3.03	256374	25.54	62.96	10.22
富农	2301	1.23	13780	1.67	42622	4.25	18.52	3.09
中农	57522	30.81	274006	33.11	347371	34.61	6.04	1.27
贫农	81323	43.57	350999	42.42	204712	20.40	2.52	0.58
雇农	2817	1.51	7034	0.85	1713	0.17	0.61	0.24
贫民	1227	0.66	3226	0.39	1299	0.13	1.06	0.40
游民	458	0.25	1542	0.19	915	0.09	2.00	0.59
工商业资本家	3221	1.73	20029	2.42	38995	3.89	12.11	1.95
小土地出租者	11214	6.00	48480	5.86	55173	5.50	4.92	1.14
其他	21871	11.72	81016	9.79	51133	5.09	2.34	0.63
不明成分	638	0.34	2265	0.27	3343	0.33	5.24	1.48
合计	186664	100.00	827457	100.00	1003650	100.00	5.38	1.21

根据表6，占总户数 2.18%、总人数 3.03% 的地主，占有总田亩

---

① 无锡县当时划分为东亭、新渎、西漳、华庄、安镇、梅村、南泉、藕溏、墙门、藕塘、荡口、八士、洛社、玉祁、开源等 15 个区，共辖 191 乡，本统计缺南泉区。

的 25.54%。① 这一数字是否包括各种公田不得而知。因各阶层佃入和使用土地数据的缺乏，不在地主占有土地的数量也无从估计。

三　两个时期调查结果的比较

根据上文分析，可以制作表 7。

表 7　民国至土改时期无锡地主占有土地情况比较

调查名称	调查时间	地主占地比例	包含公田	包含外乡地主
中央研究院社会科学研究所调查	1929 年、1931 年	约 39%，包含大、中、小地主	48% 左右	47% 左右（据 20 个调查村统计）
无锡县土地占有及使用情况调查	1950 年 4 月前	北延镇 4 个保接近 40%，其他各调查乡镇均低于 15%		
无锡县农村经济概况	1950 年 3 月 10 日	堰桥乡 2 个村 86.79%、薛典镇第三保 80.18%、北延镇第十保 67.92%，其余 6 地不及 1/3		
无锡县土地关系	1950 年 3 月 20 日	30.52%		
土改时 77 个乡统计	1950 年 10 月	20.68%	加全部公地 24.74%，只加私有公地 24.5%	25.69%（不含公田）
土改时 75 个乡统计		20.11%	24.25%	25.26%（不含公田）
土改时 74 个乡统计		17.37%	21.52%	
苏南农村土地制度初步调查	1950 年 9 月	24.50%（含居住外乡有土地在本乡户）	28.98%（私有公地加国有公地）	
土改结束时 14 个区的统计	1951 年 2 月	25.54%		

---

① 中共锡山市委农村工作部：《本部编写的史志资料及召开的有关业务会议的通知》(1999)，锡山区档案馆，B5－2－145，第 21 页。

如表 7 所示，在土改时期的调查中，尽管无锡各地土地集中或分散的程度并不均衡，但从总体上看，地主占有土地比例一般在 25% 左右，如果加上公田，一般也不超过 30%。与民国时期陈翰笙及其同人的调查相比，无论是地主私人占有土地（39% 左右）还是计入公田以后的数字（48% 左右），都明显更低一些。

出现这种差别的原因是什么？是不同时期关于地主范围界定的出入，还是自 1929 年调查以来，当地农村先后经历经济恐慌、抗日战争和解放战争，导致农村社会经济的客观事实，包括各阶层的力量对比也在发生变化？

首先看前一问题。是否陈翰笙及其同人在调查及整理时所使用的地主概念，比 20 世纪 50 年代初土改时所使用的概念内涵更为宽泛，从而影响到其所统计的地主占地比例，也随之提高了呢？陈翰笙在这一时期所使用的地主概念，如前所述，主要见于 1934 年出版的《广东的农村生产关系与农村生产力》一书：“凡村户具备下列三条件者方为地主：（1）所有亩数超过当地普通农家所必需有的；（2）所有亩数半数以上出租；（3）除雇工式的小老婆外无人下田耕种者。以上三项虽皆具备，而所得田租犹不足以维持全家生活，同时全家收入大部分非田租者，不作地主论。”[①]

土改时期所使用的地主定义，主要见于 1950 年 8 月《中央人民政府政务院关于划分农村阶级的决定》，这一文件是在 1933 年中央苏区公布的《怎样分析农村阶级》和《关于土地改革中一些问题的决定》的基础上形成的。其中关于地主的基本定义如下。

（1）占有土地，自己不劳动，或只有附带的劳动，而靠剥削为生的，叫作地主。地主剥削的方式，主要是以地租方式剥削农民，此

---

① 陈翰笙编《广东的农村生产关系与农村生产力》，中山文化教育馆，1934 年。本书所引用者，见《解放前的中国农村》第 2 辑，中国展望出版社，1987 年，第 98 页。

外或兼放债，或兼雇工，或兼营工商业，但对农民剥削地租是地主剥削的主要方式。管公堂及收学租也是地租剥削一类。

（2）有些地主虽已破产了，但破产之后有劳动力仍不劳动，而其生活状况超过普通中农者，仍然算是地主。

（3）军阀、官僚、土豪、劣绅是地主阶级的政治代表，是地主中特别凶恶者（富农中亦常有小的土豪、劣绅）。

（4）帮助地主收租的管家，依靠地主剥削农民为主要生活来源，其生活状况超过普通中农的一些人，应与地主一例看待。

政务院在此基础上又做"补充决定"如下。

（1）向地主租入大量土地，自己不劳动，转租于他人，收取地租，其生活状况超过普通中农的人，称为二地主。二地主应与地主一例看待。其自己劳动耕种一部分土地者，应与富农一例看待。

（2）革命军人、烈士家属、工人、职员、自由职业者、小贩以及因从事其他职业或因缺乏劳动力而出租小量土地者，应依其职业决定其成分，或称为小土地出租者，不得以地主论。其土地应按《中华人民共和国土地改革法》第五条处理。

（3）有其他职业收入，但同时占有并出租大量农业土地，达到当地地主每户所有土地平均数以上者，应依其主要收入决定其成分，称为其他成分兼地主，或地主兼其他成分。其直接用于其他职业的土地和财产，不得没收。

（4）各地地主每户所有土地平均数，以一个或几个县为单位计算，由各专区或县人民政府提出呈报省人民政府批准后，决定之。①

奥村哲曾详细比对了陈翰笙所使用的地主定义和1950年8月《中央人民政府政务院关于划分农村阶级成份的决定》（以下简称

---

① 《中央人民政府政务院关于划分农村阶级成份的决定》，华东军政委员会财政经济委员会辑《华东区财政经济法令汇编》，华东人民出版社，1951年，第1920～1922页。

《关于划分农村阶级成份的决定》），认为：与陈翰笙等在 20 世纪 30
年代所提出的地主定义相比，土改时期所使用的标准更为细致具体，
其对于阶级划分结果的影响，与其说是缩小，不如说是更有可能扩大
地主的范围。举例言之，《关于划分农村阶级成份的决定》的第一
条，是关于地主的最基本界定，其中并没有出现陈翰笙所提出的前两
条标准中关于地主占有土地亩数和出租土地数量所占比例这样的限
制。即使考虑到陈翰笙在三条标准之外的附加说明，也还是以《关
于划分农村阶级成份的决定》第一条的规定更为宽泛。而且，《关于
划分农村阶级成份的决定》的第二、第四条和"补充决定"的第一、
第三条，都有可能更加扩大地主的范围。只有"补充决定"的第二
条，可能比陈翰笙所提出的范围要窄，但是所谓的"小量土地"，也
不过是像陈翰笙所说"超过当地农家所必需有的"程度而已。总之，
陈翰笙所提出的地主占有土地数字较高，原因应当不在于阶级定义
标准的不同。①本书也赞成这一看法。关于后一问题，自 1929 年调查
以后，历史的原因是否导致地主所占有的土地减少，将在第三章展开
分析。

---

① 奥村哲『中国の資本主義と社会主義：近現代史像の再構成』、桜井書店、2004 年、
第 251—252 頁。

第三章　土地占有的变化趋势

　　1929 年无锡调查的原始资料，新中国成立后由中共南京市军管会接管，后来运到北京，由中国科学院经济研究所保存。1957年，该所偶然从所内存放的中央研究院社会科学研究所的档案中发现了这批资料，于是由当时任经济研究所所长兼国家统计局副局长的孙冶方与任国家统计局局长并曾参与过无锡农村调查资料整理工作的薛暮桥共同决定，组织人力对这批原始资料进行整理，并于 1958 年对原调查村再进行一次新的调查，借以对比观察近 30 年来当地农村经济的发展演变过程，并说明社会主义制度的优越性。

　　1958 年夏季组织第二次无锡农村调查时，选取了原来 22 个调查村中的 11 个，调查的方法也与第一次相同，一方面做入户调查，另一方面做村概况调查，分别以 1936 年（抗日战争全面爆发前一年）、1948 年（新中国成立前一年）、1957 年（本次调查前一年）为调查基期，与 1929 年的调查进行对比。[①] 同年 8 月，由国家统计局农村经济调查研究小组的刘怀溥执笔，张之毅、储雪瑾等参加，撰写了《江苏省无锡县近三十年来农村经济调查报告（1929—1957）》，作为

―――――――――

　　① 关于 1929 年无锡农村调查及新中国成立后历次追踪调查的过程和资料收藏、整理的概况，参见史志宏：《无锡、保定农村调查的历史及现存无、保资料概况》，《中国经济史研究》2007 年第 3 期。

这次调查的主要成果。① 关于无锡县农村土地占有的变化趋势，其中这样写道：

"尤其应该注意的，在解放前这种土地占有的不合理情况，还在不断发展。根据十一个村在 1929 年、1936 年、1948 年三个年度调查，地主阶级的总户数，占有土地数以及出租土地数，统计如下表。"

表8　1929~1948 年无锡 11 个村地主户数和土地变化情况

年份	地主户数	占有土地亩数	出租土地亩数
1929	23	2110.73	1668.10
1936	26	2299.17	1739.17
1948	36	2348.68	1685.14

根据表8②，报告得出结论："很明显，在解放前地主阶级的总户数、占有土地总数、出租土地总数都是直线上升的。因此这个地区土地日益集中的趋势是肯定的。"③

奥村哲也根据表 8 和报告，认为：关于 1936 年和 1948 年的数据，虽然是后来的访谈所得，但是因为与 1929 年的调查属于同一系统的调查团体在相同村落的调查，所以在地主概念的规定上应当没有什么不同。如表 8 所示，地主所占有的土地面积在这段时间内毋庸说是增加了。换言之，自 1929 年调查以来，无锡的土地占有的确是趋于集中的，没有材料可以显示无锡地主阶层的所有地自 1929 年以

① 这个报告也屡次被耽误，长期未能发表。1988 年由秦柳方校阅后，得以出版。见《当代中国农业合作化》编辑室编《中国农业合作史资料》，1988 年第 2 期（增刊），"解放前后无锡保定农村经济"专辑，第 1~57 页。
② 表格标题为引用者所拟。
③ 刘怀溥等：《江苏省无锡县近三十年来农村经济调查报告（1929—1957）》，《中国农业合作史资料》1988 年第 2 期（增刊），第 1~2 页。

来有减少的趋势。①

　　事实是否的确如此？1929～1948 年，无锡农村的土地占有是否确实日益集中？在表 8 中数字变化的背后，具有什么样的含义？对于这些问题的解答，需要一定的资料条件。1929 年和 1958 年两次调查的原始资料，主要保存于今中国社会科学院经济研究所。该所在此基础上又曾先后组织了多次追踪调查。关于历次无锡农村调查资料的整理与研究，已成为该所一个极具特色的保留项目，其价值为学界所公认。但在实际利用方面，仍有着一定的困难。幸运的是，笔者在无锡收集资料的过程中，看到了 1958 年调查时留下的一些经过初步加工整理的表格，包括《无锡市农村经济调查综合表》和 11 个村的分村调查表等②，其中对于 1929～1936 年、1936～1948 年的阶层变化情况及其原因，都有简要的对比和分析。虽然，与最原始的调查数据相比，这些调查表中的数字因为多已经过整理汇总，只能作为一种中间层次的"成果"看待，但是，它仍有助于我们从现有的调查报告结论继续向前迈进一步。以下据此试做分析。

一　地主阶层户口增长的原因

　　根据 1958 年调查所留下的《无锡市农村经济调查综合表》，所选取的 11 个代表村在新中国成立前三个调查时期的各阶级变化情况如表 9、表 10 所示。③

---

① 奥村哲『中国の資本主義と社会主義：近現代史像の再構成』、桜井書店、2004 年、第 252—254 頁。
② 《无锡市近三十年来农村经济调查报告（1958 年）》（一）、（二）、（三），无锡市档案馆，B15 - 3 - 19、B15 - 3 - 20、B15 - 3 - 21。
③ 《无锡市近三十年来农村经济调查报告（1958 年）》（二），无锡市档案馆，B15 - 3 - 20，第 13～15 页。

表 9　1929～1936 年阶层变化情况（11 个代表村）

阶层	合计	地主	富农	中农	贫农	雇农	其他
地主	23	22		1			
富农	71	4	43	15	4		5
中农	188		4	160	23		1
贫农	399			30	364	2	3
雇农	7			1		6	
其他	40				3		37
合计	728	26	47	207	394	8	46

表 10　1936～1948 年阶层变化情况（11 个代表村）

阶层	合计	地主	富农	中农	贫农	雇农	其他
地主	32	27		1	1		3
富农	55	5	30	18			2
中农	247	2	4	179	57		5
贫农	401			41	353	2	5
雇农	7				2	4	1
其他	45	1		2	15		27
合计	787	35	34	241	428	6	43

注：表中数字系剔除迁入迁出数按可比数统计。

　　表 9、表 10 的内容颇有令人费解之处。本书试做简要的解读如下。

　　1929 年，在 11 个代表村共有 23 户地主，占全部农村户口的 3.16%。

　　1929～1936 年，原来的 23 户地主，有的分家后不复存在，成为历史户，有的新分家而户数增多，到 1936 年，虽仍有 23 户，但其中 1 户由于人口多劳力少，下降为中农。另外，在富农阶层有 4 户上升为地主，因此 1936 年共有 26 户地主。

　　1936～1948 年，原来的 25 户地主（有 1 户因只有 1 个年度，故未计算在内），经过分家、迁出等变化，成为 32 户，其中 27 户仍为

地主，1 户下降为中农，1 户下降为贫农，原因均是分家；3 户转化
为其他阶层（包括工商业资本家等）。同时富农阶层有 5 户上升为地
主，中农阶层有 2 户上升为地主，其他阶层（包括工商业资本家等）
也有 1 户转化为地主。因此到 1948 年共有 35 户地主。

　　所谓地主阶层，并不是一个静止的群体。地主户数变化的背后，
实际蕴含着复杂的历史事实：1929～1936 年，有的地主家庭情况相
对稳定，有的虽然拆分为新的家户，但论其经济状况仍属于地主阶
层，只有个别的家庭（1 户），或系原有的地主家庭遭遇天灾人祸或
经营不善，或系新分出的家户规模缩小而丧失经济优势，因此经济状
况恶化，成为其他阶层。1936～1948 年，在由原有的地主和新上升
的富农所组成的这个新地主阶层中（26 户），有的拆分为更小的家
户，还有的户可能从本地迁移出去，总的看来，这个地主阶层的户
数是增加了（26 户→32 户）。在户数增加的同时，大部分家庭的经
济状况改变不大，仍然属于农村社会的上层，只有个别（2 户）在
分家后出现状况的恶化（这 2 户的来源是 1929 年调查时的 23 户还
是1929～1936 年上升为地主阶层的 4 户富农，则无法断定）。

　　因此，从总体上看，一旦成为地主阶层，其经济状况实际是相对
稳定的。虽然在分家析产后，个别边缘家庭的情况会有所恶化，但就
大部分家庭而言，并未受到太大的冲击，基本仍在原有的水平线上继
续前行。地主阶层的户数增加，应该说主要是由非地主阶层（主要
是富农和中农）的上升而带来的。正是其他阶层经济地位的改善，
从根本上充实了地主阶层的力量。无论是 1929～1936 年转化为地主
的 4 户富农，还是 1936～1948 年转化为地主的 5 户富农和 2 户中农，
都是如此。① 从这个意义上讲，1929～1948 年无锡 11 个代表村地主

---

①　根据原调查表，1929 年的 23 户地主，1936 年仍有 22 户；1936 年的 26 户地主，1948
　　年也仍有 27 户。尽管不同时期地主群体的组成实际已有变化，但从数字上看，如果没
　　有其他阶层的羼入，实际是变化不大的。

户数的上升，非但不是意味着传统观点所认为的因土地日益集中在少数人手里所代表的经济状况恶化，相反应该说是一些原来非地主阶层的经济状况得到改观，从而代表了地方的一种良性发展更合适吧。

在上述调查表的后面，关于地主阶层增长的原因，《江苏省无锡县近三十年来农村经济调查报告》还这样写道：

"地主阶级总的趋势是上升的。一方面原有的地主变化不大，1929～1936年只下降1户，1936～1948年地主只下降2户，3户变为工商业资本家。另一方面有些富农、中农通过剥削、投机等手段上升为地主。"

这同本书的一部分分析基本吻合，说明报告的撰写者在集中化的表象背后，也已经注意到了某些深层的实质。但从整体上看，其结论仍是保守的，"而总的来说则地主经济倒是在逐步上升，土地日益集中，富者愈富"。① 对这样的社会经济现象应该如何定性，值得再斟酌。

另外，在调查表中，无论是分析1929～1936年4户富农的上升，还是1936～1948年5户富农和2户中农的上升，都把原因概括为"剥削掠夺"和"投机获利"②，实际情况并非这样简单。从《江苏省无锡县近三十年来农村经济调查报告》中可以看到具体的例子：在调查村之一的毛村，以经营粉坊作为主要副业，利用当地的蚕豆和绿豆做原料，使用农村的剩余劳动力进行加工，产品远销无锡、上海等工业城市，同时还可利用副产品壅田、养猪，是有利可图的一种副业。最早是在1931年由1户富农开始经营，由于利润较大，因此经济比较富裕的中农相继而起，至1936年就发展到9户，经营者多是地主、富农和上中农，大都雇用长工或短工，进行作坊式的经营。其

---

① 刘怀溥等：《江苏省无锡县近三十年来农村经济调查报告（1929—1957）》《中国农业合作史资料》1988年第2期（增刊），第6页。

② 《无锡市近三十年来农村经济调查报告（1958年）》（二），无锡市档案馆，B15－3－20，第14～15页。

中富农吴汉庭，在 1931～1936 年，由于经营粉坊，就买田 40 余亩、牛 1 头，建屋 4 间，变成了地主。[①] 因此，该户富农正是上述调查表中被认为 1929～1936 年上升为地主的 4 户富农之一，但其粉坊营业能否被定性为投机买卖或剥削雇工，还需思量。

同一调查报告中还提及其他个案。例如，张塘巷村地主吴念生一面收租一面投资开设酱园、米行，贩运棉花棉布，很快成为拥有千亩土地的大地主；毛村资本家吴桑根，1929 年仅有 1.2 亩田，以后陆续寄钱回来，放高利贷、买土地、砌房屋，1948 年已发展成为占有土地 36.2 亩的地主；东吴塘村工商业户邵柏生，原只有 1 亩田，以贩卖鲜鱼为生，后在无锡等地发展了百货公司、纱厂、乐群书局等，从 1929 年起，陆续寄钱回家买进 100 多亩土地，土改时评为地主。[②] 在无锡这样经济较为发达的地方，工商业等因素对于农村经济会起较为明显的调节作用，对于土地问题的考察，无法脱离当地整体经济环境的影响。但在以上情况下，正当经营与不正当得利的界限并不分明。

还值得提出的是，从原调查表来看，1929～1936 年，共有 48 户分家析产，1936～1948 年分家的增多，共有 66 户。[③] 联系到《关于划分农村阶级成份的决定》，其中提到："构成地主成份的时间标准，以当地解放时为起点，向上推算，连续过地主生活满三年者，即构成地主成份。"[④] 无锡虽然在 1949 年 4 月才解放，但有些地方与老解放区相距不远，且全县范围内交通便利，别处推行土改的办法，自然也不难为当地地主所闻知，从而在无形中刺激了他们分家析产，或将财

① 刘怀溥等：《江苏省无锡县近三十年来农村经济调查报告（1929—1957）》，《中国农业合作史资料》1988 年第 2 期（增刊），第 28 页。
② 刘怀溥等：《江苏省无锡县近三十年来农村经济调查报告（1929—1957）》，《中国农业合作史资料》1988 年第 2 期（增刊），第 5、44 页。
③ 《无锡市近三十年来农村经济调查报告（1958 年）》（二），无锡市档案馆，B15 - 3 - 20，第 14～15 页。
④ 华东军政委员会财政经济委员会辑《华东区财政经济法令汇编》，华东人民出版社，1951 年，第 1926 页。

产转移于工商业的举动。上述 1936～1948 年 3 户地主转化为其他阶层（实际是工商业资本家）的事实，可为证明。在 1958 年调查时，分别以抗日战争全面爆发前一年的 1936 年和新中国成立前一年的 1948 年作为回溯的标志年份，用以代表这些地方受到战争影响和解放之前的经济状况。从上述分析可知，1948 年，当地虽未解放，但解放战争在全国节节推进的形势必然已影响到各阶层的心理状态，当地的社会经济状况实际已经开始了蜕变的过程，这一年的前后并不是截然的分期，也是一个有意思的现象。

二　地主占地数字增加的实质

根据《江苏省无锡县近三十年来农村经济调查报告》，1929～1948 年，在无锡的 11 个代表村，地主阶层所占有的绝对土地数字确实在增加：1929 年为 2110.73 亩，1936 年为 2299.17 亩，1948 年为 2348.68 亩。但是，将以上数字与《无锡市农村经济调查综合表》相对照，可以得出以下两点。

（1）关于各个调查年份地主阶层所占有的土地[①]，另有一组数字：1929 年为 1997.23 亩；1936 年为 2116.67 亩；1948 年为 2288.18 亩。[②] 两组数字的区别，在于是否计入地主阶层自外典入的土地。按照 1958 年调查的《普查表式说明》，所谓"典入（出）土地是指活买进（卖出）别人的土地，付出（收入）一定数量货币或实物作为

---

① 根据原表格说明，所谓占有土地，是指属调查户所有的有收益、无收益的一切土地，如耕地、果园、茶园、桑园、柞坡、鱼塘、藕池、油茶、油桐、芦苇地、荒地、坟地和宅基地及场地等。原表在"占有土地"栏内，另列"其中：农地"一目。农地与占有土地的关系，实际反映了土地的垦殖与利用程度，因对本书讨论结果影响不大，以下不再另列。

② 《无锡市近三十年来农村经济调查报告（1958年）》（二），无锡市档案馆，B15-3-20，第18页。

代价的行为。典出土地的主要是农民或其他阶层。因借贷关系，将田出典给债主耕种，典价高低依时限长短而定，在出典期间，地不起租，钱不生息，满期不赎，即行结田"。① 那么在出典期间，田地的属权如何？调查报告中并未明确肯定，只说活卖地虽名义上可以赎回，但是农民因遭受重重剥削，往往无力回赎；即使能够赎回，地主也往往故意刁难，以多算利息等借口，不让农民回赎，以图日后掠为己有，因此活卖田的性质也就近于绝卖田。因原调查表中有两组数字，以下也分别进行讨论。

（2）在调查期间，地主所占有的土地数在增长，同时 11 个村的占有土地总数也在增长，因此地主阶层占有全部土地的比例实际变化不大，见表 11、表 12②。

表 11　11 个村地主占地变化情况（不包括典入田）

单位：亩，%

	1929 年		1936 年		1948 年	
	数字	百分比	数字	百分比	数字	百分比
地主	1997.23	35.28	2116.67	36.74	2288.18	38.03
总计	5661.15	100	5761.21	100	6017.05	100

表 12　11 个村地主占地变化情况（包括典入田）

单位：亩，%

	1929 年		1936 年		1948 年	
	数字	百分比	数字	百分比	数字	百分比
地主	2110.73	40.36	2299.17	41.14	2348.68	38.93
总计	5230.22	100	5587.99	100	6032.40	100

---

① 《无锡市近三十年来农村经济调查报告（1958 年）》（一），无锡市档案馆，B15 - 3 - 19，第 57 页。
② 《无锡市近三十年来农村经济调查报告（1958 年）》（二），无锡市档案馆，B15 - 3 - 20，第 18 ~ 19 页。

从表 11 来看，1929～1948 年，地主阶层所占有的土地及其比例虽在增加，但幅度较小；从表 12 来看，地主阶层所占有的土地数量虽在逐渐增长，但 1936～1948 年，地主阶层所占有的土地百分比不但没有上升，反而下降了两个多百分点。

再看 1929～1948 年地主阶层人均占有土地的变化（见表 13）[①]。

表 13　11 个村地主人均占有土地变化情况

单位：亩

	1929 年	1936 年	1948 年
I. 不包括典入土地	17.22	16.41	13.08
II. 包括典入土地	18.20	17.82	13.42

不管计算时是否计入地主从其他阶层典入的土地，在这段时间内，地主人均占有土地的数量都在持续下降，其中变化最显著的是 1936～1948 年。

因此，调查报告中虽然提到，"很明显，在解放前地主阶级的总户数，占有土地总数、出租土地总数都是直线上升的。因此这个地区土地日益集中的趋势是肯定的"，[②] 但从以上的对比来看，这样的结论恐怕不无问题。

三　中农阶层经济力量的提高

这一时期内，变化显著的是富农和中农阶层，见表 14、表 15[③]。

①　《无锡市近三十年来农村经济调查报告（1958 年）》（二），无锡市档案馆，B15－3－20，第 18～19 页。

②　刘怀溥等：《江苏省无锡县近三十年来农村经济调查报告（1929—1957）》，《中国农业合作史资料》1988 年第 2 期（增刊），第 1～2 页。

③　《无锡市近三十年来农村经济调查报告（1958 年）》（二），无锡市档案馆，B15－3－20，第 18～19 页。

表 14　11 个村富农、中农和贫农占地变化情况（包括典出田①）

单位：亩，%

	1929 年		1936 年		1948 年	
	数字	百分比	数字	百分比	数字	百分比
富农	1118.75	19.75	849.20	14.74	581.45	9.66
中农	1226.12	21.66	1494.04	25.93	1689.05	28.07
贫农	1214.27	21.45	1122.07	19.48	1214.18	20.18
总计	5661.15	100	5761.21	100	6017.05	100

表 15　11 个村富农、中农和贫农占地变化情况（不包括典出田）

单位：亩，%

	1929 年		1936 年		1948 年	
	数字	百分比	数字	百分比	数字	百分比
富农	1080.53	20.66	847.59	15.17	597.95	9.91
中农	1056.42	20.20	1370.06	24.52	1685.17	27.94
贫农	890.60	17.03	898.18	16.07	1150.95	19.08
总计	5230.22	100	5587.99	100	6032.40	100

　　表 14、表 15 所反映的变化趋势是相同的：1929~1948 年，富农阶层的土地数量及其所占百分比都明显下降；而中农阶层的土地数量及其所占百分比都显著上升了。

　　除占有土地的绝对数字和相对比例外，还可以从每人平均占地的情况来看。各阶层在 1929 年、1936 年、1948 年三个调查年份的常住人口分别为：地主 116 人、129 人、175 人；富农 355 人、280 人、211 人；中农 784 人、997 人、1093 人。地主和中农阶层的常住人口都一直是增加的，只有富农阶层的常住人口在不断下降。② 这与上述

---

① 即典出田视为原来的阶层占有，在 11 个调查村，除地主只有典入田外，其他阶层都是典出田大于典入田。

② 《无锡市近三十年来农村经济调查报告（1958 年）》（二），无锡市档案馆，B15-3-20，第 18~19 页。

各阶层的占有土地数量变化趋势基本一致。反映在各阶层每人平均占地的变化上，不论是否将典出的土地视为原来的阶层所有，在调查的时间内，地主的人均占有土地都是明显下降的；富农的人均占地大致保持稳定，从整体趋势看有所下降；中农的人均占地在基本保持稳定的同时，略有上升。中农与地主阶层的人口和占有土地变化趋势虽然一致，但每人平均占地的变化情况有较大区别，这应当是相比之下，中农阶层所占有的土地增幅更快的缘故。如以各阶层人均占有的农地情况来看，其变化趋势也与占有土地的变化趋势大体相同，见表 16①。

表 16　11 个村地主、富农、中农、贫农人均占有土地变化情况

单位：亩

		1929 年		1936 年		1948 年	
		土地	农地	土地	农地	土地	农地
I. 包括典出田	地主	17.22	16.56	16.41	15.77	13.08	12.58
	富农	3.15	2.74	3.03	2.73	2.76	2.50
	中农	1.56	1.37	1.50	1.30	1.55	1.37
	贫农	0.71	0.56	0.68	0.54	0.67	0.54
II. 不包括典出田	地主	18.20	17.54	17.82	17.18	13.42	12.93
	富农	3.04	2.64	3.03	2.73	2.83	2.58
	中农	1.35	1.15	1.37	1.18	1.54	1.36
	贫农	0.52	0.37	0.55	0.41	0.64	0.51

如果按照传统的观点，这里所呈现的事实，一方面是与地主同样被视为剥削阶层的富农的经济力量缩小，另一方面是中农阶层的经济力量同时得到了提高，这是否恰好说明了并非土地越来越集中，相反是有分散的趋势呢？

---

① 《无锡市近三十年来农村经济调查报告（1958 年）》（二），无锡市档案馆，B15 - 3 - 20，第 18～19 页。

　　总之，根据以上论述，在 1929～1948 年，无锡原有的地主阶层变化相对不大，地主阶层户数的增加主要是由于富农和中农阶层的上升以及工商业资本家等阶层的转化；伴随着地主阶层占有土地数量及其所占比例的缓慢增加（依据不同的统计方法，在 1936～1948 年，地主所占土地比例甚至可能比之前有所下降），是富农阶层土地数量及其所占比例的明显下降以及中农阶层所占土地数量和比例的显著上升。数字变化的背后所隐藏的历史事实可能十分复杂，由此并不能完全肯定无锡农村自 1929 年以来出现了土地分散的趋势。但是如果仅仅根据地主阶层户口和土地数量表面上的变化，就认为这段时间内土地日益向该阶层集中，恐怕是缺乏充分根据的。[1]

四　分散化，还是趋中化？

　　中国现代社会调查史上，与无锡调查齐名的是保定农村调查。就在无锡调查的次年，1930 年 6～8 月，同样是在陈翰笙的主持下，中央研究院社会科学研究所与北平社会调查所等机构合作，对保定 11 个村庄进行了实地调查。1958 年，在无锡农村进行第二次调查的同时，中国科学院经济研究所等机构对 1930 年保定调查的 11 个村庄也做了追踪调查。无锡、保定农村社会经济调查常被视为一个整体，简称"无保调查"，成为观察中国近现代农村和农户经济发展演变历史的珍贵一手资料。

　　1958 年调查结束后，张之毅等学者在对两次无锡、保定调查的数据进行分析时意外发现，1929～1948 年的无锡和 1930～1946 年的保定，其土地关系情况出现了地主、富农和贫农户数比例减少，中农

---

　　① 本章在分析不同阶层之间的流动时，所使用的"上升""下降"等词语，均来自调查表原文，但是否向地主、富农的方向发展即为"上升"，向中农、贫农的方向转化即为"下降"，对于这样的价值判断标准还可再行商榷。

户数比例增加的现象。其间，地主、富农下降为中农的户数远大于中农上升为地主、富农的户数，而上升为中农的贫农户数又大于中农下降为贫农的户数。这种现象被概括为"趋中化"。① 张之毅后来撰写报告时，将无锡、保定农村的阶级阶层归并为3个阶级集团：农村剥削阶级集团，包括地主、富农及工商业主3类；小农经营者集团，包括中农及贫农2类；雇佣劳动者集团，包括雇农、工人及其他村户3类。报告中提到，无锡、保定两地在新中国成立以前16～19年的阶级变化总趋势是：一方面，由于农村的普遍贫困化，两头的剥削阶级集团和雇佣劳动者集团的户数比重都是愈来愈小了。无锡的剥削阶级集团由1929年的12.6%减为1948年的9.9%，保定的则由1930年的11.3%减为1946年的8.5%；无锡的雇佣劳动者集团由1929年的15.5%减为1948年的14.8%，保定由1930年的12.8%减为1946年的6.5%。另一方面，小农经营者集团的户数比重则是越来越大了，无锡由1929年的71.9%增为1948年的75.3%，保定由1930年的75.9%增为1946年的85.0%。"耕地趋向分散，无锡和保定的调查资料均反映了相同趋势，但在分散的程度上，无锡表现得很轻微，保定却表现得很显著。"②

近年来，有不少学者利用保定农村经济调查资料，论证近代华北农村地权分配的变化趋势。③ 有学者在分析1930～1946年保定11个调查村耕地、户数和人口数的变化时指出："各阶层占有耕地比重和

---

① 张丽、李坤：《陈翰笙与中国土地革命和无锡保定农村调查》，《中国农史》2019年第3期。"趋中化"一词，是50年代的用语还是后来学者的概括，还有待考证。
② 张之毅：《无锡、保定农村社会调查和土地制度的演变》，商务印书馆，2019年，第21、255页。
③ 侯建新：《近代冀中土地经营及地权转移趋势——兼与前工业英国地权转移趋势比较》，《中国经济史研究》2001年第4期；史志宏：《20世纪三、四十年代华北平原农村的土地分配及其变化——以河北省清苑县4村为例》，《中国经济史研究》2002年第3期；武力：《20世纪30—40年代保定农村土地分散趋势及其原因》，《古今农业》2004年第3期；隋福民、韩锋：《20世纪30—40年代保定11个村地权分配的再探讨》，《中国经济史研究》2014年第3期。

户口比重'两头下降，中间上升'的变化，无疑是指向着在所考察的时间区段内土地分配分散化或者说是'平均化'的发展趋势。"①这里所描述的现象接近"趋中化"，但并未使用"趋中化"的术语。所谓"趋中化"与"分散化"，实际强调的侧重点有别。"趋中化"的含义，一方面是贫农上升为中农的户数多于中农下降为贫农的户数，另一方面又是地主、富农下降为中农的户数多于中农上升为地主、富农的户数，因此也不一定就意味着阶级矛盾的缓和、农村整体生活水平的提高。②

就无锡而言，根据本章第一节的两个表格（表9、表10）粗略计算，1929～1936年，有1户地主、15户富农转化为中农，4户中农转化为富农；1936～1948年，有1户地主、18户富农转化为中农，2户中农转化为地主，4户中农转化为富农。在两个时间段内，地主、富农下降为中农的户数均多于中农上升为地主、富农的户数。1929～1936年，有23户中农转化为贫农，30户贫农转化为中农，贫农上升为中农的户数多于中农下降为贫农的户数；但在1936～1948年，有57户中农转化为贫农，41户贫农转化为中农，贫农上升为中农的户数少于中农下降为贫农的户数。

从各阶层常住人口占总人口数的百分比来看：以1948年数据与1929年数据对比，地主人口比重上升了1.38%，富农人口比重下降了5.20%，中农人口比重上升了6.74%，贫农人口比重下降了2.08%。贫农人口比重总体上呈下降趋势，但进一步区分的话，1929～1936年，减少了3.56%，1936～1948年，增加了1.48%，呈现出先降后增，增幅有限，总体下降的趋势。

---

① 史志宏：《20世纪三、四十年代华北平原农村的土地分配及其变化——以河北省清苑县4村为例》，《中国经济史研究》2002年第3期。
② 张丽、李坤：《陈翰笙与中国土地革命和无锡保定农村调查》，《中国农史》2019年第3期。

从各阶层占有土地数量的百分比来看（参见本章第三节表14、表15）：如果考虑到典出田的因素，1929~1948年，贫农占有土地的比重也呈现出先降后增、整体略有下降（-1.27%）的态势；如果不考虑典出田因素，这段时间内贫农占有土地的百分比呈先降后增，整体略有上升（+2.05%）的态势。[①]

从各阶层人均占有土地的变化来看（参见本章第三节表16）：如果考虑到典出田因素，1929~1948年，贫农人均占有的土地数量略有下降，但降幅有限，人均占有的农地数量基本稳定；如果不考虑典出田因素，1929~1948年，贫农人均占有的土地和农地数量都略有上升。[②]

因此，综合贫农阶层各方面的变化情况，1928~1949年无锡农村的土地关系演化趋势究竟以"趋中化"还是"分散化"概括更为准确，还有待继续斟酌，但均不等同于"集中化"，应无疑义。

无锡本地的一些史学研究者也持土地分散的看法。由王赓唐、汤可可主编的《无锡近代经济史》曾指出："无锡在土地占有情况方面有它的地方特色，在地主阶级内部，中小地主阶层比重较大；在农民阶级内部，中农阶层所占有的土地也在缓慢地增加。""半个多世纪来，无锡土地所有权集中现象有缓和的趋势。……解放前几十年间……地权是愈来愈分散，并非越来越集中。这一现象……最低限度能在无锡得到印证。"[③] 本书的结论，与以上看法实有不谋而合之处。

因此，如果对上文做一小结：1929年中央研究院社会科学研究所的无锡农村调查和土改时期的各种调查，关于无锡地主占有土地比例的统计存在一定差距。这种差距的产生，可能受到调查中取样范

---

① 《无锡市近三十年来农村经济调查报告（1958年）》（二），无锡市档案馆，B15-3-20，第18~19页。

② 《无锡市近三十年来农村经济调查报告（1958年）》（二），无锡市档案馆，B15-3-20，第18~19页。

③ 王赓唐、汤可可主编《无锡近代经济史》，学苑出版社，1993年，第155~159页。

围的大小以及样本是否具备一般代表性的影响，也可能与统计整理环节中是否将公田计入地主私人占有土地和是否将村内外地主视为一体有关联；同时，也不能排除自 1929 年以来，先后经过经济恐慌和十余年的战争，地方的客观经济基础也在发生变化，土地有越来越向中农阶层集中的趋势。

第四章 土地占有的实态

一 不均衡的苏南

无锡所在的苏南，一向被认为是全国土地集中程度较高的地区之一。依据不同的材料，可以肯定，土改前苏南及其所在的华东地区地主占有土地的状况，比起华北与西北地区来，虽然有过之而无不及，但显然没有四川与湖南那样厉害。1950 年刘少奇关于土地改革问题的报告提到，地主、富农占有全国土地的百分之七八十，而华东地区地主占有土地及公地总数，在总耕地面积中，"约占百分之三十至五十"，四川一带，"地主占有土地约占百分之七十至八十"。[①] 另据同一时期调查，湖南如滨湖各县，"地主占有土地约百分之六十"；华北一般地区，全面抗战爆发前地主人口约占百分之四，土地约占百分之三十；西北如关中地区，"地主所有土地大约不过全部耕地百分之五"。[②]

根据华东军政委员会的统计，土改前，华东地区的浙江、安徽、福建、苏南 235 县、6 个市郊及 1722 个乡，占人口 4% 的地主占有 26.17% 的耕地，占人口 3.16% 的富农（含半地主式富农）占有

[①] 刘少奇：《关于土地改革问题的报告》（1950 年 6 月 14 日），《人民日报》1950 年 6 月 30 日，第 1 版。

[②] 潘光旦、全慰天：《苏南土地改革访问记》，生活·读书·新知三联书店，1952 年，第 1~2 页。

7.21%的耕地。地主、富农合计占总人口的7.16%，占土地总数的33.37%。若单以地主占有的土地与公田合计，总数为36.49%。[①] 分别来看，华东各省（区）市的具体数字见表17[②]。

表 17 土地改革前华东各省（区）市地主阶层占有土地情况统计

单位：%

省别	地主		富农		地主、富农合计		公田	地主、公田合计
	人口	土地	人口	土地	人口	土地		
苏北	3.64	38.73	2.56	9.31	6.20	48.04	1.88	40.61
苏南	3.18	28.30	3.05	7.01	6.23	35.31	5.90	34.20
安徽	4.84	30.87	3.67	7.92	8.51	38.79	4.17	35.04
浙江	3.64	20.66	2.85	6.77	6.49	27.43	16.35	37.01
福建	3.17	13.50	2.64	5.17	5.81	18.67	29.36	42.86
南京	4.98	28.57	4.15	7.15	9.13	35.72	8.58	37.15
上海	1.19	9.56	2.02	6.10	3.21	15.66	9.91	19.47

根据表17，在苏南的20个县1722个乡，地主占总人口的3.18%，占总土地数的28.30%；地主、富农合计占总人口的6.23%，占总土地数的35.31%；若与公田合计，苏南地区地主阶层占有的土地比例在34.20%。另有一项调查统计提及，在苏南地区的25个县（缺丹徒、溧阳两县）973个乡，占总户口2.33%、总人口3.02%的地主阶层，占有30.87%的土地；地主、富农共占总人口的5.91%，占总土地数的37.41%；地主阶层土地与公田合计，占土地总数的36.19%。[③] 两项调查所提供的数字差距不大。整体上看，不论是地主阶层占有的土

---

① 华东军政委员会土地改革委员会编《华东区土地改革成果统计》，1952年，第2页。

② 华东军政委员会土地改革委员会编《华东区土地改革成果统计》，1952年，第3~5页。各省（区）市统计的范围如下：苏北10个乡，苏南20个县，安徽77个县，浙江76个县，福建66个县，南京、上海2个市郊区，共计239个县又2个市郊区、10个乡，缺山东省。

③ 华东军政委员会土地改革委员会编《江苏省农村调查》，1952年，第6页。

地还是地主阶层分别与富农阶层、公田的合计，苏南在华东各省区（市）中，都大体处于中等水平，与华东地区的平均数较为接近。

尽管学者们公认，我国幅员辽阔，不同地区的自然禀赋和社会历史条件各有差异，导致各地农村各阶层的土地占有状况区别很大。但长期以来，苏南地区更多被视为一个社会经济整体，对其内部差异，学界较少关注和提及。实际上，苏南地区的情况并不均衡，而无锡在苏南又属于地权相对较为分散的地区，其土地集中的程度，不若邻近的苏州、常熟地区更为典型。

1934 年，国民党中央政治学校地政学院学员何孟雷曾于苏州、无锡、常熟三县调查，其报告提到：苏州农地之分配，趋于极集中状态。百亩以上之地主，其户口只占农地所有者总户数 1.9%，而所有面积占总面积 38.2%；一亩至十亩之户数，占总户数 75%，而所有面积只占总面积 18.3%。无锡为工业区域，地主所有面积虽亦占相当重要地位，但其农地之分配，则不若苏州集中之甚。尤其是大地主，比较为少。据民国二十一年（1932）调查，有地百亩以上之大地主，其户数只当总户数 1%，所有面积占总面积 19.2%，如与 51 亩至百亩之中、小地主合并计算，则其户数为总户数 3.1%，而面积为总面积 33.6%，大、中、小地主共握有全县农田 1/3 以上。至于一亩至十亩之贫农方面，其户数百分比虽与苏州相近，所有面积则较苏州为高，亦占全县农田 1/3。①

土改时期中共苏南区委的调查也提到："因各地工商业与交通发达程度不同，所受官僚资本的侵蚀与帝国主义的侵略影响深度不一，以及抗日战争中某些抗日游击区经过对敌斗争、减租、减息等种种关系所引起的变化，从而各县地主阶级所占有土地的数量，极不一

---

① 何梦雷：《苏州无锡常熟三县佃租制度调查》，萧铮主编《民国二十年代中国大陆土地问题资料丛书》第 63 册，台北成文出版社有限公司、美国中文资料中心 1977 年影印，第 32970～32974 页。

致。"全区以东部之苏州专区和松江专区部分地区土地最为集中，地主一般占有 50% 左右的土地；其次是西部常州、镇江两专区的丘陵地带，土地亦较集中，地主阶级一般占有 40% 左右的土地；中部之无锡、武进、江阴等县，地主一般占有 20%~30% 的土地。全区以扬中县的土地最为分散，据 57 个乡调查，占户口 2% 的地主，占有 14.93% 的土地。① 土地集中最典型的是太仓县大众乡，占户口 2.24%、人口 2.83% 的地主阶层，占有 82.59% 的土地，平均每个地主占有土地 180 余亩。②

在以上调查中，无锡地主阶层以 2.20% 的户口，占有 28.98% 的土地和公地，在苏南不算土地特别集中。时任中共苏南区党委秘书长兼农村工作委员会书记、苏南行署土地改革委员会主任的欧阳惠林也在一份报告中指出，无锡是工业城市，交通发达，人口众多，土地肥美，"在全国来说亦是土地分散地区"。③ 但在无锡一个县的内部，也常因地势、交通，尤其是工商业发展情况不同，土地占有与经营情况各异。在地权分配方面，既有极为集中的典型，也不乏较为分散甚至没有地主的地方。民国到土改时期的农村调查中，这样的事例比比皆是。

二 无锡的地域差别

土改准备时期，由无锡农村工作团完成的《无锡县土地占有及使用情况调查表》提及无锡的 6 个乡镇：地主占地比例最高的是荡口区北延镇的 4 个保，达 39.86%；最少的是张村镇和张村区观惠

---

① 华东军政委员会土地改革委员会编《江苏省农村调查》，1952 年，第 6 页。
② 中国共产党苏南区委员会农村工作委员会编《苏南土地改革文献》，1952 年，第 480~481 页。
③ 《欧阳主任关于无锡县秋收前完成八十一个乡土改工作基本总结报告》，锡山区档案馆，B1-1-5，第 90 页。

乡的 3 个村，分别为 2.87% 和 1.36%。查桥区云林乡、张村区泰安乡 3 个村、寺头乡 6 个村、张村区胶南乡，地主占地比例都在 12%～14%。[①]

同一时期由苏南区农协筹备会调研科撰写的《无锡县农村经济概况》，提到 9 个乡、村的各阶层占有土地比例，主要包括 3 种不同的情况。

（1）土地占有集中的地区，包括薛典镇第三保、堰桥乡两个村和北延镇十保。地主阶层占人口的 5.30%～11.95%，占有土地总数的 67.92%～86.79%；占人口 63.52%～82.20% 的中农、贫农，仅占有土地总数的 9.08%～24.37%。其中土地集中最显著的是堰桥乡两个村，地主人口仅占 5.30%，而占有 86.79% 的土地；中农、贫农人口占 63.52%，但只占有 9.08% 的土地。

（2）土地占有比较集中的地区，包括坊前乡、周新镇第八保和新渎镇第五保。地主阶层占人口 3.51%～5.14%，占有土地 17.35%～32.71%；中农、贫农人口占 72.43%～83.07%，占有土地 44.58%～65.72%。

（3）土地占有比较分散的地区，有云林乡、玉祁镇三保和北延镇九保，地主占人口 0.4%～1.05%，占有土地 2.28%～12.65%；中农、贫农人口占 83.74%～95.52%，占有土地 71.32%～85.0%。[②]

无锡县第一批完成土改的 77 个乡，居住在本乡的地主所占有土地比例的平均数，以东部的安镇区为最高，约 33%；新渎区次之，约 23%；梅村区约 18%；其他三个区都在 15% 以下。从各乡数据的分布范围看，地主占地比例超过 30% 的有 11 个乡，低于 30% 的有 65 个乡，有一半的乡（38 个，不含无地主乡）地主占地比例不足

[①] 《无锡县土地占有及使用情况调查表》，锡山区档案馆，B1-2-10，第 35～42 页。

[②] 苏南区农协筹备会调研科：《无锡县农村经济概况》（1950 年 3 月 10 日），华东军政委员会土地改革委员会编《江苏省农村调查》，1952 年，第 64～65 页。

15%。还有个别乡，如东亭区福寿乡，没有地主，只有富农和极少数的公田，占全乡土地的比例不超过1%（见表18）。①

表18　无锡县77个乡地主占地比例情况

	东亭	新渎	梅村 （含墙门）	华庄 （含南泉）	西漳	安镇	合计
平均	约14%	约23%	约18%	约10.7%	约13%	约33%	
无地主	1						1
5%以下			3		5		8
5%~10%	6	1	3	6	4		20
10%~15%	4	1		3		2	10
15%~20%	1	4	2	1		1	9
20%~25%	1	3	2	1			7
25%~30%		4	1		2	3	10
30%~35%		1	1				2
35%~40%	1					1	3
40%~45%			1		1	2	4
45%~50%						1	1
50%以上						1	1
合计	14	15	13	11	12	11	76*

注：原表格将西漳区堰桥乡和村前乡的数据合并计算，故总乡数减少了1个。表19同。

　　如果加上公田的数字，地主占有土地的比例（含公田）仍以安镇区为最高，约35%；新渎区次之，约27%；其他各区的数字都在20%上下。从各乡数据的分布范围看，地主占地比例（含公田）超过30%的有17个乡，不到30%的有59个乡，有65个乡的数据低于40%，32个乡的比例低于15%。比例最高的是西漳区的堰桥、村前两个乡，地主占有土地比例原为44.87%，加上公田后达到68.50%，

---

① 《无锡县77个乡土地改革前各阶层占有与使用土地情况统计表》，锡山区档案馆，B1-2-11，第1~90页。

但仍比前述苏南区农协筹备会调研科的调查中所提到的堰桥乡两个村（86.79%）的数字为低（见表19）。

表19　无锡县77个乡地主占地比例（含公田）情况

	东亭	新渎	梅村 （含墙门）	华庄 （含南泉）	西漳	安镇	合计
平均	约19%	约27%	约22%	约14%	约21%	约35%	
5%以下	1		1		3		5
5%～10%	6		3	3	3		15
10%～15%	2	1	1	5	2	1	12
15%～20%	1	1	3	2		2	9
20%～25%	1	4	1		1		7
25%～30%	1	6		1	2	1	11
30%～35%			2			2	4
35%～40%		1	1				2
40%～45%	1	2				3	6
45%～50%			1			1	2
50%以上	1				1	1	3
合计	14	15	13	11	12	11	76

当时地主占有土地的不平衡状况，不仅在全县范围内存在，甚至在一区一乡范围内也同样突出。据1950年9月关于东亭区云林乡的调查，本乡分东西两半部，东部长大厦，人口集中，地主也集中，阶级情况复杂；西部地主只有一个，土地、人口都很分散。[1]在相距不远的村落，地主的占地情况也可能有较大悬殊。例如，在上述苏南区农协筹备会调研科的调查中，同属于北延镇的两个地方，土地在各阶层中的分配情况反差甚大。十保是土地占有比较集中的典型，地主占地67.92%；九保则是土地占有最为分散的典型，地主占

---

[1] 《云林乡划分阶级工作汇报》，锡山区档案馆，B1－2－7，第140页。

地仅 2.28%。[①]

类似的例子还有无锡梅村镇。该镇离无锡城东南约 25 里，跨伯渎河中段。据 20 世纪 30 年代中期倪养如的调查，梅村镇"附近的农村社会在伯渎河南北两岸，颇有差异，北岸佃农和贫农所占成分较多，约占 80% 以上，南岸中农和自耕农，比较发展，约在 40% 以上（贫农和佃农，也有 50% 左右）"。[②] 这样的情况在全面抗战爆发后有较大变化。在上述苏南区农协筹备会调研科的调查中，提到梅村区的两个地点。薛典镇第三保属于土地集中的典型，地主共 97 人，占有土地 2841.56 亩，占总数的 80.18%，中农、贫农分别占有土地总数的 10.3% 和 6.93%；坊前乡被视为土地占有较为集中但实际上是比较分散的地区，地主共 136 人，仅占有土地 732.09 亩，占土地总数的 17.35%，中农、贫农分别占有土地总数的 44.13% 和 21.59%。[③] 坊前乡大致位于伯渎河北岸，薛典镇大致处于伯渎河南岸。与倪养如的描述对比，20 世纪 30 年代的情况是伯渎河北岸佃农和贫农所占成分较多，南岸中农和自耕农比较发展；然而到了土改时期，伯渎河北岸土地占有相对平均，以中农、贫农为主体，地主多中小规模，南岸则少数大地主占有较多土地，因而佃农数量较多，与 30 年代的情形正好相反。

另据苏南区农协筹备会 1949 年 10 月的调查，涉及梅村区下属的梅村镇、薛典镇和墙门镇等几个地方，梅村镇位于墙门镇和薛典镇的西北，跨伯渎河中段；墙门镇和薛典镇位于伯渎河以南，且墙门镇显然处于更偏南的方向。调查中提到，梅村五保自耕田占总田亩 60%，梅村三保自耕田占 40%，薛典六保自耕田占 30%，薛典一保自耕田

---

① 苏南区农协筹备会调研科：《无锡县农村经济概况》，华东军政委员会土地改革委员会编《江苏省农村调查》，1952 年，第 64~65 页。

② 倪养如：《无锡梅村镇及其附近的农村》，《东方杂志》第 32 卷第 2 号，1935 年。

③ 苏南区农协筹备会调研科：《无锡县农村经济概况》，华东军政委员会土地改革委员会编《江苏省农村调查》，1952 年，第 64~65 页。

占 20%，墙门一保自耕田占 10%，墙门十五保自耕田占 30%。[①] 这里呈现出一种以伯渎河为准，自北向南自耕田比例大致减少的趋势。如果将当地自耕田的比例多寡视为和自耕农的数量多寡正向相关的话，那么自耕农的数量，大体也是由北向南逐渐递减的。这与前述关于坊前乡及薛典镇第三保的分析基本可以互相印证，与 30 年代的调查结果相比则有变化。变化的具体过程和原因，还有待考证。可以肯定的是，30 年代的调查中所显示的伯渎河南北两岸土地关系有差别的特征，到土改时期依然存在，只不过其各自特点，从数据的对比来看有一个易位的过程而已。

这样的例证还有许多。可以肯定的是，无锡虽然在整体上属于土地占有比较分散的地区，但从更微观的层面来看，集中和分散的例子并存。所谓集中和分散，是相对的概念，而差别与不均衡，则是更为确定的事实。

三　地主的规模

在所谓地主阶层的内部，如果以占地规模作为衡量标准，大地主与中小地主各自的分布状况如何？以下主要借助 20 世纪 50 年代中国科学院经济研究所等机构对于 1929 年无锡农村调查的原始资料进行重新整理所得到的结果，来进行简要的分析。[②]

这次重新整理所形成的报告名称为《1929 年江苏无锡 20 个村户经济基本情况的初步分析》[③]，其中对 1929 年调查的大多数代表村各

---

① 苏南区农民协会筹备会：《无锡县梅村区四个乡租佃债务情况调查》（1949 年 10 月），华东军政委员会土地改革委员会编《江苏省农村调查》，1952 年，第 211～216 页。
② 关于 1958 年第二次无锡农村调查的概况，参见史志宏《无锡、保定农村调查的历史及现存无、保资料概况》，《中国经济史研究》2007 年第 3 期。本书第三章也有介绍。
③ 《无锡市近三十年来农村经济调查报告（1958 年）》（一），无锡市档案馆，B15-3-19，第 1～10 页。

个阶层户数、人口、占有土地等均有记录。

20 个代表村共 1102 户，5348 人，占有耕地 6279.17 亩。地主有 58 户，333 人，占地 2532 亩，约占全部耕地的 40.32%。其中：

（开化乡）东吴塘有 2 户地主，11 人，占地 24 亩，占全村耕地的 12.36%；

（泰伯市）小房巷有 4 户地主，21 人，占地 59.55 亩，占全村耕地的 26.08%；

（富安乡）邵巷有 2 户地主，12 人，占地 75 亩，占全村耕地的 7.97%；

（新安乡）龚巷有 1 户地主，5 人，占地 18.5 亩，占全村耕地的 10.68%；

（青城市）唐家塘有 2 户地主，8 人，占地 61.5 亩，占全村耕地的 28.91%；

（开原乡）张巷桥有 9 户地主，54 人，占地 35 亩，占全村耕地的 41.72%；

（南延市）跨上泾有 2 户地主，14 人，占地 163 亩，占全村耕地的 82.93%；

（开原乡）毛村有 5 户地主，35 人，占地 216 亩，占全村耕地的 56.13%；

（南延市）张塘巷有 3 户地主，10 人，占地 723 亩，占全村耕地的 95.52%；

（？）小沙头有 1 户地主，2 人，占地 13.5 亩，占全村耕地的 3.73%；

（景云市）黄土泾桥有 3 户地主，23 人，占地 34.8 亩，占全村耕地的 12.26%；

（怀上市）曹庄有 4 户地主，17 人，占地 206.5 亩，占全村耕地的 29.73%；

（天下市）西大房有 9 户地主，46 人，占地 247.35 亩，占全村耕地的 41.29%；

（万安市）新开河有 10 户地主，69 人，占地 563.5 亩，占全村耕地的 91.32%；

（天上市）前刘巷有 1 户地主，6 人，占地 90 亩，占全村耕地的 75.50%；

（开化乡）前章、（北下乡）苏巷、（万安市）周家桥、（扬名乡）白水荡、（景云市）黄巷无地主。

根据以上记载，虽然 1929 年所调查的 20 个代表村，地主阶层总平均占地比例为 40.32%，但各村情况差别很大：有 5 个村庄地主占地比例在 56%～96%，远远高于 20 个调查村地主占地比例平均数；8 个村庄地主占地比例不到 30%，其中 2 个村庄的比例不到 10%，最低的只有 4% 左右；还有 5 个村庄从户口统计上看，没有地主[1]；只有 2 个村庄的地主占地比例与 20 个村庄的平均数相仿。[2]

再看这些调查村地主户均和人均占有耕地数，也颇不平衡（见表 20）。

表 20 地主平均占有耕地数（1929 年 20 个代表村）

单位：亩

	每户平均耕地	每人平均耕地
20 个代表村 *	43.66	7.60
（开化乡）东吴塘	12	2.18
（泰伯市）小房巷	14.89	2.84
（富安乡）邵巷	37.5	6.25
（新安乡）龚巷	18.5	3.7

---

① 这里的所谓"没有地主"，究竟是根本不存在地主，还是因地主居住在村外而未列入统计，尚需要借助更多资料才能分析。

② 《无锡市近三十年来农村经济调查报告（1958 年）》（一），无锡市档案馆，B15-3-19。

	每户平均耕地	每人平均耕地
（青城市）唐家塘	30.75	7.69
（开原乡）张巷桥	3.89	0.65
（南延市）跨上泾	81.5	11.64
（开原乡）毛村	43.2	6.17
（南延市）张塘巷	241	72.3
（?）小沙头	13.5	6.75
（景云市）黄土泾桥	11.6	1.51
（怀上市）曹庄	51.63	12.15
（天下市）西大房	27.48	5.38
（万安市）新开河	56.35	8.17
（天上市）前刘巷	90	15

* 注：表中所列为 15 个村，因 5 个村无地主，故未列出。

由表 20 来看，南延市张塘巷不仅地主占有土地比例最高（95.52%），其每户地主平均占地（241 亩）和地主家庭每人平均占地（72.3 亩），也比其他 14 个代表村的对应数值以及 20 个代表村的平均数都高出许多。与之形成对照的是开原乡张巷桥村，虽然 9 户地主共占有全村耕地的 41.72%，但每户地主平均耕地仅 3.89 亩，地主家庭每人平均耕地也仅 0.65 亩，其零碎程度，与一般认知中的地主规模大相径庭。在这样的村庄，所谓地主究竟是按照什么标准被选出的，值得讨论。可能的原因一是村落规模本身较小，如果以已知地主占有土地的数量和比例反推，全村耕地总数也不过 83.89 亩；二是当时对地主概念的界定可能有些问题，在这样的村庄，所谓"地主"，实际状况也许和后来土改时所界定的"小土地出租者"差不多。

对此可以"满铁"上海事务所 1941 年调查的荣巷镇小丁巷、郑巷、杨木桥 3 个村落情况为例进行说明。这 3 个村落原来在行政上都属于旧开原乡，与上述的"开原乡张巷桥"大致处于同一方位。在"满铁"的调查报告中，多处称之为"零细农民的聚落"。3 个村落的调查农家总数为 80 户，所拥有土地面积仅 168.42 亩，即使占有土地最多者也不过 7.8 亩，占地 5 亩以上的仅有 6 户。占地不到 5 亩的农家，其户数和所拥有的土地都在村落全体中占了大多数。调查村共有出租土地 19.4 亩，来自 10 户农家，这 10 户都拥有自耕地，没有一户是以纯粹出租土地为业。从其职业构成看，几乎每户都有出外做工者。因而，"满铁"调查人员认为，这些土地所有者和耕种土地的农民之间所结成的租佃关系，主要是由于户主或家庭成员外出做工才成立的，如果他们在家就不会成立。和所有土地全部自己耕种相比，自己外出做工，剩下的家庭成员将不能耕种的土地租借给他人，这样的经营方式更为有利。①

除张塘巷和张巷桥外，其他 13 个代表村的地主每户平均耕地，有 5 个村庄都在 10～20 亩，2 个村庄在 30 亩上下，2 个村庄在 40 亩左右，2 个村庄略超过 50 亩，还有 2 个村庄在 80～90 亩；地主家庭每人平均耕地，有 4 个村庄为 1～4 亩，4 个村庄为 5～7 亩，2 个村庄在 8 亩上下，3 个村庄在 11～15 亩，不超过 7 亩的占了多数，这应当是和地主的家庭规模一般稍大有关系。尽管这些村落中地主的情况也有差别，但可以肯定的是，从这些地主的平均占地尤其是每人平均占地的规模来看，基本都属于所谓中小地主的范畴。

通过以上数据可以看出，张塘巷村土地集中程度最高，3 户地主共占地 723 亩，接近全村土地的 96%，在各调查村中最为突出。但实际上，据中国科学院经济研究所等机构在 1958 年组织第二次调查时对 1929 年的数据进行重新核对的结果，该村地主占有土地的规模要更大。据《无锡市农村经济调查综合表》中分村调查的"张塘巷"部分，该村在 1929 年调查时有 2 户地主，共占有土地 1014.48 亩，

---

① "满铁"上海事务所调查室编『江蘇省無錫県農村実態調査報告書』、1941 年、第 20、32—33 頁。

其中农地 1004.88 亩，分别占全村土地的 94% 左右和全村农地的
95% 左右，此后在 1929～1936 年、1936～1948 年都变化不大。[①] 2 户
地主占有土地相差悬殊，一户自 1929～1948 年一直占地在千亩左右；
另一户 1929 年调查时占地 10～15 亩，1936 年和 1948 年占地都仅在
5～10 亩。

2 户地主的具体经营状况，《江苏省无锡市（县）近三十年来
农村经济调查报告》提到，其中一户地主名吴念生，靠一面收租一
面投资开设酱园、米行，贩运棉花棉布，很快成为拥有千亩土地的
大地主；另一户为机船主恶霸地主钱达明。[②] 按照土改时无锡县政
府划分阶级成分的标准，占地 30 亩划为地主[③]，而后一户距此标准
尚远，被划为地主或许另有原因，因与下文分析关系不大，暂不
讨论。

类似张塘巷这样以 1 户地主占有千亩左右土地的情况，在无锡显
然是不常见的，但也并非绝无仅有。土改时期的调查提到，苏南有不
少占地千亩、万亩甚至数万亩的大地主。[④] 无锡的大地主虽然相对较
少[⑤]，但也有薛务本堂这样的典型，占有土地将近两万亩，分散遍及

①　1929 年调查时，2 户地主共占有土地 1014.48 亩，其中农地 1004.88 亩，分别占全村
　　土地总面积的 94.12% 和农地总面积的 95.80%；1936 年，2 户地主共占有土地
　　1013.48 亩，其中农地 1003.88 亩，分别占全村土地总面积的 93.92% 和农地总面积的
　　95.58%；1948 年，2 户地主共占有土地 1013.33 亩，其中农地 1003.88 亩，分别占全
　　村土地总面积的 93.06% 和农地总面积的 94.52%。见《无锡市近三十年来农村经济调
　　查报告（1958 年）》（二），无锡市档案馆，B15-3-20，第 231～236 页。
②　刘怀溥等：《江苏无锡县近三十年来农村经济调查报告（1929—1957）》，《中国农业合
　　作史资料》1988 年第 2 期（增刊），第 5、16～17 页。
③　《县委关于土改工作的文件》，锡山区档案馆，B1-2-6，第 112～116 页。
④　中国共产党苏南区委员会农村工作委员会编《苏南土地改革文献》，1952 年，第
　　482～483 页。
⑤　20 世纪 30 年代中期何梦雷的调查提到，无锡大地主比较少，见本章第一节。《苏南土
　　地改革文献》（第 482 页）也提到，太湖以西地区每个地主占有土地面积较太湖以东
　　地区为少，并列举了一些具体的事例。

全苏南。① 与这样的地主相比，乡村中依靠善于经营不断积累而逐渐形成的地主，在规模上又显然是小巫见大巫了。或许，正是少数大地主以及多数中小地主的共存，才构成农村社会经济生活的完整实态。以上对 16 个代表村地主情况的分析，也从一个侧面反映了无锡地主阶层在同一名称之下实际内涵的丰富多样。

从调查统计的角度看，类似张塘巷这样的情况，毕竟是一个特殊的样本，在整理统计调查资料时，对于分析结果会有较大影响。这里参照吴柏均的分析（见"绪论"三"无锡研究的意义"），对陈翰笙文章中的 1929 年 20 个代表村土地分配表试做修正，如果舍去张塘巷这户占有土地最多的特殊地主（占有土地 1003 亩），重新计算各阶层的户数和占有地亩情况，结果如表 21 所示。

表 21　修正无锡土地分配情况（1929 年 20 个代表村）

类别	修正前				修正后	
	农家（户）	百分比（%）	占有地亩（亩）	百分比（%）	占有地亩（亩）	百分比（%）
地主	59	5.7	3217	47.3	2214	38.15
富农	58	5.6	1206	17.7	1206	20.78
中农	205	19.8	1418	20.8	1418	24.44
贫农与雇农	713	68.9	965	14.2	965	16.63
总计	1035	100	6806	100	5803	100.00

经过这样处理所得到的结果，更有助于反映在少数特殊的大地主之外众多中小地主的规模和所占比重情况，其比例为 38.15%，虽然仍为各阶层中占地比例最高者，但与非地主阶层的悬殊已不再如之前明显；至于地主阶层为什么仍占有将近 2/5 的土地，可能是和其中包含各种公田有关系，如果去除该项因素，则根据 1929 年调查，

---

① 中国共产党苏南区委员会农村工作委员会编《苏南土地改革文献》，1952 年，第 483 页。

地主占有土地的比例大致为30%。① 这一数值与土改时期的各种调查
结果相当接近。

　　值得一提的是，关于1929年调查的20个代表村土地分配整体情
况，《1929年江苏无锡20个村户经济基本情况的初步分析》中有
表22。②

表22　1929年江苏无锡20个村户的经济基本情况（节选）

	户数（户）	所有耕地（亩）	耕地百分比（%）	使用耕地（亩）
地主	58	2532	40.3	461.15
富农	59	1243.42	19.8	1268.88
中农	207	1369.73	21.8	2230.09
贫农	690	1100.03	17.5	3619.45
雇农	13	—	—	—
其他	75	33.99	0.6	42.84
20村合计	1102	6279.17	100.00	7622.41

　　与陈翰笙《现代中国的土地问题》中提到的1929年20个代表村
土地分配情况（见表1）对照，同样是依据1929年的调查结果，20
世纪30年代和50年代关于无锡农村土地问题的分析却有明显的差
距。20个代表村的总户数、总耕地数，以及各阶层的户数、耕地数
都发生了变化，最显著的莫过于地主阶层，其户口数比原来的统计减
少了1户，所拥有土地下降了685亩，所占比例下降了7个百分点左
右。20个代表村的土地总数也比原先减少了526亩左右，这应该主
要是和地主阶层占有的土地减少有关。

---

① 当然，类似张塘巷村这样以一户地主占有较多土地的情况，在当时无锡农村究竟是特
　例还是普遍现象？取消此"特例"后，所得数据在当地的代表性如何？在该调查村，
　一户地主即占有全村90%以上的土地，与此相对应的村落内部结构怎样？对于这些问
　题，还需要结合更多材料进行分析和判断。
② 《无锡市近三十年来农村经济调查报告（1958年）》（一），无锡市档案馆，B15-3-
　19，第4、9页。

　　根据 1958 年这份报告的"整理说明"①，50 年代组织第二次调查时虽然对 1929 年调查所得数据的可靠性和当时所使用的指标体系、分类标准均有所指摘，但是这份报告应该还只是根据 1929 年原始资料进行初步的汇总，尚未根据新的调查对原来数据进行核对或补充。那么这种账面上数字减少的主要原因是什么？对这一问题，由于相关资料的缺乏，暂时还无法解释和说明。

---

　　① 整理说明如下："这是根据前中央研究院社会科学研究所 1929 年在江苏无锡调查的村户经济资料加以初步汇总后的简要分析。这个调查的主持人，虽是些马列主义的经济学者，但出面的却是国民党学术机关，而且通过各级官厅以至区乡长才能顺利进行调查，农民对调查目的，毫无疑问一定怀着不少疑惧与顾虑；此外，在调查方法和指标体系上也有缺点；当初划分阶级的标准和土改时的标准也不可能完全一致。因此，我们决定把 28 年前调查的资料如人口土地雇工蚕茧和其他副业收入等数字，以及阶级的划分，在组织新的调查时，逐户进行可能的核对与补充。这次初步汇总的数字，只是为了在组织新的调查之先做到心中有数，为新方案的设计提供线索和根据，估计将来经过核对后的数字可能与下列各表的数字稍有出入。"《无锡市近三十年来农村经济调查报告（1958 年）》（一），无锡市档案馆，B15-3-19，第 1 页。

第五章 影响土地分配统计的因素

一 调查地点和范围的选择

如前所述，近代无锡农村各地域土地占有的情形并不均衡，从集中到分散甚至无地主，相关的事例比比皆是。在这种情况下，选择不同的地点或范围作为调查对象，所得到的结论自然也会有出入。

以无锡第十区（原北夏乡）为例。1932年华洪涛的调查提到，全区私人地主共计29户，有田12150亩；族有土地（义庄等）共2户，有田1600亩。地主私人占有的土地与族有土地合计，占全区额征田亩数（43588亩）的31.55%，或折实平田数（43570亩）的31.56%。[①] 而王天予1935年关于该区1521户农家地权分配的调查，将40亩以上的视为地主，20～39.9亩的视为富农，5～19.9亩的视为中农，5亩以下的视为贫雇农，得到的结论是，地主以1.6%的户数，占有田亩50.7%，而贫农与雇农却以76%的比例，仅占15.8%的田亩。[②]

这两项调查中所提到的地主占有土地比例，有一定的差距。在华洪涛的调查中，所列举的地主，均为占地100亩以上者；而王天予的

---

① 华洪涛：《无锡一隅之农村概况》，《教育与民众》第3卷第7期，1932年。
② 王天予：《无锡北夏的农村经济》，《农行月刊》第2卷第11期，1935年。

调查中，即使仅把占地 100 亩以上的视为地主，其比例也高达
49.11%。如果把华洪涛调查中所列地主占地数除去族有田地，则私
人地主所占有的土地比例为 27.89%，两项调查之间的差距进一步扩
大。那么，在王天予的调查中所得出的地主占地比例，为什么会如此
之高？

据作者所述，该调查因种种的限制，不能调查整个区域，而采用
抽样（约合全区 1/4）的方法，"不过抽样的几个农村，在地域的分
布上，是能够代表整个的北夏区域，在户口田亩对总数比例上也很能
相称罢了"。从所提供的数据来看，华洪涛的调查中，地主的户数、
田数及其占全区总户数、总田数的比例如表 23 所示。

表 23　第十区地主户数、田数及其所占比例（1932 年）

	户数（户）	百分比（%）	田数（亩）	百分比（%）
全区总数	5982	100	43570	100
私人地主	29	0.48	12150	27.89
族有田地	2	0.03	1600	3.67

王天予的调查中，所抽样调查之 1521 户农家，约占全区户口
（5982 户）之 1/4 强。1521 户农家之总田亩为 10138.8 亩，占全区田
地总数 23% 左右。因此所调查农家之户数、田亩对总数的比例，尚
属相称。但如果采用华洪涛的标准，将占有田地在 100 亩以上的视为
地主，那么全区共 29 户地主，在王天予调查的区域内即有 21 户，占
了大部分；从全区来看，地主占户数比例为 0.48%，田亩比例为
27.89%，而在王天予的调查区域内，地主占户数比例为 1.38%，田
亩比例为 49.11%，或许这从全区来看也还是属于比较偏高的情况。

1933 年春中国农村经济研究会调查的孙巷、庄前、大鸿桥等三
个农村，地主占有土地的比例高达 53.5%，而中农和贫农所占有的
土地比例合计只有 22.5%。目前所见无锡各乡、村民国时期的调查，

以这一调查中村庄土地集中程度为最高。但是，作者韦健雄也指出，"这三村分布在西北两乡，这里地权比较他处更为集中，经营面积也比他处稍大，因此并不能够代表全县的一般情形"。①

1950年3月苏南区农协筹备会调研科的调查提到，堰桥乡两个村地主占地比例高达86.79%，在同时期的各调查地点中最为突出。除地主阶层外，富农占地仅1.31%，中农占地6.87%，贫农占地2.21%，其他阶层占地2.82%，村落中没有雇农。而且，这两个村虽然每人平均占有土地1.32亩，但因为地主人均占地高达21.59亩，其他阶层（包括富农在内）均不满1亩。从使用土地角度看，这两个村共有土地2487.32亩，但使用仅847.05亩，占有土地数接近使用数的3倍；其中地主占有土地2158.72亩，使用土地不过45.21亩，有相当一部分土地出租给外村或外乡。由于地主占有绝大部分土地并基本采用租佃方式经营，占人口总数60%以上的中农和贫农只有不到10%的土地而不得不租地耕种，这两个村子确实是土地占有极为集中的典型。

但是另据1949年9月的调查，在解放初期的堰桥乡，各个村庄的社会经济情况并不均衡。虽然在土地比较集中的村前村，地主占有土地比例达到81.91%，但该乡另有一种情况，是占有土地比较分散的村庄，只有少数小地主，占有10～30亩土地，占全村总土地的比例较小，农民多佃种本乡内大地主出租在本村的土地，如六堡、山下、高田上等村皆如此。② 因此，上述苏南区农协筹备会调研科的调查所涉及的两个村庄，虽然未知其具体名称和位置，但是无疑在当地也属于地主占地比例偏高的典型。1949年的这份调查还提到，堰桥乡人均占有土地1.11亩，土地比较集中的村前村人均占有土地

---

① 韦健雄：《无锡三个农村底农业经营调查》，《中国农村》第1卷第9期，1935年。

② 《无锡县堰桥乡农村概况》，华东军政委员会土地改革委员会编《江苏省农村调查》，1952年，第127～132页。

0.997 亩，而 1950 年 3 月调查提到的堰桥乡两个村，人均占有土地为
1.32 亩，一定程度上高于全乡的平均数，这或许也能佐证，1950 年
调查的两个村庄在当地可能属于特例，不能完全代表地权分配的一
般情况。

调查地点和范围的选择并非偶然，对于严谨且训练有素的社会
学者来说尤其如此。但是，无锡县不同地域土地分配的丰富图景表
明，个别调查地点的数据并不能代表整体的情况，试图以某个或某几
个调查地点的材料来推算整个地域的地权分配情况是不恰当的。基
于典型案例而希望得出普遍情况的做法，在方法和事实上都存在问
题。在引用各种调查统计时，不能以偏概全，只有尽可能扩大范围，
全面占有各种互相对立的材料，认真分析、清理，才有可能接近关于
一个地区土地分配相对科学的认识。

二 公田的归类

所谓公田，是慈善田、祠堂田、庙田、学田等各类田地的总称。
在近代中国农村，特别是在南方，公田的数量较大，种类也很多。据
土改前的相关调查，公田主要有宗族性、宗教性、公益性公地等形
式。其中，宗族性公地部分由本族农民轮种，其余大部分出租经营；
宗教性公地中，寺庙所占土地大部分出租经营，而神会占有的土地大
多由会员轮种；公益性土地中，学田出租以实现"以田养学"，其他
慈善团体土地和地方公益事业土地则用来解决经费来源，维持慈善
机构的生存。①

近代中国大体是越往南公田面积和所占比例越大。据土改时期的
统计，华东各地土改前公田占全部土地的比例，苏北为 1.88%，安徽

---

① 田传浩、汪序梅：《土地改革前浙江省的地权分配》，《中国土地科学》2021 年第 5 期。

为 4.17%，苏南为 5.90%[1]，浙江为 16.35%，福建为 29.36%。[2] 中南区的湖南、广西，公田占 15%~20%，江西占 15%，湖北占 10%，广东占 30%，个别县达 60%。[3] 与广东、福建、浙江相比，苏南公田所占比例较低，而无锡公田所占比例为 4.48%，又稍低于苏南地区的平均数。[4] 在苏南地区的各类公田中，族田所占比例较高。全面抗战爆发前国民政府行政院农村复兴委员会的《江苏省农村调查》提到："在江南，族有财产底发达，构成一种特色。常熟、吴县、无锡、昆山等县底族产都在十万亩上下。"[5] 新中国成立后苏南区党委的调查也提到："族田祠堂田义庄田：系属于宗族性的土地，族田祠堂田以西部地区之高淳、金坛、溧阳、宜兴较多，……义庄田以无锡以东地区为较多。"[6]

　　土改时期，普遍以公田被地主把持为由而将其计为地主阶级所有。当时的各种调查材料，常以"地主占有土地和控制公田"合计来强调地主拥有土地的比例。这一做法的思想来源有待考证。革命兴起于中国南方，那里正是族田比较发达的区域。在党的早期文献中，有不少针对族田制度的论述。例如，早在中国共产党成立初期，就有共产党人提出，农村中大量的族产族田是宗族制度存在的物质基础，族长宗长把持族产族田，是封建剥削的一种形式。要消灭宗族制度，必须消灭以"公田"形式出现的族产族田。1927 年 5 月召开的中共五大，第一次提出消灭族产族田，将其分配给农民的纲领。这次大会

① 《苏南土地改革文献》（第 476~477 页）记载：苏南各种公地共占全部耕地面积的 6%。
② 华东军政委员会土地改革委员会编《华东区土地改革成果统计》，1952 年，第 3~4 页。
③ 中南区土地改革委员会调研处《中南区各省农村特殊土地问题调查》（1950 年 11 月 17 日），转引自龙登高、何国卿《土改前夕地权分配的检验与解释》，《东南学术》2018 年第 4 期。
④ 中国共产党苏南区委员会农村工作委员会编《苏南土地改革文献》，1952 年，第 768 页。
⑤ 行政院农村复兴委员会编《江苏省农村调查》，商务印书馆，民国二十三年（1934）7 月初版，第 6 页。
⑥ 中共苏南区党委农村工作委员会：《苏南土地情况及其有关问题的初步研究（初稿）》，1950 年 5 月 1 日，第 13 页。

通过的《土地问题决议案》指出：存在于乡村中的所谓公有田产管理制度，实际上是乡村中宗法社会政权之基础，"此等田地的主有权，已为乡绅所篡夺，耕田者反而失却享有的权利，乡绅等得变为地主"。1928年中共六大通过的《土地问题决议案》，更是直接定性"所谓公地，是豪绅私产""豪绅把持公地向佃农收租，在经济上都是地主"。[①] 民国时期，在陈翰笙等左翼知识分子的思想认识中，也是将各种公田视为地主阶层拥有土地的一部分。在《现代中国的土地问题》中，陈翰笙明确指出："国有及公有的土地，为大地主所掠夺，他们非法的然而在事实上垄断了这些土地的地租。"[②] 在1934年发表的《解放前的地主与农民——华南农村危机研究》中，他直接使用"集团地主"概念来指代各种学田、庙田、族田，与"私人地主"相对应。[③]

现代学者的认识有较大改变，一般认为，公田的成因和性质比较复杂，不同种类的公田并不仅仅为地主、富农所共有，更不等于为他们所占有，与他们个人占有的土地不能完全等同起来。[④] 以地主占有土地和控制公田合计来强调地主拥有土地的比例，"显然是不合适的"。[⑤] 学者们发现，在研究中对公田采取不同的归类方式，将显著影响地权分配数字的估算，对于一些公田较多的地方而言尤其如此。例如，有学者利用县志资料估算浙江省各县土地改革前的地权分配基尼系数时发现，公田较多的县，将公田算作地主所有时的基尼系数，比不考虑公田时的基尼系数高了40%以上。[⑥] 还有学者以广东为

---

① 中国社会科学院经济研究所中国现代经济史组编《第一、二次国内革命战争时期土地斗争史料选编》，人民出版社，1981年，第92~100、223~242页。

② 《解放前的中国农村》第2辑，中国展望出版社，1987年，第85页。

③ 陈翰笙：《解放前的地主与农民——华南农村危机研究》，冯峰译，中国社会科学出版社，1984年。

④ 郭德宏：《中国近现代农民土地问题研究》，青岛出版社，1993年，第49页。

⑤ 龙登高、何国卿：《土改前夕地权分配的检验与解释》，《东南学术》2018年第4期。

⑥ 田传浩、汪序梅：《土地改革前浙江省的地权分配》，《中国土地科学》2021年第5期。

例计算公田对地权分配的影响，发现如果将公尝田（族田）计为地主土地，广东 50 个乡土改前按户和人计算地权分配的基尼系数分别为 0.695，0.636；如果不计公尝田，基尼系数分别为 0.574，0.497；如果按公尝田平均分到各阶层各户计算，则基尼系数下降为 0.541，0.476。① 事实表明，在公田占比较高的地方，如果将公田计为地主所有，会使地权分配集中程度偏高；若将公田完全排除在统计之外，则难以反映当地地权分配的真实面貌。

无锡虽然公田数量所占整体比例不高，但也存在公田比例较低的地方和公田比例较大的地方。一些地方地主占有土地的数字和比例偏高，可能是和调查统计中将形态多样的公田归入地主的所有土地有关。故在使用各种调查材料之前，需要先对其中数字的来源和所对应的社会经济事实有所辨别。仍以上节所提到的堰桥乡两个调查村为例，地主阶层占有土地的比例高达 86.79%，其原因在 1950 年的调查中未做具体说明。但是，1949 年 9 月关于堰桥乡的调查中明确指出，当地公田较多，如慈善田、祠堂田、庙田、学田、救火会田等，"大多为地主、富农阶级所掌握"。其中关于堰桥镇的数据，也是直接将 595 亩公田视为地主、富农占有土地的一部分。② 因此，1950 年的调查中提到的两个村，地主之所以占有比其他阶层多达几十倍的土地，也不排除是整理统计材料时将公田数量计入其中的可能。

1950 年的调查未提供两个村的具体名称，但 1949 年 9 月的调查中提到了当地一个土地比较集中的典型——村前村，地主占有土地的比例达 81.91%。该村落正是有名的胡氏义庄所在地。关于该义庄的情况，曾有多项调查提及。例如，抗战胜利后出版的《无锡

---

① 刘志：《方法与实证：近代中国土地分配问题再研究》，《华东师范大学学报》（哲学社会科学版）2020 年第 2 期。

② 《无锡县堰桥乡农村概况》，华东军政委员会土地改革委员会编《江苏省农村调查》，1952 年，第 127~132 页。

指南》提到：县境内义庄有村前胡氏义庄等多处，"均有数百年之历史矣"。[①] 另一调查提到，1949 年，无锡县区仍有义庄 42 座，其中以荡口的华老义庄、堰桥村前胡氏义庄和石塘湾的孙氏义庄为最出名。[②] 而"满铁"上海事务所 1941 年的调查提到，胡姓是堰桥镇的大族，其同族在无锡惠山设置总祠堂，在村前（村）设立了分祠堂。村前分祠堂有田 1500 亩，由同姓和异姓的农民租种，向胡氏义庄缴纳地租。[③] 据此，该村所谓的地主土地，可能很大一部分正是胡氏义庄的土地。而且，拥有胡氏义庄土地而导致土地集中程度偏高的村前村，或许又正是 1950 年的两个调查村之一，也未可知。

三 "外地业主"因素

近代以来，在江南等城市化程度较高的地区，外地业主现象较为显著。苏南作为工商业最发达的地区之一，外地业主的数量也较多。据 1949～1950 年苏南 18 个县 48397 户地主的调查，有 61.50% 的地主居住在农村，38.49% 的地主居住在城镇和外地。[④] 各县的具体情况如表 24 所示[⑤]。

---

① 薛明剑等：《无锡指南·慈善事业》，民国八年（1919）7 月初版，民国三十六年（1947）4 月第十七版，第 109 页。

② 中共锡山市委农村工作部：《无锡县的土地改革运动（征求意见稿）》，锡山区档案馆，B5-2-145，第 4 页。

③ "满铁"上海事务所調査室編『堰橋鎮事情』、1941 年、第四頁。

④ 中国共产党苏南区委员会农村工作委员会编《苏南土地改革文献》，1952 年，第 497～498 页。按：本条材料和表 24 的数据均来自《苏南土地改革文献》。但本条材料中居住在城镇和外地的地主所占比例（36.5%），稍高于表 24 中居住城镇和居住不详的地主所占比例之和（36.49%），这应当是行文过程中对数据做了四舍五入处理。

⑤ 根据原文说明，吴县、常熟两县居住城镇的地主户数中，仅就居住于苏州、常熟两市的地主户数统计；而武进、江阴、溧阳、金坛、太仓、昆山等县的居住城镇地主户数中，只是居住在各该县县城内的地主户数。在居住农村地主户中一般又都包括了居住在农村小集镇中的地主在内。因此，实际居住城镇的地主的户数要远远超过表 24 中的数字。

表 24 苏南各县居乡地主与居外地主统计

县别	地主户数（户）	居住农村（%）	居住城镇（%）	居住不详（%）
武进	5122	88.74	11.26	
江阴	3323	88.68	11.13	
溧阳	3861	91.19	8.81	
金坛	2272	83.67	16.33	
吴县	5480	27.01	72.99	
常熟	6153	51.24	48.76	
吴江	3366	44.65	55.35	
太仓	1527	80.48	19.52	
昆山	1755	87.18	12.82	
南汇	2329	58.05	37.61	4.34
松江	2727	40.74	54.79	4.47
奉贤	1730	63.98	31.68	4.34
金山	1409	47.91	41.09	11.00
青浦	1884	46.23	52.98	0.79
嘉定	1804	57.98	39.08	2.94
川沙	900	83.67	14.78	1.55
上海	1825	31.23	45.32	23.45
宝山	930	50.54	25.16	24.30
合计	48397	61.50	36.04	2.45

上述调查中未包括无锡，但事实上，在当地民国时期的农村调查中，也时常可以看到"外地业主"或隐或显的存在。

1929 年中央研究院社会科学研究所调查的黄巷村，从户口统计上看，仅有 4 户地主，规模较小，所占有的田底面田仅 4 亩，且自己也有佃入土地（有田面田 3 亩）。但从土地种类上看，虽然全村田底面田只有 45.29 亩，田底田只有 4.00 亩，田面田却有 311.48 亩，据调查者分析，"地权大部分已落到城内各仓厅里去了"。原因是太平天国运动时期，该地曾备受洗劫，居民外逃，回来时住屋全变灰烬，"全村瓦砾场中只剩草棚两楹"，于是村民多变卖田产，从事治生，当时将田底权转让城里地主的有 300 多亩。民国以来，伴随附近工厂逐渐开设，村民变卖田产的也有几起。[①]

1932 年叶谦吉调查的堰桥镇附近南头、山下、杨巷及六堡里 4 个代表村的 113 户农家，半自耕农占 99%，佃农只占 1%，纯粹自耕农几乎没有。根据说明，该地农地所有权分田底、田面两种，有田底或有田底田面者为地主，有田面而无田底者为半自耕农，二者全无则为佃农。若与其他调查中的农户分类标准进行统一的话，本地农家实际绝大多数是有田面权的佃农。有田底权的业主未见于户口统计，原因是其"大多为乡镇豪绅，或城市商贾，及祠堂庙庵等"，居住于村外。[②]

在大量地主离开农村迁居城镇的情况下，在实地调查时，选择以一般农村还是地主较集中居住的市镇作为调查对象，结果可能差别较大。1950 年 3 月苏南区农协筹备会调研科的调查中提到，薛典镇三保地主占有土地的比例高达 80.18%，是这一调查中土地最为集中的典型之一。但是，根据 1949 年 10 月的调查，该保是"全乡地主较集中"的一个保，原因和其所处的地理位置有关，"三保位于薛典全乡之中间，略偏东面，薛典镇即在三保之中间"。[③]正是可能居住在薛典镇上的地主较多，造成了三保地主占有土地较为集中的情况。

1950 年调查中出现的北延镇九保和十保，地权分配状况也反差甚大。十保是土地占有比较集中的典型之一，地主占地 67.92%；九保则是土地占有最为分散的典型，地主占地仅 2.28%。二者在地理上应该相距不远，之所以出现悬殊情况，可能也是和"外地业主"的因素相关，十保居住地主较多而九保居住地主较少。九保虽然本保

---

① 钱俊瑞、秦柳方：《黄巷经济调查统计（续）》，《教育与民众》第 1 卷第 9 期，1930 年。
② 叶谦吉：《江苏无锡堰桥一百十三农家土地利用之研究》，《农林汇刊》第 4 号，1934 年。
③ 《薛典镇重点保（第三保）报告》（1949 年 10 月 15 日），锡山区档案馆，B1-1-10，第 66 页。

内地主的数量和占有土地的比例都较低（共 6 人，占地 37.75 亩），但全保所使用的土地，有 1000 亩左右都是自外租入。十保地主占有土地 2706.70 亩，但实际使用数量不过 194.23 亩，有相当一部分都租借给外村或外乡。或许九保所使用的土地，很大一部分正是从十保租借而来。包括无锡在内的苏南地区，地主除一部分居住在无锡、苏州、上海等较大城市外，还有不少居住在由农村逐渐分化出来、在各地如同星罗棋布一样排列的众多市镇。如果十保所处的位置恰好是北延镇中心所在地的话，以上的推理完全有可能成立。

伴随苏南地主大量离开农村迁居城镇而出现的现象是，其所占有的土地往往分布较广，甚至有达数乡、数区、数县者，而不少地区的农民也常有佃入外乡地主的土地超过佃入本乡地主土地的情况。[①]因此，如果仅以农村实际居住人口和占有田亩为对象进行调查统计，不易获得关于土地分配情况的正确数字。民国以来，部分调查者对此已有所认识并试图矫正。例如，1933 年中国农村经济研究会关于孙巷、庄前、大鸿桥 3 个村落的调查，在后续整理材料时，已采用从全部使用田亩之中减去各类农民所有田亩的方法，得到村内村外地主所有田亩总数。[②]与此同时，张益圃在引用农村复兴委员会关于邳县、盐城、启东、常熟四县的调查结果时也发现，地主占有田亩的百分比普遍偏低，代表淮北区的邳县，地主所有田亩只占所有田亩总数的 7.1%，最多的常熟也只有 28.2%。作者认为原因是"该项调查没有顾到村外地主；而且一般而论，大地主都住在村外。因此该项统计，并不能够正确地把事实表示出来"。为了补救这一"重大缺陷"，作者采用了把农民租进田亩加上地主自营田亩，再减农民出租田亩，从而获得村内村外地主所有田亩总额的办法。在原调查表中，经过这

① 中国共产党苏南区委员会农村工作委员会编《苏南土地改革文献》，1952 年，第 498～499 页。
② 韦健雄：《无锡三个农村底农业经营调查》，《中国农村》第 1 卷第 9 期，1935 年。

样的计算，除盐城以外，地主所有田亩同全部田亩（使用田亩）比较起来，都占半数或是半数以上，常熟达到了81.7%。[①]

中共苏南区党委农村工作委员会1950年5月完成的《苏南土地情况及其有关问题的初步研究（初稿）》，在引用23个县37个乡和7个村的调查材料说明各阶层土地占有情况时，也注意到，原表中关于百分比的统计，未将外乡业主出租的占有土地计算在内，"还不可能正确估计各阶级占有土地情况的正确比例数字"。例如，吴县是土地比较集中地区，但吴县6个乡的统计中地主占有土地很少，甚至其中有两个乡没有地主，但其佃入土地数量则很大。因此，该报告假定所有佃入超过出租的土地均为地主阶级所占有[②]，对地主阶级占有土地的百分比重新试做估算。[③]

总之，从民国到土改时期无锡的调查统计来看，各种情况都可能存在。在一些地方，选择以地主相对集中居住的市镇或者腹地农村作为调查对象，所得到的结论会有出入；而在另外一些地方，是否将公田计入地主阶层占有的土地，对于调查结果也会有较大影响。原调查地点的位置以及是否具有某些特殊土地问题、调查人员在统计过程中所采用的计算方式，都会在一定程度上影响到调查结论从更大范围来看的一般代表意义。在利用前人留下的各种调查统计材料进行地权分配研究时，必须对其统计方法、统计过程以及统计数字背后的复杂情况有更深入的了解和解读，才能正确认识各地的地权分配状态。

[①] 张益圃：《江苏的土地分配和租佃制度》，《中国农村》第1卷第8期，1935年。

[②] 原文说明："实际上，使用土地与占有土地的差额中，估计80%都是居住在城内和外乡的地主的土地。"

[③] 中共苏南区党委农村工作委员会：《苏南土地情况及其有关问题的初步研究（初稿）》，1950年5月1日，第5页。

第六章　无锡农村租佃关系及其变化

　　无锡所在的苏南，通常被认为是全国租佃制度最发达的地区之一。据估计，旧中国苏南农村约有 3/5 的耕地是租佃地，全年农产值的 1/3 是向地主缴纳的地租。[①] 在各种租佃契约中，又呈现出租佃关系长期化的趋势[②]，以"一田两主"制的普遍存在为主要表征。对于这种极具特色的租佃制度，过去学界的研究主要聚焦于明清时期，对其近代以来的变化关注较少。本章以无锡为例，试做分析。

一　两种不同的租佃关系

　　"一田两主"制又称田底面制，在这种制度之下，业主所拥有的田底（即所有权）与佃户所拥有的田面（即使用权）各自皆可自由买卖或转移。佃户在每年保证交租的条件下享有较为固定的耕种收益权，而业主除按约收租外，一般不得随意撤换佃户或将田地

---

①　曹幸穗：《旧中国苏南城居地主的土地租佃》，《古今农业》1990 年第 2 期。

②　据统计，20 世纪 30 年代苏南农村中，90% 的租佃契约都是永佃及无限期租佃，租期 1~10 年的定期租佃只有 2.5%。而同一时期的华北农村，租佃契约主要还是 10 年以下的定期租佃。见曹幸穗《旧中国苏南农家经济研究》，中央编译出版社，1996 年，第 74~75 页。

收回自耕。① 这种田地在各地有不同的称谓，在无锡，一般称为灰肥田或老租田，或简称为租田。与之相对的是借田，亦称借种田，即普通的出租土地，田底、田面权均属业主，耕种期限不定，业主可自由收回。

关于租田这种独特的田制，在民国和土改时期的许多文献中都有记载。从全国范围看，租田通常被认为是主要存在于江南尤其是苏南地区农村的一种特殊土地制度。据1936年全国土地委员会调查，苏、浙、皖永佃②农所占比例最大，平均占佃农总数的38%。③ 孙毓棠1951年撰写的《江南的永佃权与封建剥削》一文提到："这种永佃制度在我国主要存在于苏南、浙西、皖南、赣北一带；此外如苏北、浙东、福建、广东、河北、绥远、察哈尔，也间有此制（或称永租、死佃），但不普遍，所以也可以说它是江南的特殊制度。"④ 潘光旦、全慰天在1952年发表的《苏南土地改革访问记》中认为："中国的田底权与田面权的分化现象，以长江下流各省，尤其是苏南为最最普遍，而苏南农村尤以东部为多"，"这情形在中国其他地区如华北、西北、西南等地，不能说没有，但是非常少见。长江下流各省较多，……但比起苏南农村来，还不免小巫大巫之分"。⑤

---

① 关于"一田两主"问题的经典史料，是陶煦在《周庄镇志》中的叙述："吴农佃人之田者，十八九皆所谓租田，然非若古之所谓租及他处之所谓租也。俗有田底、田面之称，田面者佃农之所有，田主只有田底而已。盖与佃农各有其半，故田主虽易而佃农不易，佃农或易而田主亦不与。有时购田建公署，架民屋，而田价必田主与佃农两议而瓜分之，至少亦十分作四六也。"见（清）陶煦：《周庄镇志》，卷四，"风俗"，《中国地方志集成·乡镇志专辑》，江苏古籍出版社，1992年，第548页。日本学者仁井田陞也曾对"一田两主"制的内涵有精辟论述。参见〔日〕仁井田陞：《明清时代的一田两主习惯及其成立》，刘俊文主编《日本学者研究中国史论著选译 第8卷 法律制度》，姚荣涛、徐世虹译，中华书局，1992年，第411页。
② 民国和土改时期的文献中，常以"永佃"概念来指代"一田两主"制。
③ 乌廷玉：《中国租佃关系通史》，吉林文史出版社，1992年，第87～88、215页。
④ 孙毓棠：《江南的永佃权与封建剥削》，天津市土地改革参观团等编《我们参观土地改革以后》，五十年代出版社，1951年，第26页。
⑤ 潘光旦、全慰天：《苏南土地改革访问记》，生活·读书·新知三联书店，1952年，第38、43页。

在苏南广大地域范围内，"一田两主"制的分布并不均衡。潘光旦认为，"在全苏南的一千万人口的地区中，约有四百万人口的地区存在着这种现象。其中的分布是不一样的。以地区说，西部没有，中部有一部分，东部最多。以县说，十二县有，其他各县没有"。① 1950 年 5 月中共苏南区党委农村工作委员会的一份调查提到："这种租田范围，在苏南有吴县、吴江、昆山、常熟、松江、金山、青浦、上海等县及无锡、江阴、奉贤、嘉定等县各占一部。"② 以上共计 12 个县。由该机构在同时期完成的另一份报告，所列举范围还包括太仓，共计 13 个县，并强调"各县田面权租田所占数量不一"。③ 1952 年该机构编印的《苏南土地改革文献》共列举 19 个县，与前对照，不包括奉贤和嘉定，新增川沙、武进、江宁、溧水、句容、高淳、扬中、丹徒等，主要是苏南地区中部和西部的一些县。该调查还提到，这种农民享有田面权的租田，"以中部地区为最多，吴县、吴江、常熟和无锡东北区，均占租田总数的 80% 左右，太仓较少，亦占50%"，这是苏南租佃关系中的一大特点。④

在同属这一制度辐射范围的各县，租田所占的数量也不一致。据1935 年国民党中央政治学校地政学院学员何梦雷的调查，在苏州、无锡、常熟三县之各种佃租制度中，均以田底面制最为普遍；其中尤以苏州为甚，几乎全县皆为此种制度所笼罩；常熟所占之百分比，亦在 80% 左右；无锡因环境关系而稍低，约占 50%，然而就其本县而

---

① 潘光旦、全慰天：《苏南土地改革访问记》，生活·读书·新知三联书店，1952 年，第43 页。

② 中共苏南区党委农村工作委员会：《苏南土地情况及其有关问题的初步研究（初稿）》，1950 年 5 月 1 日，第 10 页。

③ 中共苏南区党委农委会：《苏南农村土地制度初步调查》（1950 年 5 月 1 日），华东军政委员会土地改革委员会编《江苏省农村调查》，1952 年，第 8~9 页。

④ 中国共产党苏南区委员会农村工作委员会编《苏南土地改革文献》，1952 年，第514 页。

论，在各种制度中，尚以此为最普遍。① 具体到同一县的内部，租田的分布也有差异。1950 年中共苏南区委的调查提到，这种田底田面分裂的土地，主要分布在无锡东部，西部地区则无此种土地，田底田面均为地主所有。②同年该县南部华庄区的土改工作报告提到，本区大部分为借种田，只有新南一个乡，灰肥田占 90% 以上。③

租田在各地的习惯称谓不同。据孙毓棠总结，"苏南普通都称田底田面；浙江称主田客田、大皮小皮、大卖小卖、大业小业、大根小根、田骨田皮、大田小田；安徽称丈田佃田、里子面子、下盘上盘；江西称管骨管皮、骨业皮业、骨田皮田等；他省还另有其他名称"。④潘光旦提到，（有田面权的土地）在长江下游各省，安徽芜湖称肥土田，浙江金华称客田，浙江台州称上皮田。在苏南各县，除无锡叫灰肥田或老租田外，吴县一般叫管业田，太仓叫单租田，松江、吴江、常熟等县叫大租田，江宁县叫肥土。⑤

尽管"一田两主"制被认为在明清时期已十分流行⑥，但苏南地区田底面制的广泛形成，通常被追溯至 19 世纪中叶的太平天国运动。

---

① 何梦雷：《苏州无锡常熟三县佃租制度调查》，见萧铮主编《民国二十年代大陆土地问题资料丛书》第 63 册，台北成文出版社、美国中文资料中心 1977 年影印，第 33029~33060 页。

② 中共苏南区党委农村工作委员会：《苏南土地情况及其有关问题的初步研究（初稿）》，1950 年 5 月 1 日，第 6 页。

③ 《华庄区十一个乡土地改革工作报告——在无锡农村工作团总结会上》，锡山区档案馆，B1-5-10。

④ 孙毓棠：《江南的永佃权与封建剥削》，天津市土地改革参观团等编《我们参观土地改革以后》，五十年代出版社，1951 年，第 26 页。

⑤ 《苏南土地改革访问记》，1952 年，第 38 页；《苏南土地改革文献》，1952 年，第 514 页。

⑥ 李文军、王茂盛：《论明清以来"一田两主"的地权关系及其改造》，《重庆科技学院学报》（社会科学版）2008 年第 1 期；乌廷玉：《中国租佃关系通史》，吉林文史出版社，1992 年，第 87~88 页。关于"田面权"土地的起源，说法不一。冯和法认为，"中国自唐朝起，已有这制度"。见《苏南土地改革文献》，1952 年，第 514 页。傅衣凌认为，这种佃权"早已发生于宋代"。见傅衣凌：《明清农村社会经济》，生活·读书·新知三联书店，1961 年，第 47 页。

南京国民政府司法行政部编印的《民事习惯调查报告录》（1930）提
到，江苏境内田底面制的形成，与太平天国运动在本地区所造成的动
荡有莫大关联："查江苏佃户种田亩有肥土之称，又呼为田面，即佃
户于业主田亩上有相当之地价，不啻一田亩而设定所有权人于其上。
其发生之原因，由洪杨兵燹以后，业主流离，土地荒芜，佃户即投资
耕种。迨业主归来，即许佃户特别利益，准其永远佃种，相沿日久，
佃户竟持其永佃权视为一部分之所有权，不准业主自由夺佃，业主亦
无异议。"①孙毓棠、潘光旦在20世纪50年代初调查访问的结果与此
一致。孙毓棠（1951）指出，"这种永佃制度在江南曾存在于明清两
代。但今日江南永佃制的形成当追溯到同治年间"。②潘光旦（1952）
提到："相传中国自唐朝已开始有田底权与田面权分化的现象。但普
遍发生与存在是近代的事，……我们访问苏南农村时，便很有些人告
诉我们说：'苏南农村田底权与田面权分化的现象，是太平天国革命
战争以后才开始的。'"③1957年出版的《中国近代农业史资料》，也
认为永佃制是太平天国运动失败后的产物。④

　　以上主要就田面权的起源和发生而言，在太平天国运动结束后，
经过近百年时间，农民取得田面权的方式又发生较大变化。据土改时
期调查，苏南"田面权"土地的来源共有十余种：①太平天国运动
之后，清朝地方政府为筹赋税，招募"流民""客民"开垦报升，许
以永佃权；②北伐战争时期农民斗争得来；③原属无主荒地圩荡，由
地主圈地招佃开垦放租，自留田底，而许给佃户永佃权；④农民开垦

<hr>

① 前南京国民政府司法行政部编、胡旭晟等点校《民事习惯调查报告录》（上），中国政
　法大学出版社，2000年，第180~181页。
② 孙毓棠：《江南的永佃权与封建剥削》，《我们参观土地改革以后》，五十年代出版社，
　1951年，第26~27页。
③ 潘光旦、全慰天：《苏南土地改革访问记》，生活·读书·新知三联书店，1952年，第
　38页。
④ 李文治主编《中国近代农业史资料》（第1辑），生活·读书·新知三联书店，1957
　年，第251页。

无主荒田，后地主倚势强行霸占，威逼农民缴租而成为永佃人；
⑤农民租入劣等田地，勤劳耕作，投资加肥，改良土壤，兴修水
利，渐成良田，因而获得永佃权；⑥佃户以相当的钱谷为代价从地
主手里买得永佃权；⑦由押租转化而来；⑧原属农民土地，因遭受
地主重租高利剥削，被迫低价将田底卖给地主，自己保留田面，永
久耕种；⑨晚清以来，苛捐重赋，农民无力负担，地主趁机以减少
赋役苛捐为饵，诱使农民把土地登记在地主名下，地主则要农民缴
纳一定钱谷，日久这笔"献纳"变成地租，包租的地主以握有田底
权自居；⑩少数公田招佃垦种，给予永佃权，嗣后相沿不废；⑪有
些地方的公田、社田、学田、族田，其佃户因长期租种，相因成习
而享有永佃权；⑫"习惯田面权"，这种租田，在承揽时不一定有
押金或"田面"权，但农民之间同样也可买卖或转租耕种。① 总括
起来，主要有垦荒、土地改良、购买、典卖、押租、寄托以及少数特
殊土地的租佃关系等。"这些因素，数十年来累积促成了江南永佃制
的普遍形成。"②

　　作为无锡农村另一种重要租佃形式的借田，其内容、性质、租
额、业主身份都与租田有所不同。许多调查提到，租田租额抗战前一
般为 1 石米左右，且可视年成好坏，有一定之缩减；借田租额一般较
租田为高，租粮也很少能够减少或拖欠。租田的业主主要是地主，其
他阶层亦各有少许；借田业主以中小地主和富农居多，也有中农、贫
农和其他一些缺乏劳动力的阶层所出租，业主可随时收回自种或换
佃，更带有临时性和不稳定性。例如，根据土改前后的调查，梅村区

---

① 《苏南土地改革文献》，1952 年，第 514~515 页。

② 孙毓棠：《江南的永佃权与封建剥削》，《我们参观土地改革以后》，五十年代出版社，
　1951 年，第 27~28 页。另参考潘光旦、全慰天：《苏南土地改革访问记》，生活·读
　书·新知三联书店，1952 年，第 39 页。也有一些学者将苏南永佃关系的成立途径归
　纳成垦荒永佃、管业永佃、购买永佃、保留永佃、分封永佃、认定永佃等不同类型。
　见曹幸穗：《旧中国苏南城居地主的土地租佃》，《古今农业》1990 年第 2 期。

四个乡租田全部是地主的，借田大部分是富农的，一部分是商人、工人、中农、贫农中无劳动力者的；[①] 该区十个小乡，租田所谓仓厅租米绝大部分是地主的；借种田有一部分是中农的，绝大部分是富农、地主的。[②] 东亭区江溪乡，租田出租人一般是地主和公田，借种田的出租人包括地主和其他阶层。[③] 梅村镇第四保，租田 90% 以上为地主所有。[④] 查桥区云林乡，借田出借者多为小地主、富农及缺乏劳动力的农民。[⑤] 以上区分并不绝对，只是一种大略的描述，实际情况要更为复杂。可以肯定的是，借田的业主身份通常更为广泛和复杂，借出的重要原因是缺乏劳动力，其中一部分是从事农业之外的经营，这也反映了在无锡这样工商业比较发达的地方，农村阶级关系的一个特点。

除一般定义和区别外，租田、借田也并非毫无关联。1927 年 8 月《东方杂志》刊载的调查提到：无锡土地所有权有田底（俗名粮田）、田面（俗名灰肥田）之分。普通地主所有者为田底，其所有权为纳赋收租；佃农所有者为田面，其所有权为耕种还租。"更有一种借田农者，则田底田面均为地主所有，或向佃农借种。"[⑥]据此，借田的形成，除向有完整土地权利的地主借种外，也有因部分有田面权的佃农对外转租而形成者。1929 年中央研究院社会科学研究所调查的

---

① 苏南区农民协会筹备会：《无锡县梅村区四个乡租佃债务情况调查》（1949 年 10 月），《江苏省农村调查》，1952 年，第 214 页。

② 《三队在梅村区十个小乡减租工作报告》（1950 年 2 月 17 日），中共无锡县委档案，锡山区档案馆，B1-2-1，第 35 页。

③ 苏南农村工作团第一大队调研组：《无锡县江溪乡土改后农村阶级经济情况变化调查报告》（1951 年 10 月 20 日），中共无锡县委档案，锡山区档案馆，B1-1-13，第 57 页。

④ 《第四保租佃调查报告》（1949 年 10 月 9 日），中共无锡县委档案，锡山区档案馆，B1-1-10，第 87 页。

⑤ 《无锡县云林乡农村经济调查》，《江苏省农村调查》，1952 年，第 108 页。

⑥ 容盦：《各地农民状况调查——无锡》，《东方杂志》第 24 卷第 16 期（农民状况调查号），1927 年 8 月 25 日。

代表村之一黄巷的情况，为此提供了例证。该村农户按照田权区分，既有常见的永自耕农、永属地主、永耕佃农，也有通过田面田转租而结成关系的收租佃农与暂耕佃农（见表25）。[①]

表25　黄巷田权分析

田底面主业权	永业权	不收租、不纳租、自耕自营	永自耕农（简称自耕农）
田底属领权	永属权	收普通租	永属地主（简称地主）
田面耕种权	永耕权	纳普通租	永耕佃农
	暂不耕的永耕权	收盖头租，纳普通租	收租佃农
	暂耕权	纳盖头租	暂耕佃农

这里所提到的"盖头租"，通常意味着有永佃权的佃农从转租土地所获得的收益。在《东方杂志》刊载的调查中也有说明："佃农有田一亩，每年夏纳小麦二斗，冬纳糙米一石于地主。'借田'除照例纳租外，视田之肥瘠，以定增收租米之多少。普通每亩，少则一斗，多则五斗，名之曰盖头。"[②]

虽然民国和土改时期的许多调查都强调，无锡农村的地租形式，主要是租田、借田两种。不过，从这些调查中可以看到，其他同时存在的地租形式，尚有承种田、分种田、转佃田、赖本赖利田[③]、典田、转典田、烂本预租田[④]等，因其在无锡各种田制中所占份额较小，且在一定程度上与租田、借田各有所重合或由其延伸而来，与下文讨论关系不大，此处不再一一叙述和介绍。

---

① 钱俊瑞、秦柳方：《黄巷经济调查统计（续）》，《教育与民众》第1卷第9期，民国十九年（1930）。

② 容盦：《各地农民状况调查——无锡》，《东方杂志》第24卷第16期（农民状况调查号），1927年8月25日。

③ 《无锡县情况》，锡山区档案馆，B1-2-10，第16～18页。

④ 《无锡减租问题零星材料的整理》（1949年9月16日），锡山区档案馆，B1-2-1，第6~9页。

二　租佃关系的变化

结合现有的民国和土改时期的调查可以看到，近代以来无锡农村的租佃关系并非一成不变，总体上看是趋于缓和的。这种外力作用下的变化，实际经历了一个较为长期的过程，20世纪20年代末在当地农民运动的影响下已经开始发生，全面抗战期间，更是一个变化相对比较显著的时期。

据1927年8月《东方杂志》所刊载的调查，当时无锡农村租田价格中，田底所占比例一般高于田面。"普通田底占十分七，田面占十分三"；租田收租一般采用送租方式。"所谓地主者，大都邑中富绅，城居者多，其纳租，均系佃农亲自送上仓厅，其有拖欠者，则官厅文书，急于星火矣。"① 关于田底与田面的价格，1930年无锡县政府编纂的《第一回无锡年鉴》也提到：全县17个区，除第一区为城区外，第二区土地买卖价格，田面30～60元，田底60～120元；第三区，自种田每亩150元，收租田每亩50元；第七区，自种田每亩120元，收租田每亩70元；第八区，自种田每亩110元，收租田每亩六七十元。② 如以"收租田"的价格相当于田底价值计算，在以上有记载的4个区，除第三区外，其他3个区田底价值均较田面为贵。③

以上情况，在20年代末农民运动的冲击下，逐渐有所变化。1932年华洪涛关于无锡第十区（北下乡）的调查提到："五年以来，

---

① 容盦：《各地农民状况调查——无锡》，《东方杂志》第24卷第16期（农民状况调查号），1927年8月25日。

② 无锡县政府、无锡市政筹备处：《第一回无锡年鉴》，民国十九年（1930），"政治 无锡县分区调查表"，第47～56页。

③ "满铁"调查中也有类似的例子，松江县何家埭村农户何有根，1931年因葬母负债，将12亩地"田面"卖给邻村农民高金唐和高长生，共得田价400元，平均每亩33元，当时田底市价为65元，田面价格约为田底价格的1/2。见曹幸穗：《旧中国苏南城居地主的土地租佃》，《古今农业》1990年第2期。

田地价值，田面上增，而田底则略减，其故在农村人口增加，故耕种之人加增，而田面价因之增高。田底则因年来租风变劣，田赋加重，……拥田者均有戒心，买主少则价落矣。"① 江苏省立教育学院曾以该区作为普及民众教育的实验区，在该院同年的调查中也提到："佃农租额，向例每亩每年纳米八斗，麦二斗，缴于地主，近年因东北部业佃曾一度纷扰，地主渐变旧日态度，西仓一带，每亩租额，已减至米五斗，麦二斗。"②

大革命时期，无锡农民暴动主要发生在该县东北部，租佃关系出现松动，也主要在这里。从社会经济角度观察，这些地区多是佃农较为集中，农民生活相对贫困的地方。如前述华洪涛的调查指出："本区农家佃农占其大半，故农家生活，殊形枯窘，此种情形，尤以本区东北部为甚，盖以佃农更多使然也。综观本区西部，生活较裕，中农阶级每年连副业收入约二百五十元至三百元，支出则二百五十元已足，东部较枯，中农每年收入约二百至二百五十元，支出亦称其入而上下，惟多不敷者矣。"③ 1934年倪养如关于无锡梅村镇的调查也提到："（梅村镇）附近的农村社会在伯渎河南北两岸，颇有差异，北岸佃农和贫农所占成分较多，约占80%以上。南岸中农和自耕农，比较发展，约在40%以上（贫农和佃农，也有50%左右）。因此民国十六年时，河北曾有一度滋扰，而河南则绝无所闻。"④

然而大革命时期的农民暴动，其规模和影响毕竟有限。正如无锡解放初一份材料所提到的："大革命时期的农民暴动""当时主要在

① 华洪涛：《无锡一隅之农村概况》，《教育与民众》第3卷第7期，民国二十一年（1932）3月。
② 《本院普及民众教育之两个实验》，《教育与民众》第4卷第3期，1932年；赵冕：《北夏的实验》，《教育与民众》第4卷第7期，1933年。
③ 华洪涛：《无锡一隅之农村概况》，《教育与民众》第3卷第7期，民国二十一年（1932）3月。
④ 倪养如：《无锡梅村镇及其附近的农村》，《东方杂志》第32卷第2号，民国二十四年（1935）1月。此为该文发表时间，实际调查和写作时间至晚应在民国二十三年。

东北区，即现在查桥区北夏、安镇两乡。当时领导成份，大部为自由职业（小教、缝衣等），……参加暴动大部是农民，但并不普遍，仅有几个自然村，一般农民采取好奇、观望，不积极参加暴动"。且"由于当时整个领导之错误，无策略，无组织，无计划"，在国民党镇压之下，"造成内部分裂，不久即全部失败"。① 虽然当地部分地主"遭此打击后，即一蹶不振"，但从无锡整体上看，较为明显和较大范围的变化还是在全面抗战爆发以后发生的。

"满铁"上海事务所1941年关于无锡北乡堰桥镇的调查，证实了全面抗战的爆发和伴之而来的社会动荡对租佃关系的影响。该调查提到本镇有田面权土地的收租情况：民国十一年（1922）的租额为每亩8斗，民国十六、十七年，因虫害减至6斗，民国十八年（1929），复为8斗。其后，民国二十三年（1934）曾减至5斗。民国二十六年（1937），因七七事变发生，地租不能征收。民国二十七年（1938）以后，地租征收依然困难，占6成的田地不能征收，其余的4成，每亩所收不过一二斗，尚须地方自卫团之协助，从征收额中提取2成（作为酬报）。佃农一方面受新四军等之征收，另一方面复受自卫团（代表地主）之征收。地主租佃收入虽如此减少，每月尚需缴纳2元自卫团费。② 同一时期日伪清乡委员会开展的调查，也提到无锡"清乡"区域农村租佃关系的变化："往昔谷贱伤农，出卖田面者颇多，因此田面权不甚值钱，最高亦只相等于田底价格。事变以还，顿改旧观，盖年来谷价既高，又以环境特殊，藉端不纳租赋，再基于一般物价之上涨，故目下田面每亩值五百元至六百元之谱。"③

1948年出版的《无锡县地籍整理办事处两周年纪念特刊》提到，

---

① 中共苏南区党委秘书处：《无锡概况介绍》（1949年8月18日），锡山区档案馆，B1-1-3，第7页。
② "满铁"上海事务所调查室编『堰橋鎮事情』、昭和十六年（1941）8月、第4—5页。
③ 清乡委员会经济设计委员会编《清乡区经济概况调查报告》，南京中文仿宋印书馆，民国三十一年（1942），"无锡特别区经济概况"第34页。

由于抗战期间租佃关系发生变化，战后国民党地方机构在个别区乡推行"扶植自耕农"政策时，也遭遇了一定的阻力。例如，1947 年春，松之乡（后与甘露镇合并，隶属荡口区）以合作新村名义，呈请试办扶植自耕农，"惟一般农民，经八年沦陷，欠粮欠租，已成风气，胜利以还，狃于积习，一秉其旧，在农民之思想上，以为既不缴租，又不纳赋，可独享其收获，一旦实施扶植自耕农，反以取得土地所有权，必须完纳田赋，增加负担，且于规定年限内，尚须分期偿还地价，咸表不感兴趣，是以推行困难，事遂无形中止"。①

全面抗战爆发以来无锡农村租佃关系的变化，在新中国成立前后所做的大量调查中，反映得更为明白。这种变化主要集中在租田方面。首先是租额。全面抗战爆发后，在无锡的许多地方，佃农少缴租或欠租不缴，渐成常事。

1950 年的调查提到：无锡县灰肥田的租额在抗战前均为 1 石糙米，自民国初年以至抗战，租额无大变化，抗战期间，灰肥田租额，一般为 5～8 斗，农民已有拖欠不缴者，抗战结束后租额并无变动。②

查桥区安龙山乡五保抗战前租额一般是每亩 9 斗米、2 斗麦，交麦没有折扣，交租米时，按照当年的收成情况，由大仓厅公议决定，张榜公布其有无折扣或折扣的大小。地主勾结官府武装催粮，如佃户实在无法缴纳，需写契约保证明年五月归还，租额不但十足不可少，还要照加利息；抗日战兴，无锡沦陷，农民因受战争损害，加上日寇搜刮，经济窘迫，完不起租的日多。地主自动提出减低租额至 5～6斗，同时改以糙米完租③，即此佃户亦多不缴足，地主亦无可如何；1940 年后农民缴租不足额的日益增多，地主收租的锋芒也收敛不少。

---

① 严保滋主编《无锡县地籍整理办事处两周年纪念特刊》，民国三十七年（1948），"业务"，第 41 页。
② 苏南区农民协会筹备会调研科：《无锡县农村经济概况》（1950 年 3 月 10 日），《江苏省农村调查》，1952 年，第 73 页。
③ 此前交租都是毛米，即 4 成谷、6 成糙米，或 5 成谷、5 成糙米。

有的农民把一部分租缴给地主，仅是因为"种了人家田，一点不缴，自己心上说不过去"。地主能收到租米的田平均不过5成光景，好则6成，次则4成，地主完公粮约需3成。[①]

查桥区云林乡抗战前一般租额为1石米，佃户很少短欠；抗战初期，绝大部分地主逃至国统区，一般佃户均未缴租；到1940～1941年，少数地主虽返回，但都住在城里，不敢下乡，想派武装下乡收租，因要花相当代价，又怕得不偿失，故未实行。当时佃户缴一部分和一粒未缴的均有。到1943年后，农民普遍自动将租额降低到四五斗米不等。[②]

薛典乡第三保"战前农民只知埋头苦干，勤劳生产，完纳高额地租"；抗战时"农民在缴租上渐有拖欠"；至抗战胜利后，"农民在租田关系上已发生不缴租或少缴租的现象"。[③]

类似的记载不胜枚举。对张泾区怀一镇第十一保、张村区八士镇十二保七甲小徐巷、前洲区北七房镇诸巷上、石塘湾乡、八士区平梓乡和墙门镇等地的调查也表明，抗战前当地租额一般为8～9斗米、2斗麦，抗战期间麦租不变，米租普遍下降为四五斗。[④]

抗战胜利后，地租下降的趋势亦未根本改变。伴随解放战争的推进，农民欠租、少缴租的情形更为普遍。在查桥区安龙山乡五保，1947年，租米缴得高的不过4斗，低的只有1斗甚或不缴，普通缴

---

① 《无锡县查桥区安龙山乡五保调查》（1949年10月），锡山区档案馆，中共无锡县委档案，B1－2－2，第49页。

② 《无锡县云林乡农村经济调查》（1950年1月调查），《江苏省农村调查》，1952年，第108页。

③ 《薛典镇重点保（第三保）报告》（1949年10月15日），锡山区档案馆，中共无锡县委档案，B1－1－10，第66～67页。

④ 《农民短训班各区村关于租佃问题的典型调查》（1949年10月13日），锡山区档案馆，中共无锡县委档案，B1－2－3，第56～57、61～62页；《八士区平梓乡调查总结》（1950年8月2日），锡山区档案馆，中共无锡县委档案，B1－2－31，第58－59页；吴甦：《无锡墙门镇调查材料》，《苏南农村经济研究资料》第2期，苏南区农民协会筹备会编印，1950年，第10页。

30～50斤稻，地主亦无法；1948年，地主收租更随便，听凭佃户缴多缴少。[1] 怀一镇第十一保，1948年地主起初打6折、7折收租，但农民抗租不愿缴，地主以不缴租加成来刺激农民，但农民缴者仍不多；淮海战役之后，地主又实行折对折，农民才缴定租，一般只缴70～100斤稻，还有15%拖欠不缴。[2] 云林乡在解放前几年，住在农村的地主每亩可收4～5斗租米，住在城里的地主每亩最多收到二三斗，有的一粒也收不到。到1949年，绝大部分佃农粒米未缴，即使部分农民缴了，也很少缴齐。[3] 八士区平梓乡解放战争时每亩收3～4斗租米，1948年有1/3户未缴租，解放后全部没有缴（见表26）。[4]

与田底田业主实际收益减少以及收租难度增加相一致的是，田底与田面的比价也开始变化，主要表现为田底价值的下降和田面价值的相对提高。例如，1950年关于无锡县的调查提到：灰肥田的租额"自民国初年以至抗战，无大变化"，"其时田底价格为白米十石"，抗战期间"由于收租不易，地主多弃田从商，因之田底价格一落而为四石白米上下"。[5] 1950年1月关于坊前乡的调查显示，该乡租种灰肥田的地租，在抗战前一般为每亩1石糙米，当时田底价格约每亩白米10石，且卖出者甚少。抗战期间灰肥田租额普遍下降，自8折至6折，不缴者亦有。地主因收租不易且生活腐化，开支浩大，出卖土地者日益增加，田底价格降至每亩三四石米。抗战胜利后和抗

---

① 《无锡县查桥区安龙山乡五保调查》（1949年10月），锡山区档案馆，中共无锡县委档案，B1-2-2，第50页。

② 《农民短训班各区村关于租佃问题的典型调查》（1949年10月13日），锡山区档案馆，中共无锡县委档案，B1-2-3，第56～57页。

③ 《无锡县云林乡农村经济调查》，《江苏省农村调查》，1952年，第108页。

④ 《八士区平梓乡调查总结》（1950年8月2日），锡山区档案馆，B1-2-31，第58～59页。

⑤ 苏南区农民协会筹备会调研科：《无锡县农村经济概况》（1950年3月10日），《江苏省农村调查》，1952年，第73页。

表26　无锡县租田租额变化情况

无锡县	抗战前	抗战期间	抗战胜利后
	1石糙米	5~8斗，农民已有拖欠不缴者	租额无变动
查桥区安龙山乡五保	9斗米，2斗麦。缴租无折扣，缴租米时，按照当年收成情况，由大仓厅公议决定，张榜公布其折扣的有无或大小。地主勾结官府武装催粮，如佃户实在无法缴纳，须写契约保证明年五月归还，租额不足十足不可少，还要照加利息	地主自动提出减至5~6斗，同时改以糙米完租，即此佃户亦多不缴足。地主亦无可如何。1940年受江南抗日纵队（简称"江抗"）在此活动影响，农民缴租不足额者日益增多，地主收租的锋芒亦收敛不少。平均能收到租米的田不过5成光景，好则6成，次则4成，地主完公粮约需3成	1946年地方公布二五减租办法，照原租额（9斗）8折后再减2成半，农民自行按照米缴得交数（4斗），低者只有1斗基或不缴，普通缴高者4斗；1947年照米缴得高者4斗，普通缴30~50斤稻，地主亦无法；1948年地主收租更随便，听凭佃户缴多缴少
薛典乡第三保	农民只知埋头苦干，勤劳生产，完纳高额地租	农民在缴租上渐有拖欠	农民在租田关系上出现不缴租或少缴租的现象
查桥区云林乡	1石米，佃户很少短欠	抗战初期，绝大部分地主逃至国统区，农村秩序较乱，一般佃户均未缴租。1940~1941年，少数地主虽下乡回来，但都住在城里不敢下乡，想派人装下乡收租，因要花相当代价，又怕得不偿失，故未实行。当时佃户有缴一部分的，也有一粒未缴，即使部分农民普通自动将租额降低到四五斗不等	解放前几年，住在农村的地主每亩可收4~5斗，住在城里的地主每亩最多收到二三斗，有的一粒也收不到。1949年绝大部分佃农粒米未缴，即使部分农民齐米未缴，也很少缴了
张泾区怀一镇第十一保	照原租额打7~9折缴租，由地主商定决定	1940年"江抗"东进，进行减租，有农民和新四军决定一律打折，再进行二五减，一般是8斗打7折，再二五减，实缴租4.2斗。到1941年"江抗"北撤，地主不减租，折又提高，仍照8折收租	1948年地主开始时打6折、7折，农民抗租，地主以不缴租加租来刺激农民，但不愿缴，农民缴租者仍不多。淮海战役之后，地主又实行折对折，农民一般只缴70~100斤稻，还有15%拖欠不缴

续表

	抗战前	抗战期间	抗战胜利后
张泾区八土镇十二保七甲小徐巷	8斗米，2斗麦	1938～1940年城里地主不收租，乡下收5斗，6斗。1940～1945年，因农民抗租，租额由5斗、6斗降到3斗、4斗	抗战胜利后租额大部不变，有少数劳苦农民只交1斗、2斗，有两家有4.5亩不缴租
前洲区北七房镇诸巷上	9斗米，1.6斗麦	抗战以来为3斗、4斗	
张村区	抗战前租额较高，抗战爆发后租额逐渐减少，解放前后一般每亩每年交租2～3斗，群众有"租田为自产"之语		
墙门镇	1936年每亩租额糙米8斗至1石，折稻160～200斤（麦租2斗不在内），占产量的40%～50%	1945年租额降至6～7斗，占产量的30%～35%	1949年租额降至占产量的20%～23%
八土区平梓乡	每亩收租米8斗，麦2斗	每亩收4～5斗	每亩收3～4斗，解放前一年有1/3户未缴租，解放后全部未缴

资料来源：苏南区农民协会筹备会调研科：《无锡县农村经济概况》（1950年3月10日），《江苏省农村调查》，1952年，第73页；《无锡县查桥区安龙山乡五保玉保调查》（1949年10月），无锡县云林乡农村经济调查，B1-2-2，第49～50页；《薛典镇重点保》（第三保）报告》（1949年10月15日），锡山区档案馆，B1-1-10，第66～67页；《无锡县云林乡农村经济调查》，《江苏省农村调查》，1952年，第108页；农民短训班各区农村关于租佃问题的典型调查》（1949年10月13日），锡山区档案馆，B1-2-3，第56～57、61～62页；《无锡县张村农村经济情况调查》，《江苏省农村调查》，1952年，第100页；吴甦：《无锡墙门镇农村经济研究资料》第2期，1950年1月出版，第10页；《八土区平梓乡调查研究材料》，锡山区档案馆，B1-2-31，第58～59页。

战时期相仿佛。①

此外，地主的收租方式也有变化。1949 年 9 月关于堰桥乡的调查提到，地主曾采取过结合政权，用"追租所"，结合土匪，用"土匪催租"等方法。后由于革命影响的扩大，农民斗争经验的丰富，加之部分地主转向工商业，地主对地租的追索表面上逐渐转为缓和了。近数年来佃户可以"欠旧租，还新租"，"废旧租，还新租"，"交多欠少"等，缴不足地租的现象较普遍，也可以根据年成的好坏，每年临时规定租额，租额有一定的伸缩性了。②

坊前乡地主收租方式的演变如下：抗战前，地主与地方政权关系至切，往往利用其权力向农民收租。于冬至前开始收，在收租前张贴公告，书明日期与租额，限农民如期挑送；佃户无力缴租时，地主派差往勒索，再无即送官究办。差人还要出差费，有时竟将佃户家中物品拿去作为差费。较大的地主多以差船收租，带有公差，如佃户拖欠，即拉至船上带城内拘押，缴粮后始能释出。抗战期间，本乡地主多集居城内，因而统治力大减，农民由于中共地下组织活动，亦敢大胆拖欠，凡与伪政府稍有联络的地主，便用软化手段，亲自下乡或命账房逐户索租，收不到时，亦不似过去凶恶。抗战胜利后，地主拟请求地方政府订定法令公布，命农民缴租，结果并未实现。③

八士区平梓乡据 1950 年 8 月调查，缴租方法以前多系佃户送上门去，地主规定以冬至为限，过期者即科罚。抗战开始与解放战争时，佃户缴租较缓，地主即按户上门催租，并有中间剥削，包租办起，于中取利。最严格的，利用伪小差上门催租，不缴即吃官司。④

---

① 《无锡县坊前乡农村情况调查》，《江苏省农村调查》，1952 年，第 123 页。
② 《无锡县堰桥乡农村概况》，《江苏省农村调查》，1952 年，第 132 页。
③ 无锡县委调研科：《坊前乡农村调查》（1950 年 2 月），《县委调研科关于坊前、安龙山二乡农村土地关系和生产情况的典型调查报告》，锡山区档案馆，B1－2－2，第 10 页。
④ 《八士区平梓乡调查总结》（1950 年 8 月 2 日），锡山区档案馆，B1－2－31，第 59 页。

东亭区江溪乡据土改时期的调查，当地在收租的形式上，抗战之前是"送上仓"，解放前变成"上门收"，至土改前已形成"不敢收"的局面了。①

因此，国民革命时期的农民运动，已经在一定程度上冲击了当地的租佃关系，但变化最剧烈的还是在抗战和解放战争期间，主要反映在租额的下降、田面价值的提高以及地主收租方式的调整，等等。而这几个方面的变化又是互相关联的。

三　变化的不均衡

与租田形成对照的是，作为普通租佃田的借田，其租额虽向来较高，在抗战以来的变化趋势却不甚明显，这在新中国成立前后的许多调查中均有反映。

据 1949 年 9 月调查，无锡灰肥田租额抗战前一般每亩 1 担米或米 8 斗、麦 2 斗。当调查时，实际租额一般是在 5～6 斗和 3～4 斗米，7～8 斗的较少。相比之下，借田租额比灰肥田重，自抗战前后一直未发现变化。如滨湖区最高 1 石 3 斗，一般是 1 石 2 斗，最低 1 石，而本地区一般收获量只糙米 2 石，最多 2 石 5 斗；安镇坊前乡最高 1 石 1 斗，一般 1 石，最低 8 斗，租额占收获量最高 40%，一般 35.7%，最低 26%；梅村最高 1 石 4 斗糙米，一般 1 石白米、1 斗麦、1 担草，最低 1 石白米。总之，借田租额多在 1 石以上，约占收获量 37.5% 以上。②

1950 年初的调查提到，无锡租田的租额比较低，抗战以来变化亦大。借田租额比较高，抗战以来，没有大变化，因为佃户没有永佃

---

① 苏南农村工作团第一大队调研组：《无锡县江溪乡土改后农村阶级经济情况变化调查报告》（1951 年 10 月 20 日），锡山区档案馆，B1－1－13，第 57 页。

② 《无锡减租问题零星材料的整理》，锡山区档案馆，B1－2－1，第 7～8 页。

权，少缴租业主就可抽回去。最高的像梅村三保、五保、杨墅园，每亩要糙米 1 石二三斗，滨湖区十保每亩缴 1 石 2 斗的，占该保全部借田的 67% 左右，有的还要缴 2 斗麦租，一般要剥削去一年生产之半或一半以上；最少的是每亩年交糙米 1 石，麦租 2 斗，麦租亦有高至 3 斗的。[①]

据 1949 年 10 月调查，查桥区安龙山乡五保租佃种类以租田为最多，占租出田总额的 66.5%；借田次之，占 28.8%；典田及盖头田最少，占 4.7%。租田的租额契约规定大都是 9 斗，实缴时有折扣，通常在四五斗之间，近年来少缴的情形很普遍。借田的剥削最重，每亩田要 1 担糙米，约占产量的 50%，过去如此，现在还是如此，丝毫不能少。因为借种田的业主权力大，佃户无永佃权（田面权），业主随时可以收回，租田则不能。[②]

1949 年 10 月关于梅村区四个乡的调查也提到，租田租额抗战前由地主在城里开大会统一规定，不问土地好坏，租额一律，有的有麦租，有的没有麦租，不收麦租的，则秋天的稻租增加。抗战以来变化很大。借田租额"抗战以来，没有变化，因为没有永佃权，如短交租额，业主随时可收回"。[③] 各保的变化情况，见表 27。

只有个别材料指出，当地借田租额在抗战以来出现了下降的现象。例如 1949 年农民短训班关于前洲区万北乡的典型调查：该乡借田租额抗战前米 8 斗、麦 2 斗；抗战期间，因为是抗日游击区域，米减为 6 斗，麦仍 2 斗；抗战胜利后，国民党在此组织农会，颁布二五减租法令，照原租额（抗战前米 8 斗、麦 2 斗）减 25%，等于不减，

---

① 《谈无锡农村概况》，见苏南人民行政公署土地改革委员会编印《土地改革前的苏南农村》，1951 年，第 39 页。

② 《无锡县查桥区安龙山乡五保调查》（1949 年 10 月），锡山区档案馆，B1－2－2，第 49 页。

③ 《无锡县梅村区四个乡租佃债务情况调查》，《江苏省农村调查》，1952 年，第 214～215 页。

<h3 style="text-align:center">表 27　梅村区四个乡租田与借田租额变化比较</h3>

保别	租田租额			借田租额
	抗战前	抗战爆发后	抗战胜利后	
薛典六保	每亩租额糙米 7 斗 5 升（稻 150 斤），麦 2 斗	每亩缴稻 120～130 斤，麦 2 斗①	1947 年每亩缴稻 100～110 斤，麦 2 斗。1948 年每亩缴稻 81～90 斤，麦 2 斗②	每亩租额白米 1 石
薛典一保				每亩租额白米 1 石，有的还有麦 2 斗
梅村五保	每亩租额糙米 7 斗（稻 140 斤）③			每亩租额白米 1 石至 1 石 2 斗（每石糙米折合白米 8 斗 5 升）
梅村三保	每亩租额糙米 9 斗（稻 180 斤），没有麦租	每亩缴稻 172 斤	1947 年每亩缴稻 140 斤，1948 年每亩缴稻 125 斤④	
墙门十五保	每亩租额糙米 7 斗 5 升（稻 150 斤），麦 2 斗	每亩缴稻 126 斤，麦 2 斗	1947 年每亩缴稻 94 斤，麦 1 斗 5 升。1948 年，每亩缴稻 78 斤，麦 1 斗 5 升⑤	每亩租额白米 1 石，麦 2 斗
墙门一保		每亩缴稻 100～120 斤，麦 2 斗	1947 年每亩缴稻 100～110 斤，麦 2 斗。1948 年同	

注：1. 据原文说明，原因是"江抗"来了。

2. 据原文说明，1948 年缴得少是国民党农会搞的，按田亩大小折实计算。

3. 据原文说明，因为地主都在无锡开店，不缴租也不来讨。

4. 据原文说明，梅村没有农会，1948 年租额系由梅村镇长强学曾规定。

5. 据原文说明，该保有国民党农会，实行二五减租（交 75 斤，多 3 斤作为农会办公费）。

农民在共产党领导下进行抗租，直到 1948 年，最多缴米 4 斗，最低 3 斗，麦仍照旧。租田租额与借田同。同一材料中提到，前洲区洛社镇浜口尹巷灰肥田抗战前米 6 斗、麦 2 斗，抗战期间米 4 斗、麦 2 斗，抗战胜利后直到 1948 年仍一样；借田抗战前米 1 石、麦 2 斗，抗战期间米 9 斗、麦 2 斗。①

　　另有些材料则反映，当地借田租额在抗战胜利以后非但没有下降反而提高了。例如，据 1949 年 10 月调查，坊前镇五保在抗战期间

---

① 《农民短训班各区村关于租佃问题的典型调查》（1949 年 10 月 13 日），锡山区档案馆，B1－2－3，第 58～60 页。

和抗战胜利以后，租田租额由 1 石糙米下降为六七斗，很多佃户尚且只缴三四斗或欠租不缴，地主也莫可如何；借田租额在抗战时期因粮食价格上涨，地富无田可租出，由 1 石糙米涨为 1 石白米（约涨20%），抗战胜利后更有涨为白米 1 石 1 斗者，且不能欠缴、拖缴、少缴。直到 1948 年，因年成歉荒，由时任梅村镇长的强学曾出布告减租，该保才有部分地富借田减为 9 斗（佃户主动实行的）。[①] 薛典镇第三保在抗战前、沦陷和抗战后三个时期，灰肥田每亩租额占产量的比重分别为 41%、32.1%、25.9%，借种田分别为 41.1%、44.6%、50%。灰肥田租额在 1948 年时减为 87 斤稻，借种田租额增加到1.2~1.3 石。[②]

抗战以来在租田发生变化的背景下，关于是否减租和减租多少，各地区间亦有所不同。1949 年 9 月的调查提到，就整个无锡来说，曾减过租的地区，如荡口、梅村区的大部，查桥、张村、张泾区的一部，减租都没有经过激烈的斗争，一般是政府出布告，群众自发性为主，和平（其中当然也有斗争）拖抗下来的，运动缺乏组织性和领导。因此，据已有材料看，减租的田仅限于有永佃权的灰肥田，其他借田、租田都未减，因为借田要减租，地主即可随时收回；减多减少实际上是根据群众斗争性与地主统治强弱的不同，而有缴租不同，不是统一的二五减。如石塘湾灰肥田每亩抗战前 8 斗米、2 斗麦，抗战后，麦照旧，米减至 4~6 斗，一般是四五斗；坊前抗战前每亩 1 担米，抗战后减至 5~8 斗，一般是 6~7 斗；安镇廿一保抗战前每亩8~9 斗米，抗战后减至 5~6 斗，和 3~4 斗。从未减过租的地区，如新渎、开源及其他区的一部或大部，就无锡整个情况来说，是没减

---

① 《坊前镇第五保调查材料》（1949 年 10 月 15 日），锡山区档案馆，中共无锡县委档案，B1-2-18，第 104~105、110 页。

② 《薛典镇重点保（第三保）报告》（1949 年 10 月 15 日），锡山区档案馆，中共无锡县委档案，B1-1-10，第 78 页。

过租的面积大。①

　　据中共无锡县委调研科1950年2～5月的报告，无锡租田租额一般因地区环境的转变之不同而有增减的变化。例如，前洲区租田租额在抗战前为米8斗、麦2斗；抗战期间实行二五减租，折交米6斗，大部交4斗、麦2斗；抗战胜利后照原租额8斗，但群众抗租，只交米2～4斗、麦2斗。查桥区抗战前租额为米8斗至1石；抗战期间为米2～5斗，有些地方打7折；抗战胜利后国民政府实行二五减租，但租额反增加到2～6斗米。新渎区抗战前租额为米8斗至1石1斗、麦2斗；抗战期间为米1石1斗至1石5斗，麦2斗；抗战胜利后相同。②

　　这种差别不仅反映在无锡的不同地区之间，即使同一区域范围内，也依然可能存在。1950年2月无锡农村工作团第三大队关于梅村区十个小乡的减租工作报告提到，梅村河南由于封建势力统治较强，地主用武装逼租，灰肥田每亩125～170斤稻，借种田白米1石1斗。梅村河北在抗战时期有共产党工作基础，农民曾经有过抗租拖租，甚至有些农民两年不缴租，因此租额80～125斤。薛典、秦村、观泗三乡租额租田70～115斤，加2斗小麦，借种田白米6斗至1石及小麦2斗。墙门、塔西乡租田稻78～100斤，借种田白米9斗至1石3斗。③另如薛典乡第三保1949年10月的调查，该保地形南北长，东西狭，薛典镇即位于中间。该镇以南平时是上下两季租，而上年未缴纳麦租，这得益于过去国民党的农会势力，有了保障，所以可以不

---

① 《无锡减租问题零星材料的整理》（1949年9月16日），锡山区档案馆，B1-2-1，第2～3页。
② 《无锡县情况》，锡山区档案馆，B1-2-10，第14～15页。
③ 《三队在梅村区十个小乡减租工作报告》（1950年2月17日），锡山区档案馆，B1-2-1，第35页。

缴。然而在薛典镇之北，群众仍根据老例完租。①

那么，抗战以来无锡农村地租的整体变化趋向如何？考虑到租田在当地租佃结构中所占的比例优势以及租田和借田在这一时期的主要变化情况，应当认为，虽然在个别地区的零星材料中出现过借田租额上升的记载，但这并不妨碍本书得出无锡农村地租在总体上趋于下降的论断。

关于租田地租下降的原因，在新中国成立后的各种调查中，普遍强调是共产党领导农民抗租的结果。也有学者认为，苏南地区抗战中和抗战后实交地租率的降低，和当地在战争期间水稻亩产的下降以及以产定租的传统有关，只有在那些共产党活动较多的地区所出现的极低的地租率，才是中共土地革命的成果。② 还有一种看法，1929～1948 年无锡农村的土地出租率和地租率均呈下降趋势，主要原因是无锡农村劳动力向城市的转移。③ 本书认为，以上结论都有一定的道理。但除此之外，还应该考虑到抗战时期社会环境变化对业佃关系格局的影响。全面抗战爆发后不久，无锡沦陷，民族工商业受到严重摧残，城乡经济正常秩序被打断。当地农村社会长时间处于多方武装势力犬牙交错、争战迭起的不安定局面下，有能力的地主多避难他乡或迁居城市，无疑加剧了业佃之间的隔膜，增加了收租的难度。正如坊前镇九保的调查所显示，抗战开始后，日寇下乡烧杀掠劫，地方盗贼四起，国民党军队到处抢物劫人，造成农村秩序混乱，一般大地主逃至大后方或城市中，不敢下乡收租，农民"缴足

---

① 《薛典镇重点保（第三保）报告》（1949 年 10 月 15 日），锡山区档案馆，B1－1－10，第 66、68 页。

② 曹树基、刘诗古：《传统中国地权结构及其演变》，上海交通大学出版社，2014 年，第 105 页。

③ 张丽：《1929—1948 年无锡农村土地出租率和地租率的变化趋势及其原因分析》，徐秀丽、黄正林主编《中国近代乡村研究的理论与实证》，社会科学文献出版社，2012 年，第 259～270 页。

缴不足也就马虎了"。① 此外，抗战胜利后国民党地方政府在一些地方发展农会，推行"二五减租"，应该也起了一定效果。

四　无锡在苏南的代表性

根据诸多文献记载，新中国成立前无锡农村的社会经济结构与苏南其他地方具有较多同质性。抗战以来无锡农村的变化，在苏南地区也具有一定代表性。抗战期间，苏州人金孟远曾作乐府诗记载当地沦陷期间城乡社会人情百态。其中有数首提及乡农抗租、业主无租可收的情况，尤以《业主叹》一首最为形象：

"业主（出租田面与佃农而收租者）叹，租难收。有田千顷攒眉愁。昔年收租米囤积（十六年前），黄白累累心悠悠。事变乡农心亦变，抗租成风有经验。托言道途阻梗乃迁延，托言家遭劫洗租需欠。欠租有辞农堂皇，收租盛衰今昔异。阴阳消长有至理。农民昔贫今致富，业主昔富今贫矣！业主今贫农民喜。农民喜，喜耕田。连年米贵积金钱，业主对之徒垂涎。"②

苏南地区解放后的调查，对于田面田的变化情况也有较为详细记载。《苏南土地情况及其有关问题的初步研究（初稿）》（1950）提到：有永佃权的租田，"租额一般比普通租田低，抗日战争前一般是八米二麦或六米二麦（即一年缴八斗或六斗米、二斗麦的租），抗日战争后到现在，租额变化很大，有些地区（吴县、常熟、无锡）多年不缴租，农民认为自田，去年是普遍未交租，地主多住在城市，亦没有下乡收租。田底田面均可买卖，其比价，抗日战争前，吴县、无

---

① 《坊前镇九保调查报告》（1949年10月20日），锡山区档案馆，中共无锡县委档案，B1-2-18，第47页。

② 金孟远：《沦陷哀乐府》，苏州市地方志编纂委员会办公室、苏州市政协文史委员会编《苏州史志资料选辑》第26辑，2001年，第76～77页。

锡、常熟调查一般是一比一（即田底、田面同等价值），抗日战争后逐渐变化，田面价值则较田底为贵，解放后，田底更不值价"。①《苏南农村土地制度初步调查》的记载与此一致。②

《苏南土地改革文献》关于田底、田面价值变化情况的记载更为细致，"苏南农村有'田面权'租田的田价，表现了复杂的和变动不定的情况，一般在抗日战争以前是田底价高于田面价，抗日战争时期，田底与田面价格有高有低。日寇刚投降后，田底价格飞涨，解放前一年，田底价则普遍下降"。③

这几份调查中所列举的具体事例分别如下。

松江县新农乡（1950 年 2 月调查）：抗战前田底每亩价格 8 ~ 9 石，田面 2 ~ 4 石；抗战期间，田底每亩价格 7 ~ 8 石，田面每亩价格仍为 2 ~ 4 石；抗战胜利后，田底价格突然高涨至 9 石，以后因受解放战争胜利与老区土改影响，乃逐渐下降，淮海战役后，更自 4 石下降至 1 石。田面价格在抗战胜利后仍为 2 ~ 4 石，解放前上升至 3 ~ 5 石。租额按年成打折扣缴租，每年秋收时由大地主与县长、参议会议决后公布。1946 年 8 折收，1947 年 7 折收，1948 年因受解放战争胜利影响，乃议成 6 折收租，早交者打五七折。④

松江县五龙乡：田底价在抗战前为 6 ~ 8 石，抗战期间为 5 ~ 6 石，抗战胜利后只有 3 石，解放前一年只有 1 石，而田面价一直为 2 ~ 4 石。

常熟县的大义、葛城、虹桥、董浜四个乡：抗战前田底价为 5 ~ 6 石，只有虹桥乡为 10 石，田面价亦为 5 石，只有董浜乡为 10 石；抗战胜利后田底价为 3 ~ 4 石，田面价为 5 ~ 8 石；解放前一年，每亩

---

① 中共苏南区党委农村工作委员会：《苏南土地情况及其有关问题的初步研究（初稿）》，1950 年 5 月 1 日，第 10 页。
② 《苏南农村土地制度初步调查》，华东军政委员会土地改革委员会编《江苏省农村调查》，1952 年，第 8 ~ 9 页。
③ 中国共产党苏南区委员会农村工作委员会编《苏南土地改革文献》，1952 年，第 516 页。
④ 华东军政委员会土地改革委员会编《江苏省农村调查》，1952 年，第 144 ~ 145 页。

田底只值 1 石，田面价为 4～6 石，高的达 10～12 石。[①]

吴县（1949 年 11 月调查）：田底与田面价格有一变化过程，开始时田底价高于田面，为 5∶1，以后因革命形势影响，田底价逐渐走低，从相等而到低于田面，解放后已无人再买田底。"抗战第一年未交租，从第二年起就有拖租情况出现，不过在这时只是减少成数，大部分还是交的；……一九四五年农民交了一年'胜利租'，实际是群众在地主威势下逼迫交出的，但地主也只收到百分之七十左右。一九四六年后交租就一年比一年少了，尤其是去年农民在解放战争胜利的影响下，基本上已停止交租。""本来管业田有拔田的规矩，就是说农民出卖给地主的土地，仍旧自种（管业租田），只要农民能拿出相当代价（等于田价），可向地主拔田，但过去只有个别富农才能拔得起，一般农民是没有力量拔田的。过去地主也不愿给农民拔田，但后来田底不值钱了，拔田价也低了，从最高时的十石米降到三石米，最后等于一年租米，这是由于革命形势所造成的。农民自然也不愿拔了。"[②]

吴县斜塘镇三、六两保农村调查（1949 年 7 月调查）：抗战爆发后，自 1937～1939 的三年中都不缴租，因地主逃亡他处。1940 年以后，大部分地主渐渐回来，又向农民要租。1940～1946 年，农民又开始缴租，一般缴至 4～6 成，拖抗力强者仅缴一两成，甚至不缴，稍弱的农民有缴到 8 成，有少数农民十余年一直抗租。解放战争开始后，1947 年、1948 年两年农民不缴租，仅完纳国民党政府的粮赋。[③]

吴县保安乡（1950 年 1 月调查）：管业田一般租额是 1～1.08 石，在地主规定限期内缴租者可实缴 7～8 成，抗战胜利后由于农民的抗租斗争，管业田实缴租额一般减至 0.5 石。莫埂郎、华玉桥、大

① 《苏南土地改革文献》，1952 年，第 516 页。
② 《江苏省农村调查》，1952 年，第 195～199 页。
③ 《江苏省农村调查》，1952 年，第 179～180 页。

庄郎等一带，抗战期间有农民武装游击队 50 余人在中共地下组织领导下进行斗争，因此该地自 1939 年至解放时止，除极少数外，一般租管业田的农民都不缴租。"该乡近五六年来，在农民各种方式斗争下，拖欠或少缴甚至不缴租米者达种管业田农民的百分之七十左右。……有些农民已把管业田视为自己的产业了。"①

吴县堰里乡鹤金村（1950 年 3 月调查）："至于田底，抗战前一般地主为了收租，都不愿卖出，十年以前始陆续有人卖出，购入者大部分是占有田面权的富农，每亩田底约值三石至四石米，解放前一年跌至每亩仅值一石米。"②

吴县姑苏乡（1950 年 7 月调查）："该乡地价在 1946 年时每亩田底最低值十二担稻，后逐渐下降，至 1948 年下半年跌至二三担稻，且交易都在'赎地'情形下发生，为收租而买田的已很少了。"③

以上调查，涉及松江、常熟、吴县等处的情况，正是苏南租佃关系比较发达，同时田面田分布也比较广泛的区域。尽管各地对于有田面权的租田称谓不甚一致，抗战以来租额和田地价值变化的具体幅度也有区别，但就其基本变化趋势而言，与无锡农村的情况是相同的。尤其是吴县的调查还提到，该县旧长青二保四、五、六三个甲，"只有管业田才有拖抗租可能"，"拖抗对象，除居城大地主外，底面地主、田面业主的租米，是不可以拖抗的，相反的，还有额外增加押金稻草的"。④ 这与前文所述无锡的情况，抗战以来租佃关系的变化主要发生在有田面权的佃农和田底业主之间，也十分接近。

同一时期的浙江，也呈现出类似变化趋势。《浙江省农村调查》提到："有田面权的土地其买卖价格亦分田底价格与田面价格。以解

① 《江苏省农村调查》，1952 年，第 167~168 页。
② 《江苏省农村调查》，1952 年，第 175 页。
③ 《江苏省农村调查》，1952 年，第 185 页。
④ 《江苏省农村调查》，1952 年，第 202 页。

放前几年的情况来说，田面的卖价比田底为高，如绍兴一带田面价格一般超过田底价格的百分之四十，衢州、金华一带的田面价格则超出田底一倍左右，嘉兴、平湖一带差别更大，田面的价格超过田底的三倍到五倍。但在抗战以前情况并非如此，而是田底的价格高于田面，因为那时田底租额高，地主和城市工商业者都把买田底田收租作为一种很好的剥削手段，大家竞买，这情势直到抗战发生才起了变化。"平湖县某村"一九三一年以前，田底价格高于田面价格约三分之二，当时田底租额每亩为六斗到一石米。一九三一年至日寇侵入平湖前这一阶段，田底价格仍高于田面，有时也呈相等现象，当时田底租额为每亩五斗到七斗米（田赋由田底业主负担）。敌伪统治时期到一九四七年，田面价格高于田底价格三倍到五倍。一九四八年田底田面价格与一九四七年相仿，当时田底租额每亩一斗到二斗，但田赋由佃户交纳"。[①] 可见，革命、抗战等外力因素所造成对于基层农村社会结构以及"一田两主"租佃关系之冲击，或为其时江南农村较大范围之普遍现象。

抗战以来，在特殊的政治和社会背景下，无锡的地主阶层也出现了较为剧烈的分化。据调查，1949 年，中共武装力量南下消息波及无锡地区，多数地主目视收租无益，尽量出卖土地而将资金转移至工商业方面。继续依赖地租收入为生者，多为缺乏足够资本经营工商业的中小地主。以城郊区域表现最为显著，如张村区近城之乡镇，"租田大部为城市业主所有，城市业主亦集中在少数几户之手"，"此等业主早以经营工商业作为其主要生活来源，而本区乡地主富农，则又小而少，较大之地主也都已转化为工商业资本家了"。[②]

不同身份地主的经济状况以及与佃农的关系，显然有别。1949

---

① 《浙江省农村调查》，1952 年，第 222 页。
② 《张村区减租运动初步总结报告》（1950 年 2 月），锡山区档案馆，无锡县人民委员会档案，B1－5－2，第 101 页。

年中共无锡县委的调查，将当地地主分为三类：当权派地主、兼营工商业的地主和小部分单靠地租生活的小地主。当权派地主"一般持有武装，霸占一角，勾结封建统治势力或地方流氓恶势力进行武装收租，并镇压人民，仗势藉名榨取"。兼营工商业的地主已不完全依靠地租生活，收租亦较随便，对农民压榨较轻。单靠地租生活的小地主已日趋没落，"但收租较顶真，生活已转清苦，一部地主已很脆弱"。①

在对待土地的态度上，没有其他收入来源的中小地主，还想在未土改前收一些租，希望政府能保证佃户缴租；有工商业或其他收入能维持生活的地主，对待地租收入态度相对随意，甚至在新政权实行公粮累进负担和地主身份不光彩的双重压力下，有早点将土地交给政府的打算。例如，据1949年9月的调查，张村区堰桥乡部分地主提出土改"晚改不如早改"，有的地主说"没办法，农民太滑了，要这个地干什么，负担又这样重，别人还叫个地主，希望毛主席赶快把土改的法令拿出来"，也有的说"此地地主不比江北，命令一下就行了，不必用江北的法子"。②

无锡及其所在的苏南地区，一向被认为是全国地租率最高的地区之一。③ 然而当地的租佃关系自抗战以来实际经历了较大变化，但在不同的地区和田制之间，由于自然条件、经济结构、政治力量等诸多因素的影响，其地租增减的趋势和租额升降的幅度并不均衡。地主阶级内部也出现较为剧烈的分化，有政治背景的当权派地主、兼营工商业的较大地主与依赖地租收入为生的一般中小地主，其经济状况、对待地租收入和土地的重视程度以及与佃农的关系，不尽相同。在复

---

① 《无锡概况介绍》（1949年8月18日），锡山区档案馆，中共无锡县委档案，B1-1-3，第5页。

② 《张村区堰桥乡农村概况》（1949年9月27日），锡山区档案馆，中共无锡县委档案，B5-2-10，第30页。

③ 曹幸穗：《旧中国苏南城居地主的土地租佃》，《古今农业》1990年第2期。

杂的租佃关系背景下，各地区和各阶层面对同样的法令部署，所呈现
的态度和心理反应也丰富多样。因此，新中国成立后在减租和土改环
节，如何兼顾社会经济状况和动员需要来推行政策，顺利发动农民，
成为基层工作所面临的重要考验，也直接影响到运动的实际效果。

第七章　土地改革的原则与权变

一　地租与减租

伴随解放战争的推进，减租作为新解放区土地改革的先决条件，逐渐被提上日程。1949 年 9 月 15 日，中共中央华东局颁布《华东新区农村减租暂行条例（草案）》《华东区农民协会组织章程（草案）》[①]，华东全区减租工作由此拉开序幕。

条例正式颁布后，在无锡各地激起了不同反响。在复杂的租佃关系背景下，农村各阶层对于减租表现出不同的兴趣和要求。不种租借田或租佃田不多的农民，多数认为减租和自己利害无关，抱无所谓态度，或认为减租不如分田可以有田种。无地少地的农民，有的顾虑减租后土地关系固定而借不到田。部分以前就不缴租的佃户，在减租条例公布后不满意，以为减租就意味着要缴租，反而增加负担。有租借田的佃户，对于减租以什么为标准，按什么比例进行，减什么范围和对象的租，租田和借田各自怎样减，意见也颇为分歧。[②]

作为减租标准的"原租额"如何确定，关系重大。华东局颁布的减租条例仅笼统提"照原租额减低百分之二十五至三十"，对于

---

① 华东局秘书处编《华东农村工作资料汇集（一）——减租及合理负担》，1949 年。
② 详见张会芳《新中国成立初期无锡农村的租佃状况与减租实践》，《近代史研究》2016年第 6 期。

"原租额"所对应的时间点，未具体界定。在实践中，农民多将其理解为抗战前的情况。因抗战以来不同地区和田制之间租额升降的趋势有别，故农民对于减租究应以何时的租额作为计算标准，意见不一。一些地区在全面抗战爆发以后，实际缴租从1石逐渐减至四五斗米，故农民要求照实际租额减，减过租的还要减，不然照原租额减变成加租。而在滨湖、新渎等全面抗战爆发后租额加重的地区，农民要求加租不算，要照原租额。[①] 减租比率、减租对象亦是亟待厘清的问题。在减租条例公布后，种灰肥田的农民都认为照原租额减2成半到3成太少，应至少减50%，不然照原租额减反而变成加租。而在滨湖等地区，租额最高占收获量50%以上，农民认为即使经过二五减租后租额仍很高，故需设定减租后的上限或直接减4～5成。[②]

关于减租范围，华东局的减租条例主要依据业主身份进行区分。地主、富农及一切机关、学校、祠堂、庙宇、教会等所出租之土地，为照章减租之对象；工人、手工业者、贫苦自由职业者、贫苦革命军人家属与鳏寡孤独残废等因缺乏劳动力所出租之土地，可由政府及农会协议酌情稍减或不减。但在农民的自发认知中，主要按照田地的产权性质进行区分。在许多地方，农民对于租田和借田的减租要求明显有别。据1949年9月、10月调查，减租条例公布后，佃户对于租田大多情绪很高，都认为要减，有的主张一粒都不缴。有的提出只缴公粮不缴租，或只缴租不缴公粮，粮租两头紧一头。在少数原有地下工作基础较好的地区，有农民甚至提出立即土

---

① 《县委关于无锡农村特点研究、灾害概况和剿匪肃特、征粮、安置难民及苏南农工团无锡团农村工作的文件》（1949年），锡山区档案馆，中共无锡县委档案，B1-1-2，第9页。
② 《无锡减租问题零碎材料的整理》，锡山区档案馆，中共无锡县委档案，B1-2-1，第13页。

改，经济要求较高。① 对于借田，佃农并不将其高额地租视为残酷剥削关系②，有的以为国民党时代实行二五减租时，只减灰肥田，借田没有减，怀疑解放后也能否真正实行③；还有的虽然对借田减租感兴趣，但顾虑业主摘田④。也有佃农主张，对于大地主、富农，因缺乏劳动力而将田地借出的一般业主和比较穷的业主，应该区分多减、少减或者不减。⑤ 业主方面，兼营工商业或生活较富裕的地主与一般地主、租田业主与借田业主，对于减租的态度也有区别。⑥

无锡全县范围的减租于 1949 年 10 月至 1950 年 2 月进行。其主要政策依据是华东局 1949 年 9 月 15 日颁行的《华东新区农村减租暂行条例（草案）》和苏南人民行政公署根据华东局指示于 10 月 25 日制定的《苏南人民行政公署执行华东新区农村减租暂行条例实施补充办法》。以上关于减租的政策规定，体现了对于抗战以来部分地区地租发生变化这一事实的承认和尊重。

首先，关于"原租额"的规定，在苏南行署颁布的实施补充办

---

① 《第四保租佃调查报告》（1949 年 10 月 9 日），锡山区档案馆，中共无锡县委档案，B1－1－10，第 92 页；《县委关于无锡农村特点研究、灾害概况和剿匪肃特、征粮、安置难民及苏南农工团无锡团农村工作的文件》（1949 年），锡山区档案馆，中共无锡县委档案，B1－1－2，第 9 页；《无锡减租问题零碎材料的整理》（1949 年 9 月 16 日），锡山区档案馆，中共无锡县委档案，B1－2－1，第 12 页。

② 《墙南乡减租总结》（1950 年 2 月）、《梅村第五保利债租佃调查报告》（1949 年 10 月 10 日）、《梅村区香平乡减租总结》（1950 年 2 月 14 日），锡山区档案馆，中共无锡县委档案，B1－1－10，第 65、106、135 页。

③ 《梅村第五保利债租佃调查报告》（1949 年 10 月 10 日），锡山区档案馆，中共无锡县委档案，B1－1－10，第 106 页。

④ 《无锡减租问题零碎材料的整理》（1949 年 9 月 16 日），锡山区档案馆，中共无锡县委档案，B1－2－1，第 12～13 页。

⑤ 《梅村第五保利债租佃调查报告》（1949 年 10 月 10 日）、《第四保租佃调查报告》（1949 年 10 月 9 日），锡山区档案馆，中共无锡县委档案，B1－1－10，第 93、107 页；《滨湖区二个保租额情况以及群众对减租减息意见》（1949 年 10 月），锡山区档案馆，中共无锡县委档案，B1－2－3，第 34 页。

⑥ 《张村区减租运动初步总结报告》（1950 年 2 月），锡山区档案馆，无锡县人民委员会档案，B1－5－2，第 105 页；《第四保租佃调查报告》（1949 年 10 月 9 日），锡山区档案馆，中共无锡县委档案，B1－1－10，第 94～95 页。

法中，明确规定减租"一律以一九四八年所交租额为标准"，可谓照顾到了租田方面实际租额不断下降的事实；该实施补充办法同时规定，"如一九四八年所交租额，因地主拔田加租，超过原契约上所订租额者，应以原契约上所订租额为标准；其超过的部分，概为非法"，亦可视为呼应了借田方面抗战以来部分地区出现的租额加重的情况。①

其次，在减租的政策规定中，承认了部分地区不缴租的事实。1949年10月25日颁布的《苏南人民行政公署关于减租问题的几点说明》，明确规定："如果习惯上已多年（3年以上）不缴租，则不能再要农民去缴租。"② 其后中共苏南区委在领导减租过程中所发布的指示，承认"地主在依法实行减租后向农民收租，仍是合法"的同时，也默认了农民不向地主缴租的事实："由于封建地主阶级历来对农民的残酷剥削和压迫，农民在今天政治上得到解放、阶级觉悟提高的情况下，不缴租是完全可能发生的，不能把农民不缴租与地主抗不减租一样看待。"③ 抗战时期，中共无锡县委为调节各方面的利益，团结各阶层人士共同抗日，在无锡县部分农村也曾领导实行减租减息。当时的减租内容，一方面规定地主必须实行"二五"折减；另一方面强调土地所有权仍属地主，农民要按规定缴租。其目的在于减轻农民负担，同时保护士绅的合法利益。④ 新中国成立后的减租政策，对地主实行减租的同时，不再强调农民一定要缴租，可见前后不同时期的减租政策，在目的和重心上已有所偏移。

---

① 《苏南人民行政公署执行华东新区农村减租暂行条例实施补充办法》（1949年10月25日）、《苏南人民行政公署关于减租问题的几点说明》（1949年10月25日），《苏南土地改革文献》，1952年，第14、16页。
② 《苏南人民行政公署关于减租问题的几点说明》（1949年10月25日），《苏南土地改革文献》，1952年，第16页。
③ 《中国共产党苏南区委员会关于贯彻减租工作的指示》（1950年1月30日），《苏南土地改革文献》，1952年，第18页。
④ 彭焕明主编《无锡县土地志》，江苏人民出版社，1998年，第81页。

在无锡减租的具体实践中，对于政策规定也有所变通，甚至在某种程度上突破了政策的范围。例如，关于是否缴租，许多地方的实际做法，一般是灰肥田不缴租，借田租米依据双方所属阶层而决定减租的分量，这比单纯承认农民不缴租合理的政策规定又前进了一步。[①]墙南乡的处理办法更为彻底，在减租时，对于地主、富农，不仅灰肥田一律不缴租（贫苦破产地富按实际情况照顾），借种田缴不起租者也不缴（一般实行照章减）。有的工作队员说："我们四井头（按：其工作地区）没有要减不减，总之全不交了。"[②]

再如，关于减租的比率，无锡主要沿用苏南区的规定，以原租额是否超过土地正产的50%为限，超过者减去30%，不及者减去25%。但由于当地不同区域和田制之间租额伸缩性很大，在减租条例公布后，时有农民反映意见。因此，在减租过程中，对于高低不一的租额是按照统一比例减，还是分别适用不同的比率，成为重要问题。从现有的减租实例看，一些地区实行的办法，是将不同的租额大致折中为某一较低标准后再按照相同的比例减。如滨湖区，借田比重高，租额重，经区农代会研究，对于超过1石2斗者一律降低，按1石2斗再减30%或25%。[③]梅村镇第四保借田原租额由9斗白米至1石4斗，甚至有1石5斗之多。工作队的意见是以1石糙米[④]作为租额标准，再区分不同的业主进行三七、二五或二八减。[⑤]

对于作为减租标准的原租额，无锡虽然秉承苏南地区的统一规

---

① 无锡县委调研科：《无锡县土地关系》（1950年3月20日），锡山区档案馆，无锡县委档案，B1-1-6，第66页。
② 《墙南乡减租总结》（1950年2月），锡山区档案馆，中共无锡县委档案，B1-1-10，第139页。
③ 《滨湖区二个保租额情况以及群众对减租减息意见》（1949年10月），锡山区档案馆，中共无锡县委档案，B1-2-3，第34页。
④ 1石糙米，约合9斗2升白米。
⑤ 《第四保租佃调查报告》（1949年10月9日），锡山区档案馆，中共无锡县委档案，B1-1-10，第96页。

定，以 1948 年所缴纳的实际租额为基础，但在实践中也做了灵活变通。这从梅村镇四保和七保的租田减租过程中可以见到。

梅村镇四保租田租额在契约上规定大部分为 9 斗到 1 石糙米，日伪时也是 1 石糙米，1947 年为 7 斗糙米，1948 年由梅村镇长强学曾布告减为 125 斤稻。在减租时，绝大部分佃户对租田都主张一律完粮不纳租。业主方面，也普遍希望佃户代完公粮，租米随便缴多少，不缴也罢。工作队考虑了几种不同的方案：①以抗战前的 9 斗糙米作为原租额进行二五或三七减；②以上年的 125 斤稻作为原租额实行二五减，公粮业佃四六分担；③以 125 斤稻作为原租额实行二五减，公粮全由业主负担；④佃户缴粮不完租。经比较以上几种方案的佃农实际负担之后，工作队认为，最后一种方案"将会取得农民中的极大多数（赞成）"。①

梅村镇七保租田租额一贯为糙米 6～8 斗，1948 年秋季歉收，由镇长强学曾命令减租，从 150 斤稻减为 125 斤，但不彻底，部分缴100 斤，亦有仍缴 150 斤者。② 在减租时，工作队根据贫农的要求，提出以下方案：①以上年（1948）租额打 6 折完租；②以上年（1948）租额二五减租，公粮由地主完纳；③以前年（1947）租额 7斗为准二五减租，佃户代地主完粮外，再还租糙米 1 斗或 1 斗 5 升（以地主对农民好坏定数）；等等。考虑到这几种方案之下地主的公粮负担能力和佃户受益程度，工作队认为，"租田减租问题较为复杂，如以前年租额为减租标准，群众未得减租好处，如以上年租额为减租标准，则等于不交租，全部租田变成自田"。权衡之后，工作队

---

① 《第四保租佃调查报告》（1949 年 10 月 9 日），锡山区档案馆，中共无锡县委档案，B1－1－10，第 96 页。

② 依据曹树基和陈恒力的研究，1 石糙米约合 200 斤稻谷。见陈恒力《补农书研究》，中华书局，1958 年，第 25 页；曹树基·刘诗古：《传统中国地权结构及其演变》，上海交通大学出版社，2014 年，第 93 页。书中 150 斤稻约合 7.5 斗糙米，125 斤稻约合 6斗糙米，100 斤稻约合 5 斗糙米。

决定采用最后一种方案，以 1947 年的租额为基础进行二五减租。[①]

由以上两例可见，虽然当时的政策规定是以 1948 年的租额为标准，但在实际执行过程中，1947 年乃至全面抗战爆发前的租额也被列入参考范围，并不完全拘泥于政策条文，其基本的取决因素则在于团结中、贫农的需要及对其得益程度的考虑，这从一个侧面反映了减租运动的政治属性。

二　田面田的抽补与折价标准

苏南解放初期，在征粮、减租过程中，对于田面田，一度采取了有别于普通出租田的处理政策。1950 年春，包括苏南在内的新解放区土改被提上日程。3 月 30 日，中共中央为公布新的土地法致电各中央局征询意见，提出："为准备秋收后在一些省区实行土地改革，拟以中央人民政府名义公布新的土地法及划分阶级的决定。在新的情况下，过去公布之土地法大纲及一九三三年文件，经我们研究后，有些地方已可做肯定的修改。有些问题则仍须征求各地意见。"后文共开列 14 项问题，望各地"于研究后在二十天内答覆"。其中第七项为"田面田"问题："江、浙部分地区有所谓田底权与田面权（即永久使用权，但与永佃权又有不同，因为田面权还可出租和买卖）问题，在分配土地时，对田面权特别是中、贫农的田面权应如何处理？其他地方是否也有此问题？"[②] 华东局随即将此指示传达给苏南区党委。稍后，苏南区党委于 4 月 4～10 日召开了土改准备工作会议，重点传达该指示精神，并以各专区为单位进行分组讨论，提出相

---

① 《梅村镇第七保减租减息问题》（1949 年 9 月），锡山区档案馆，中共无锡县委档案，B1－2－1，第 18、22～23 页。

② 中国社会科学院、中央档案馆编《中华人民共和国经济档案资料选编（1949—1952）》（农村经济体制卷），社会科学文献出版社，1992 年，第 65～66 页。

关处理意见。

在讨论中，常州分区提出，对于田底田面权，同意苏南区党委提出处理草案①中的第二个意见，即折价后分配。苏州分区对于田面权问题，多数同意抽出中农超过当地平均数的土地与折价后分配这两项办法，其中又以同意前项者为多。松江分区提出："关于永佃权的问题，即指佃农占有田面权者，如果只动地主的自耕与出租土地及富农的出租土地，而不动富农的佃入田，那末使用权没有变动，只是在佃入户中变佃田为自田。如果富农的佃入田可以动，那末富裕中农的佃入田也可抽动一点。……对富裕中农有田面权的佃入田抽动时，应给予适当代价，以区别于富农待遇之不同。"镇江专区的讨论中未涉及田底田面权问题，其说明是："有些问题未讨论，缺乏具体材料和根据，有些特殊问题在本分区是不存在的。"②

在对各专区的讨论意见进行综合审核之后，中共苏南区党委做出了《对中央三月卅一日电示征询土地改革政策意见的答复》（1950年4月14日）。其中指出：这种田底田面分裂的土地，以吴县、吴江、太仓、松江、无锡、青浦、常熟七县为最多，江阴、武进、嘉定、川沙、金山五县亦各有一部或大部。土改时，如果单按田底权分的话，有田面权之农民认为是自耕田，会加以反对；如果单按田面权不分，在此种土地占多数的地区，无地少地农民将没有多少土地可以分配。在陈述了对田底田面权土地进行分配的必要性之后，苏南区党委主张"凡田底权属于地主（旧式富农所有者包括在内）一律没收"，具体分配方案如下：

"如中央确定佃入土地可以调整，则可采取如下三种方法：第一种规定一个当地群众共同同意的中农平均数字，做为分配土地最高

---

① 该草案原文未见。

② 苏南区党委：《苏南土改准备工作会议上各专区代表讨论中央征询关于土改政策意见的报告》（1950年4月14日），江苏省档案馆，7006-2-0016，第35、37、39、42、45页。

标准数，超过最高标准多余的土地，拿出分配。第二种按照田底田面的价格，以折实的办法，抽出土地，如田底田面价格各一石，某一农民种永佃权土地四亩，即抽出其二亩分配，不动农民实际利益，使农民不吃亏。第三种由政府按田面权价格征购其超过平均数的土地。"

"中央不确定佃入土地不动，则一律维持原耕者状况，即田底分给有田面权的农民，但有一点应注意，即田底权原属地主，田面权属乙农民而出租丙农民耕种者，土改中田底权又分给丙农民，但仍应承认乙农民田面权，丙农民须向乙农民交田面权的租，否则会造成农民之间纠纷。"①

1950 年 6 月 28 日，中央人民政府委员会第八次会议通过《中华人民共和国土地改革法》。其第三章第十二条着重强调了对原耕农民的照顾："在原耕基础上分配土地时，原耕农民自有的土地不得抽出分配。原耕农民租入的土地抽出分配时，应给原耕农民以适当的照顾。应使原耕农民分得的土地（自有土地者连同其自有土地在内），适当地稍多于当地无地少地农民在分得土地后所有的土地，以使原耕农民保持相当于当地每人平均数的土地为原则。"针对田面田，《中华人民共和国土地改革法》特别规定："原耕农民租入土地之有田面权者，在抽动时，应给原耕者保留相当于当地田面权价格之土地。"②

7 月 14 日，饶漱石在华东军政委员会第二次全体会议上作《为完成华东土地改革而奋斗》的报告，强调"由于华东农村租佃关系特别复杂，在调剂抽补农民租入的应当没收及应当征收的土地时，必须极端谨慎"，"在土地改革法规定的范围内，适当照顾原耕农民的

---

① 苏南区党委：《对中央三月卅一日电询征询土地改革政策意见的答复》（1950 年 4 月 14 日），《区党委、陈丕显同志关于整风、土改工作的指示、计划、情况、意见》，江苏省档案馆，7006 - 2 - 0016，第 31 ~ 32 页。

② 中国社会科学院、中央档案馆编《中华人民共和国经济档案资料选编（1949—1952）》（农村经济体制卷），社会科学文献出版社，1992 年，第 79 页。

利益，使原耕农民不受或少受损失，这对于团结农民内部和保持原有生产水平不致降低，是有好处的"。针对农民租入的有田面权的土地，他也重申"在抽动时，应给原耕农民保留相当于田面权价格之土地"。① 在这次会议上通过的《华东土地改革实施办法》，对于田面田的抽动方式做了更具体规定："在原耕的基础上分配土地时，原耕农民租入土地之有田面权者，其田面权价格，一般得依抗日战争前的价格计算。""农民转租有田面权之土地给人耕种者，土地改革时应给其保留相当于当地田面权价格之土地。但转租人本身之劳动状况与生活状况相同于地主者，应以地主论。"②

1950 年 8 月 4 日，苏南人民行政公署正式布告，决定在秋收后开始实行土地改革。③ 8 月 25 日，陈丕显在中共苏南区第一次代表会议上的报告提出："对原耕农民租入土地之有田面权者，分配土地时应按田面与田底折价比例，先折后分，对租入和自有土地超过当地每人平均土地数的原耕农民，连同其自有土地，以分满相当于当地每人平均土地数为原则；但超过当地每人平均土地数的田面折价部分，不予抽动，其超过的田底部分，则应全部抽出"；"田面田底的折价比例，由当地农民自行协议；如发生纠纷，则呈请县人民政府决定之。不属没收征收范围以内的有田面权的土地，亦应由农民自己协商折价登记"。④ 同年 11 月 28 日由苏南行署颁布的《苏南土地改革实施办法》，延续了这一报告的基本精神。⑤

---

① 饶漱石：《为完成华东土地改革而奋斗》（1950 年 7 月 14 日在华东军政委员会第二次全体委员会议上的报告），中共苏北区委农村工作委员会、苏北人民行政公署土地改革委员会编《苏北土地改革文献》，1952 年，第 19 页。

② 中共苏北区委农村工作委员会、苏北人民行政公署土地改革委员会编《苏北土地改革文献》，1952 年，第 15 页。

③ 《苏南人民行政公署实行土地改革的布告》（1950 年 8 月 4 日），《苏南土地改革文献》，1952 年，第 71 页。

④ 陈丕显：《为有步骤有秩序地进行苏南土地改革而斗争》，《苏南土地改革文献》，1952 年，第 75 页。

⑤ 《苏南土地改革文献》，1952 年，第 116 页。

1950 年 9 月，中共苏南区委在《对土地改革政策的意见（初稿）》中，再次强调：对于农民有永佃权的土地（灰肥田、管业田、老租田、大租田等），原则上是要分的，因为田底属于地主，同时贫农缺少土地，但分配时又要照顾有田面权的农民，与没有田面权的土地分配，应有不同的处理办法。所提出的方案仍是三种：①规定一个当地群众共同同意的中农平均数字，作为分配土地最高标准数，超过最高标准多余的土地，拿出来分；②按照田底田面权的价格，以折价的办法，抽出土地；③由政府按田面权价格征购。① 从之后各地的土改过程看，具体得以实践的主要是前两种方案。

在中央、华东和苏南的各级部署下，虽然"一田两主"制的改造已势在必行，但真正进入施行环节，仍有不小的障碍和困难。首先，伴随"田面田"自全面抗战爆发以来的租额下降，尤其是在中共接管和占领苏南前后，出现了较大范围欠租不缴的情况，这使得部分拥有田面权的农民中间，产生了"租田为自产"和"土改改中农"② 这样具有相当普遍性的思想认识。在这些思想的影响下，种田面田的农民（多是中农）反对抽田，认为土改实际损害了自己的利益；而其他一些希望分得土地的农民（多是贫雇农），则有地主的田都在农民手里，不动富农的田将无田可分的疑问。③ 针对上述情况，

---

① 《对土地改革政策的意见（初稿）》（1950 年），《区党委关于减租、土改工作的指示、部署、规定、意见、通知。附：关于开展苏南区合作社工作的决定》，江苏省档案馆，7006 - 1 - 0027，第 14 页。

② 苏南地区绝大多数田面田在中农和贫农手里。参见曹树基等：《传统中国地权结构及其演变》，上海交通大学出版社，2014 年，第 107～108 页；慈鸿飞：《民国江南永佃制新探》，《中国经济史研究》2006 年第 3 期。

③ 《无锡县坊前乡土地改革典型试验工作的初步总结》（1950 年 8 月 20 日），《苏南土地改革文献》，1952 年，第 325～326、330 页；梅村区委：《梅村区三个基点乡土改第一阶段工作报告》（1950 年 9 月），《无锡、武进、镇江等各地关于各实验乡土改工作报告》，江苏省档案馆，7006 - 3 - 0359，第 3 页；《墙西乡土改工作汇报》（1950 年 11 月 25 日），锡山区档案馆，9201 - 3 - 4；《无锡张村区农村经济情况调查》，《江苏省农村调查》，1952 年，第 100 页。

在土改的具体环节，如何顺利打通原耕农民的思想，为土改扫清障碍，自然成为首要问题。其次，从施行过程看，田底田的所有者主要是地主和公田，自然在没收征收之列；但拥有田面权的，有不少是中农。而希望分得田地的，主要是无地少地的贫雇农。那么，当执行政策时，如何在作为团结对象的中农和作为基本依靠力量的贫雇农之间进行平衡，成为土改工作人员所面临的重要考验。

在无锡县的土改过程中，针对"租田当自产"的认识，土改中的处理方法，首先是加强宣传教育，打通原耕抽田农民的思想。无锡县第一批进行土改的81个乡，在没收征收土地之前，工作队对原耕农民进行教育，强调灰肥田的产权实际是属于地主的，农民只有使用权，因为三年不缴租就要丧失田面权，所以地主的田底应该没收。同时，强调过去抗租和不缴租都是有政治原因的，是农民团结斗争的结果，因此对土地应该公平合理统一分配，不能单纯地把"租田变自田"。因为没收、征收的土地应在原耕基础上抽补调整，如果单纯的"租田变自田"，就会使没有或很少有租田的无地少地农民分不到土地。①

其次是在实际抽动和分配土地过程中对原耕农民适当给予照顾。在中央、华东和苏南政策规定的基础上，无锡县第一批土改乡的主要经验如下：①在原耕基础上抽补；②以分配给相当于当地每人平均土地数的土地为原则；③对佃入最好的那部分土地实行少抽或不抽；④田面权折价计算；⑤适当兼顾个别特殊情况。部分原耕农民对于抽动自己所佃入的应没收征收土地想不通，主要有以下几种原因：①负债过多，抽了田还不起债；②家庭人口多，劳动力多，抽田后劳力过剩，生活困难；③完全以种田为生，没有其他收入或副业；④鳏寡孤独的单身汉；⑤田面权土地是新买进来的；⑥原来租种的是桑田、荡

---

① 《无锡县八十一个乡土地改革工作的基本总结》（1950年11月10日），《苏南土地改革文献》，1952年，第385～386页。

田、坏田，经过自己勤劳耕作，变成稻田、好田。工作队对此采用了个别问题个别解决的办法。例如，对负债过多者废除解放前借自地主的债务，没有其他收入或副业而生活确实困难者酌情少抽，对单身汉有劳动力者考虑分给一个半到两个人的土地，等等。[①] 吴县姑苏乡在抽田时，"一般规定不超过平均数一亩者不抽。但对田面权者的利益的保证及特殊人口的照顾，未因已超过一亩而有所变更。一般抽出来的为普通田。适当照顾了各种情况，如生活特殊困难和残废者少抽，自田中荒地过多者调出一些荒桑地，使其水稻田不低于一亩七分[②]，并适当照顾了抽出户田亩的完整"。[③]

在具体没收征收时，采用第一平均数（当地每人使用土地平均数，由本乡全部使用土地数除以在本乡有户籍的全部人口数得出）的算法，只将超过此标准的多余土地抽出参加分配，这也避免了在有田面权的原耕农民中形成简单一刀切的局面，一定程度减少了土改的阻力。例如，坊前乡全部佃入田925.5亩，其中农民有田面权的灰肥田有400多亩。400多家灰肥田佃户中，有接近一半是中农。1950年7月当地率先开始进行土改典型试验，在宣传动员阶段，中农曾经怕抽田，发牢骚，认为富农还不动，中农倒要抽，想不通。经工作队在7月20日第一次乡农民代表大会上公布全乡土地平均数后，那些租田不超过平均数的农民，情绪便完全稳定了。[④]

在全面抗战爆发前后田底面比价发生较大变化背景下，土改中依据什么样的标准对原耕农民拥有田面权的土地进行折算，直接影

① 《无锡县八十一个乡土地改革工作的基本总结》（1950年11月10日），《苏南土地改革文献》，1952年，第386～387页。
② 该乡第二土地平均数为一亩七分。见《苏南土地改革文献》，1952年，第342页。
③ 《吴县姑苏乡土地改革典型试验工作的初步总结》（1950年8月21日），《苏南土地改革文献》，1952年，第340页。
④ 《无锡县坊前乡土地改革典型试验工作的初步总结》（1950年8月20日），《苏南土地改革文献》，1952年，第323～336页。

响到土改的实际效果。如田底抽出较多，势必影响中农以上阶层的情绪；如田面保留较多，又将难以满足无地少地贫雇农得田的需求。关于田底面折价方式，在华东和苏南的土改政策中仅有简单规定。《华东土地改革实施办法》指出："在原耕的基础上分配土地时，原耕农民租入土地之有田面权者，其田面权价格，一般得依抗日战争前的价格计算。"[①]《苏南土地改革实施办法》规定：田底田面的折价比例，根据华东土地改革实施办法的规定由当地农民协议处理，如发生纠纷，则呈请人民政府裁决之。[②] 无锡土改过程中所呈现的实际样态，较此要丰富和复杂许多。

土改酝酿阶段，无锡农村工作团的几个大队分别依据各自所在地区的田底面价格变化情形，提出不同的比率标准和抽补办法。其中，二队、三队和六队都主张田底与田面价格标准为1∶1，即以田底田面权等价，抽灰肥田的一半。理由是：①以田底田面价格来看，解放前几年，一般是不相上下，有时高，有时低，折中平分（二、三、六队）；②为了照顾农民利益，并在原耕基础上抽补，以一半折算，群众不反对（三队）；③避免纠纷，手续简便（二队）。

六队还有一种意见是以田底田面价格为6∶4而处理。其理由如下：①以抗战前做标准（田底价高于田面）是正确的，抗战后田底田面价格每年都有出入；②以6∶4为标准，抽出地主的土地可以较多些，贫雇农可以多分得一点土地；③实际上被抽出土地的农民人均土地是超出当地平均数的，种地主土地的农户一般都是富裕中农和富农，波动面不过大，也不太影响他们所需要的生产面积；④抗战后田面权贵，田底权贱，主要受革命形势发展的影响，革命的果实是由广大农民享受的。[③]

---

① 《苏北土地改革文献》，1952年，第15页。
② 《苏南土地改革文献》，1952年，第116页。
③ 《土地分配的实施办法》，锡山区档案馆，B1-1-5。

在后来的土改实践中，第一种意见取得了压倒性优势。1950年秋收前无锡县第一批进行土改的81个乡，除西漳区6个乡实行的是底四面六外，其余乡均采取对折方式。[①] 对半折算在当时之所以成为最通行的方式，一方面来自对于抗战前后田底面价格的折中，同时，也未尝不是中共在照顾原耕农民利益和满足贫雇农需求这两个略有矛盾的选项之间所做的主动平衡。[②]

西漳区之所以存在例外，与当地的特殊情况相关。在无锡，受土地供求关系影响，资源越贫乏的地方，田面价格往往越高。距城较近的西漳区，部分带有郊区性质，其田面价格高于一般农村，并不意外。据统计，该区抗战前租米1石或8斗，田底7成，田面3成；抗战开始后租米7~8斗，田底5成，田面5成；抗战胜利后租米2~3斗，田底4成，田面6成。解放前三四年租米不缴的，堰桥有15%，张村10%，刘仓15%。[③] 在制定当地土改行动方案时，工作队小心翼翼地强调，由于灰肥田在租借田中数量很大，"因此抽补对灰肥田的折价与团结中农等问题，是一个需要很好细心研究处理的问题"。"如何不使抽动面太大，是很重要的一个问题，当然又要很好照顾到贫雇农得田的一面。"[④] 西漳区委提出：灰肥田的田底价值由租米的收到与否决定，抗战前田底与田面的价值比是1:1，后来由于革命形势的发展，租米低落，或收不到租米，田底价值也低落下来。若以解放前后田底田面价值对比折算，则不能抽动，或抽动很少，不能满足贫雇农要求；若以抗战前1:1的价值折算，被抽田农民的土地不

---

① 《无锡县八十一个乡土地改革工作的基本总结》（1950年11月10日），《苏南土地改革文献》，1952年，第387页。另据西漳区土改总结，实行四六折的共有5个乡。见《五队在无锡西漳区的土改工作总结》，锡山区档案馆，B1-5-16，第37页。

② 事实上，苏南各地在土地改革过程中对农民佃入地主的永佃权土地一般都实行了折半处理，即一半变为农民的自耕田，一半作为没收的土地。见莫宏伟《近代中国农村的永佃权述析——以苏南为例》，《学术论坛》2005年第7期。

③ 《五队在无锡西漳区的土改工作总结》，锡山区档案馆，B1-5-16，第36~37页。

④ 《西漳区土改行动方案》，锡山区档案馆，B1-5-25。

少于当地每人平均数，这样可以适当满足一部分贫雇农的要求，抽动土地农民也比较容易接受。① 从土改实践看，依然是这种意见占了上风。该区虽有部分乡采用四六折，但其余不少于一半的乡仍实行了对折。

目前所见无锡各地的土改实践，田底价值高于田面价值的例子仅见于最后一批进行土改的藕塘区钱桥乡。该乡土改中灰肥田是按田面价格占4成、田底价格占6成进行折算。② 其原因或许在于灰肥田在当地没收征收土地中所占的比例颇高（80%），不如此折算则可用于重新分配的土地资源过于有限。

尽管华东土地改革实施办法规定"田面权价格一般得依抗日战争前的价格计算"，但在无锡土改实践中，所采用的标准多数是抗战前后田底田面价格的折中。例如，梅村区梅村乡在土改没收征收分配阶段开始前，各村先组织小型会进行漫谈，了解灰肥田的历史及田底田面之价格比例，群众反映，抗战前3:7，抗战中4:6，田底超过田面，抗战胜利后至解放前，土地价格混乱不一。根据群众意见及为了照顾原耕农民，实行田底田面各半计算。③ 该区荆福乡土地没收征收分配阶段，各村贫雇农在讨论灰肥田折价时，有过火的要求，有的提出要没收地主在中农的灰肥田的7成，认为中农田多，拿点出来分分不差事。经过以村召开小型会议，讨论各村灰肥田抗战前、抗战胜利后和解放前三个时期的价目，贫雇农要求通按田底6成、田面4成；中农要求田底、田面各半，大家翻身。后由工作组呈请上级政府批准灰肥田田底、田面各半，并照此执行。④

---

① 《西漳区关于土改中具体政策的意见》（1950年7月15日），锡山区档案馆，B1-5-16。
② 《无锡县藕塘区钱桥乡土改工作报告》（1951年1月25日），锡山区档案馆，B1-2-30。
③ 梅村区农民协会、三队十二组：《梅村乡第三阶段工作报告》，《无锡、武进、镇江等各地关于各实验乡土改工作报告》，江苏省档案馆，7006-3-0059。
④ 《荆福乡土改第三阶段没收征收分配工作情况小结》（1950年10月10日），《无锡、武进、镇江等各地关于各实验乡土改工作报告》，江苏省档案馆，7006-3-0059。

三 地主占有土地与土改没收征收范围

过去关于土地改革的研究，往往强调大量土地集中在人数很少的地主和富农手里，以此作为改革的前提。这给人的印象是，似乎土改中被作为没收、征收、重新分配对象的土地，都是由这样的阶层而来。许多调查统计中在判断所涉地区的土地集中程度时，也常以地主（或者地主、富农）占有土地的数量和比例作为主要衡量标准。然而，结合无锡和苏南的土改实践可以看到，地主占有的土地与旧式富农的出租土地，虽然占了当地没收征收土地的大部分，但并不完全等同。根据无锡县第一批完成土改的10个区77个乡的统计，在没收征收的土地总数中，没收地主的土地占87.6%，征收富农的土地占1.3%，二者合计接近89%。[1]究其原因，应该在于根据中央和华东、苏南的土改实施办法，没收征收的范围还包括了一部分按照当时的阶级分类、不属于地主阶层的个体所占有的土地，例如工商业家在农村的土地、小土地出租者超过当地每人平均土地数200%以上的土地等。在无锡上述77个乡，征收工商业资本家的土地共占没收征收土地总数的6.3%左右。[2]苏南全区共计没收征收土地1041.8万亩，占耕地总面积的43%，也略高于地主、富农、工商业者、公田所占土地比例之和。[3]

包括无锡在内的苏南土改过程中，大部分公田尤其是宗族性土

---

[1] 中共苏南区农村工作委员会：《无锡地区（10个区77个乡）土改前各阶级（层）占有使用土地比较表》（1950年12月），锡山区档案馆，B1－2－11。

[2] 中共苏南区农村工作委员会：《无锡地区（10个区77个乡）土改前各阶级（层）占有使用土地比较表》（1950年12月），锡山区档案馆，B1－2－11。

[3] 许辉、吴玉琴：《苏南地区土地改革运动述略》，《学海》1996年第3期。据《苏南土地改革文献》第768页的表格数字计算，苏南20个县1722个乡土改前地主、富农、工商业资本家、公田占有土地的比例之和为42.31%。

地和宗教性土地都被视为由地主阶层把持，没收分配给无地少地农民，只有少部分公益性土地被保留下来。关于公田的性质，尚有继续讨论的空间。虽然从理论上讲，各种公田的确不能简单等同于地主阶级私人占有的土地，但从土改的实际过程看，由于绝大部分公田都被纳入没收征收的范围，公田的多寡，直接影响到本地区可供重新调配的土地资源总量的多少。从这个角度讲，公田和地主私人占有的土地，具有相同的意义。①

进而论之，土改没收征收范围和地主所占有的土地之间，也只是相当程度的交叉和重合，而非完全包容的关系，前者并不能完全覆盖后者。从没收征收的角度讲，地主所占有的土地中，实际有意义的应该只是其分布在本乡的土地，并不包括其位于本乡之外的土地。此外，外乡地主在本乡的出租和自耕田，也通常在本地没收征收之列。概言之，土改中作为没收对象的地主土地，主要由两部分组成：本乡地主位于本地的出租和自耕田，以及外乡地主位于本地的出租和自耕田。

关于这一点，虽然中央、华东和苏南的土改法令中都没有明文规定，但在无锡农村土改的一些实例中，又的确可以感受到地方在以此为标准来判断和操作。例如，1950 年 5 月关于坊前乡的调查提到，该乡地主占有土地 898.224 亩，出租田为 791.142 亩，其中租给外乡416.888 亩，租给本乡 374.254 亩，而外乡出租给本乡的土地仅有155.1 亩，故地主占有田亩数虽大，但可以给本乡分配的仅 374.254亩。② 在梅村区新中乡，因为本乡外部成分的土地有出借在外乡者，

---

① 根据部分材料记载，新中国成立后土改过程中之所以对公田采取和地主土地基本相同的处理方式，这主要是由于一些地区公田数字较大，如果不触及这部分土地，则无法解决土地问题。应该说，这是一种较为实际的权宜性的考虑。如查桥区查桥乡的土改方案提到："公田应分给农民，因公田所占数字很大，如不拿出则农民所得更少。"见无锡农工团第六队调研组《无锡县查桥区查桥乡典型调查报告》（1950 年 5 月），锡山区档案馆，B1 - 1 - 7，第 180 页。

② 《无锡县梅村区坊前乡土地调查材料说明》（1950 年 5 月 5 日），锡山区档案馆，B1 - 2 - 18，第 41 页。

农民有怕评了成分，土地仍给外乡拿去，所谓吃力不讨好的想法。[①]

无锡县第一批进行土改的 10 个区 77 个乡的土地占有与使用情况统计表中，把从地主到公地、工商业资本家、小土地出租者、富农、中农和贫雇农的各个阶层，都一律划分为"居住本乡户"和"居住外乡而有土地在本乡户"，根据"填表说明"，所谓"居住外乡而有土地在本乡户"是指："1. 家居外乡而有土地出租给本乡农民耕种者；2. 家居城市而有土地出租于本乡农民耕种或在本乡境内有土地雇人耕种者；3. 家居外省外县而有土地在本乡走种者。至于居住附近邻区邻乡耕种本乡境内土地者以田跟耕种人走为原则，均不统计在本乡之内。"[②] 由此来看，除地主之外，其他属于没收征收范围的阶层，其业主身份和土地分布也都同样存在本乡、外乡之分。这种区分方式在当时统计中采用的普遍程度，也从一个侧面说明，包括无锡在内的苏南地区，乡村之间以及城乡之间的联系都较为广泛。

地主私人占有的土地，与土改没收征收的范围虽有重合，但在本质上，二者是不同的概念。笼统地说地主占有多少土地，这更多属于表面象征意义，在土改实践中更重要的是，本地所使用的土地当中，有多少来自地主阶层，因而属于可供没收、征收、重新分配的土地资源。因此，在判断本地土地集中程度时，不仅需要看本地地主占地多少，还应该看到，住在村外或乡外的地主，在本地有多少土地。在本乡使用土地的总量中，共有多少来自地主阶层。也即分析土地集中程度，不能仅从占有土地的角度看，还应该更多从使用土地的层面来观察。结合无锡所在的苏南地区不在乡地主较多的特殊情况，对这一点进行说明和强调就显得尤为重要。

---

① 《梅村区新中乡土地改革工作总结》（1950 年 11 月 25 日），中共无锡县委农村工作团：《无锡县香平、新中、墙门、薛典、胶南思乡减租土改工作总结》，锡山区档案馆，B1 - 1 - 10，第 121 页。

② 中共苏南区农村工作委员会：《无锡地区（10 个区 77 个乡）土改前各阶级（层）占有使用土地比较表》（1950 年 12 月），锡山区档案馆，B1 - 2 - 11。

以上认识在一定程度上也可以解释关于土地占有比较分散的地区如何开展土改的疑问，其可能的途径在于两个方面：①所谓土地分散，主要是就地主占有土地的情况而言，土改中没收征收的范围不限于此；②土地占有与使用的情况有别，即使从占有的角度观察地主很少甚至没有地主的地方，其实际使用的土地，也可能仍有一部分是从外部的地主租借而来。结合土地占有和使用的双重层面来看完全不存在地主的乡、村，即使实际存在，也应该为数不多。同理，从占有角度看比较集中的地方，其实际使用土地情况和占有土地情况相比，可能有较大差距，地主的土地或许有相当部分租借在外。从土地占有角度看差别较大的地方，在使用方面的差距可能没有如此之大。

土改前后无锡农村调查中的一些实例可为上述看法提供例证。在 1929 年中央研究院社会科学研究所调查的代表村，地主占有土地比例最高的张塘巷，本村拥有耕地 756.9 亩，使用仅 239.45 亩；地主占有耕地 723 亩，使用仅 9 亩。从户口统计看没有地主的几个村，其占有耕地和使用的情况分别如下：苏巷占有 46.3 亩，使用 193.6 亩；周家桥占有 50.9 亩，使用 353.15 亩；白水荡占有 40.6 亩，使用 117.3 亩；黄巷占有 29.79 亩，使用 347.54 亩；前章占有 265.2 亩，使用 383 亩。[①] 一般说来，地主居住较为集中的地方，其占有土地通常大于使用土地；居住较为分散的地方，其使用土地通常大于占有土地。即使从户口统计上看没有地主的村落，农民所使用的土地，也可能有一部分或大部分是从外村或外乡以及居住在市镇中的地主租借而来，从而形成无地主而有租佃田的特殊情况。

调查的单位越小，土地分散和无地主的情况就可能越突出。土改时期所调查的坊前镇五保和张村乡二十一保就是这样。这些地方尽

---

① 《无锡市近三十年来农村经济调查报告（1958 年）》（一），无锡市档案馆，B15 - 3 - 19，第 1～10 页。

管在调查的范围内地主很少或没有地主，但又都有不少租佃土地，且业主身份多为外保或外乡的地富阶层。据 1949 年 10 月调查，坊前镇五保没有地主，也没有富农，共有租田 86.8 亩、借田 121.356 亩，其中租田全部及借田 78 亩都是外保地主、富农的。[1] 据 1950 年初调查，张村区二十一保农民共租入土地 184.57 亩，占全部使用土地数的 47% 左右。但本保地主、富农放租土地很少，仅占放租田的 18% 强些，而且地富又有租入土地，比放租的土地数还多，主要依靠雇工经营土地。占有大量土地的地主，大部住在无锡城里，近几年都转向工商业。[2]

如果考虑到外乡地主因素，不同地区在土地占有方面的差距将会有所缩小。如《无锡县土地占有及使用情况调查表》提到的 7 个调查乡，从本乡地主占有土地的比例看，荡口区北延镇四个保的数字最高，接近 40%；查桥区云林乡和张村区的五个乡镇，地主占有土地的比例一般都在 15% 以下，最低者只有百分之二三。如果将居住在外乡和城镇的地主也统计进来，考虑到整个地主阶层在使用土地中占有的比例，结果是：地主占有土地亩数及百分比在原来基础上都有所增长，但在本乡地主占有土地已十分集中的北延镇 4 个保，前后变化不大；差距显著的是查桥区云林乡和张村区的各调查乡、村，地主占有土地的百分比从原先的不足 15% 都增加到了 20%～50%。更确切地说，除观惠乡 3 个村的比例稍低，其他各乡、村的数字基本都在 27%～49%。[3]（见表 28）

---

① 《坊前乡五保调查材料》（1949 年 10 月 15 日），锡山区档案馆，B1 - 2 - 18，第 82～83 页。

② 苏南区农民协会筹备会编《苏南农村经济研究资料》第 3 期，1950 年 2 月 20 日出版，第 8 页。

③ 中共苏南区党委农村工作委员会：《苏南土地情况及其有关问题的初步研究（初稿）》，1950 年 5 月 1 日，第 5 页。

表28　假设佃入超过出租的土地全为地主占有试算情况

地区	地主原占有土地（亩）	出租田（亩）	佃入田（亩）	超额（亩）	占有土地（超额加原占有）（亩）	占全部使用土地（%）
北延镇4个保	3232.67	3366.43	3383.54	17.11	3249.78	39.95
查桥区云林乡	1250.81	1629.54	3817.64	2188.1	3438.91	28.48
泰安乡3个村	377.28	340.13	783.20	443.07	820.35	48.64
寺头乡6个村	378.90	641.10	1351.40	710.30	1089.20	28.87
张村镇	96.50	242.10	1362.00	1119.9	1216.40	27.15
观惠乡3个村	21.00	231.30	601.10	369.80	390.80	20.42
胶南乡	467.00	947.40	2676.30	1728.9	2195.90	43.40

注：上面各百分比经过重新计算，但与原表出入不大。

四　地域差异与土地分配单位

土改时期，规定以乡作为分配土地的基本单位，从效果上看，也不失为调节土地占有区域不均问题的途径之一。在各村落地主数量多寡不一，甚至有的村落完全没有地主的情况下，"以乡或等于乡的行政村为单位，在原耕基础上，按土地数量、质量及其位置远近，用抽补调整方法按人口统一分配"，[1] 无疑在一定程度上有助于缩小自然村之间的差距。

在制定无锡土地分配实施办法时，无锡农村工作团各队之间曾有关于分配土地以乡为单位还是以村为单位有利的讨论。主张以乡为单位有利的理由，从经济层面的考虑包括：①田亩每村不等，假使以村为单位，无疑农民所得利益多寡不匀，容易引起少得利益农民的不满，可能引起混乱；②分配土地以村为单位，容易形成农民的本位

---

[1]　《中华人民共和国土地改革法》（1950年6月28日中央人民政府委员会第八次会议通过，1950年6月30日起公布施行），华东军政委员会财政经济委员会辑《华东区财政经济法令汇编》，华东人民出版社，1951年，第1899页。

主义、排外主义，忽视天下农民是一家，以乡为单位则可避免之，并便于统一调度；③新乡制的面积并不过大，尽量村与村之间的土地为调剂之用，即使有特殊情形要抽补较远的土地，因为新乡距离不过大，困难不会过大；④可以好坏调剂；⑤如土地集中在一个村或几个村，可以用移民的办法，和自由私人调换；⑥以村分配，势必各村不均匀，形成吃肉的吃肉，吃骨头的吃骨头；等等。①

　　以乡作为没收、征收、分配土地的基本单位，虽然有助于在一定范围内调和自然村之间的差距，但这样的做法与农民原有的认知习惯和感情可能有所冲突。在各乡的土改实践中，正反两方面的例子都存在。例如，据1950年调查，华庄区在开展土改过程中，有两种做法，也有两种结果。一种做法是，以乡为单位虽然谈了，但未认真打通思想，做出决议；同时以村为单位成立没收征收小组，下田插旗子也是村上人和村农会的名称，有个别乡还提出"以乡为单位，以村为基础"。结果是：①干部群众加深本位观念，全乡土地统一调整分配增加困难；②田少的村子抓得紧，唯恐不够，田多的村子不应当分田的人口也分了田，数字总要向上报得少。因此村与村之间有些反映。另一种做法是，在思想、行动和组织上都强烈树立以乡为单位的观念，各村田地由乡政府统一没收征收，由委员会统一分配，不允许村与村发生横向关系，结果是运用得法，顺利完成了土改。但这样做，也有照顾原耕农民问题。因为由乡里统一划分地块，原耕农民土地情况包括在内，不知应当分在哪里。②

---

① 其他主张以乡为单位有利的理由还包括：①乡是基层单位。②便于领导。因乡农会为执行土改机关，在统一领导上有所方便；村的范围太小，土地情况复杂，区为单位范围太大，不易领导。③以村为单位，容易形成农民对土改是给予的单纯经济的救济观点，模糊农民对土改是向地主的一种有系统的激烈斗争的认识，等等。见《县委关于土改工作报告、土地分配实施办法，地主破坏活动情况和欧阳同志在八十一个乡土改工作的总结》，锡山区档案馆，B1-1-5，第69页。

② 《华庄区十一个乡土地改革工作报告——在无锡农村工作团总结会上》，锡山区档案馆，B1-5-10，第18~19页。

蠡溷区港下乡全乡8个行政村共48个地主，其中一村、八村无地主，二、三、七等村每村四五个地主，四、五、六3个村地主较集中，五村地主将近全乡地主数量的1/2，占有土地数亦很大。在分配土地阶段，本村没有地主的，没收分配外村地主的土地财产，例如一村农民到五村没收分配。五村地主多，没收分配土地财产多，农民基本上比其他村农民多分。因此一般均感到满足。① 但在分配家具阶段，执行家具不出村，五村贫农全部分到家具外，中农还有五六户分到，而一、八村没有地主，二村地主亦很少，因此分不到家具，引起村与村之间意见。②

从田地的自然分布看，采用以乡为单位、村与村之间调剂的办法，有助于缩小村落可分配土地数量之间的差距，但田少的村子在这种情况下可能得到远田，不利于生产。例如，墙门区硕放乡只有第六村少了100多亩田，便动员无屋少地的农民搬到外村去分田，但搬出种田的路程较长，很不方便。③ 墙西乡土改结束后，有个别贫雇农认为田分得太远，因该乡北方与南方多田，中间少田。④ 蠡溷区港下乡在分配土地时，对原耕农民的抽地、分配土地的好坏搭配，经过群众讨论，皆表示满意。只有二村由于田少，分进30多亩田，距村一里多远，耕种不便，群众有些意见。⑤

同一时期在苏南其他地方，也存在类似情况。例如，吴江县溪港乡在调整村与村之间的土地时，曾碰到一大困难，东边地多，西边地少，不好分。有两个解决办法：要么是一个乡分成两种平均数，东边的村一种平均数，西边的村又一种平均数；要么是农民搬家，西边

① 《蠡溷区港下乡土改工作检查报告》（1951年2月6日），锡山区档案馆，B1-2-31，第115、119页。
② 《蠡溷区港下乡土改后情况介绍》，锡山区档案馆，B1-2-31，第108～109页。
③ 《硕放乡情况介绍》，锡山区档案馆，B1-5-9，第153页。
④ 《墙西乡土改工作汇报》（1950年11月25日），锡山区档案馆，B1-3-4，第8页。
⑤ 《蠡溷区港下乡土改后情况介绍》，锡山区档案馆，B1-2-31，第108～109页。

的村的农民搬一部分到东边的村去。两种办法都并非十全十美。前一种办法与全乡土地统一分配的原则不合，且拖延时间。后一种办法虽然较好，但有困难，因为农民在自己的祖宗庐墓旁边，生于斯，长于斯，要搬家，实在不是小事。在农民协会委员会讨论这个问题时，东边的村干部表示，愿意将没收到的地主最好房屋和最好土地，分配给从兄弟村搬来的农民；西边的村干部也表示，愿意起带头作用，自己首先搬过去，并说服农民。一个大困难很快得到解决。[①]

由于农村日常生活原本更多以村为单位，因此在划分阶层等环节，围绕同一对象，本、外村之间常有认识不一致的情况。如无锡华庄区在划分地主成分时，对其主要劳动与附带劳动，群众有许多不同意见。有的本村说他有主要劳动，外村说没有；也有的本村证明无劳动，而外村说有。[②] 南泉区方湖乡全乡 24 户工商业及手工业资本家，土改时群众反映也不一。本村群众多同情其资本小有主要劳动，外村贫雇农则有反映其资本很大连附带劳动都没有的。[③]

---

① 马特：《土地改革工作是怎样进行的?》，吴景超、杨人楩、雷海宗等《土地改革与思想改造》（第 5 辑），光明日报出版社，1951 年，第 57～58 页。

② 《华庄区十一个乡土地改革工作报告——在无锡农村工作团总结会上》，锡山区档案馆，B1－5－10，第 6 页。

③ 中共苏南区委无锡县委员会：《方湖乡土改工作检查报告》，锡山区档案馆，B1－1－14，第 58 页。

第八章　土地改革后的无锡农村经济发展

近年来，随着档案资料的挖掘和利用，新中国成立初期的苏南农村经济研究也渐趋深入，成果不断涌现。多数研究集中在当时党和人民政府的农村经济政策及其实践方面[①]，有学者聚焦于农村微观经济的主体——农家的经营，考察了 20 世纪 50 年代土地改革后至过渡时期总路线颁布之前苏南农家生产、分配、交换、消费的变化及其特征[②]，也有学者对土改结束后各阶层的心态进行实证分析[③]，或以当年的农村调研材料为研究文本，详尽勾勒土改之后苏南农村经济社会变化的图景[④]。以上研究丰富和深化了我们对于过渡时期农村问题的认识，唯一遗憾的是，不同地区土改后农村经济的变化特点是否一致，这一问题在既有研究中尚未得到充分重视。有鉴于此，本章拟以相关调查和档案资料为基础，分析工商业发达地区土地改革结束后的农户心态和经济行为，以期为现今的农村发展问题研究提供些许借鉴。

[①] 代表性的成果有莫宏伟：《苏南土地改革研究》，合肥工业大学出版社，2007 年；张一平：《地权变动与社会重构：苏南土地改革研究（1949—1952）》，上海人民出版社，2009 年；张一平：《新中国建立初期的农家经济、市场变迁与制度转型——以苏南为中心的考察》，《财经研究》2011 年第 9 期；等等。

[②] 常明明：《中华人民共和国成立初期苏南农家经营研究》，《中国经济史研究》2021 年第 1 期。

[③] 莫宏伟：《新区土地改革时期农村各阶层思想动态述析——以湖南、苏南为例》，《广西社会科学》2005 年第 1 期；莫宏伟：《苏南土地改革后农村各阶层思想动态述析（1950—1952）》，《党史研究与教学》2006 年第 2 期。

[④] 王海光：《土改后的农村经济发展路向之管窥——以〈江苏省农村经济情况调查资料〉（1953 年）为研究文本》，《中共党史研究》2015 年第 6 期。

作为近代中国工业化程度最高地区之一的无锡，其农村经济、农家生活的水准均与城市工商业的兴衰密切相关，并非独立自我的封闭体系。和苏南大部分地区一样，无锡农村虽一度遭受战争重创，但在土改结束后，也迅速步入恢复发展之途。与苏南纯农业地区①相比，无锡土改后的农村社会经济变化情况与其既有相同之处也有区别，体现了苏南农村社会经济的复杂性以及土改后中国农村发展轨迹的多样性。个中情形，值得关注。

一　解放前后的工商业发展与农村经济

抗战和解放战争期间，包括无锡在内，江南的地方工商业发展经受了相当大的冲击，但农村劳动力向城市转移的趋势并未中止。据"满铁"1940年对无锡荣巷镇下属3个村落的调查，80户人家中，39户有家庭成员在工厂或商店工作，其中36户人家中的40人是长年在城市工作的外出人口，约占农村总劳动力的24%。有33人在上海就业，4人在无锡就业，其他3人分别在常熟、盛泽和苏州就业。30人为工厂工人和店铺售货员，其余的分别为事务员、厨师、家庭佣人和苦力。②另据中央研究院社会科学研究所1929年的调查数据和中国科学院经济研究所1958年的追踪调查，无锡11村中，外居城市人口

---

① 1952年底1953年初，中共江苏省委农村工作委员会曾调查苏南宜兴、武进、青浦、句容、江宁、溧水、太仓、常熟、奉贤等9个县的9个典型乡土改后的农村生产和生活状况，其成果后来汇编为《江苏省农村经济情况调查资料》。这些调查点大都是当地"县或区直接掌握的典型乡"，是工作基础较好地区。虽然苏南被公认为"中国农村商品经济最发达的地区""农业现代化程度最高""城乡融合度高""农副工商兼业度高"，但上述调查点在地理位置上多数距城较远，经济结构中副业所占比重不高，在现代产业部门就业者极为零星。应该说，调查内容主要反映了苏南纯农业地区的情况，而非整个苏南农村的基本面貌。见《江苏省农村经济情况调查资料》第4、71、93、105、127、159、173、189、203页。

② "满铁"上海事务所调查室编『江蘇省無錫県農村実態調査報告書』、昭和十六年（1941）、第99—101頁。

占农村总人口的比例，1929 年为 9%，1936 年为 10%，1948 年为 14%；流入城市的农村劳动力占劳动力总数的比例，1929 年为 12%，1936 年为 14%，1948 年为 20%。到城市工作的人中，工厂工人的比例 1929 年占 28%，1948 年增长到了 46%。在外人口每年寄回的现金，1929 年占家庭总收入的 8%，1936 年占 9%，1948 年占 12%。[1] 依据以上不同机构的调查结果，有学者提出，1936～1948 年这段时间，无锡农村劳动力的转移速度明显高于 1929～1936 年。[2]

新中国成立初期的一些调查显示，在无锡许多地方，城乡之间的联系仍相当广泛。据无锡县委调研科 1950 年 3 月的报告，因无锡地少人多，劳动力有剩余，都兼做副业，如打鱼、做工、缝衣等。张村区堰桥乡做手工业学徒等就有近千人。梅村镇七保做木匠、铁匠占全保劳动力的 17%，做小生意、学徒、帮工占全保劳动力的 11.8%。尤其是靠城附近，进城做工的非常多，如景渎乡十一保，男子劳动力有 50% 在工厂做工和做小贩。[3]

据土改时期调查，西漳区胶南乡在外谋生者占 1/5，兼做其他行业者很多，如脚担、小贩和工人、职员等。[4] 该区堰桥村前乡，群众生活约 40% 系副业收入，完全以农业生活者很少。六堡村种菜收入占农业收入的 45%，横排圩养鱼收入占农业收入的 40%，尤泾头靠撑船，村前中学职员占大多数，堰桥镇以小商小贩为主，其他村靠做工、养蚕约占 50%。[5] 东亭区潮音乡副业生产很普遍，全乡从事拉丝

---

① 张丽：《非平衡化与不平衡——从无锡近代农村经济发展看中国近代农村经济的转型（1840—1949）》，中华书局，2010 年，第 240～241 页。
② 张丽：《非平衡化与不平衡——从无锡近代农村经济发展看中国近代农村经济的转型（1840—1949）》，中华书局，2010 年，第 325 页。
③ 县委调研科：《农村生产及农民负担问题》（1950 年 3 月 20 日），锡山区档案馆，B1-1-6，第 94 页。
④ 《无锡西漳胶南乡土改重点工作总结》（1950 年 12 月），锡山区档案馆，B1-1-10，第 138 页。
⑤ 《无锡县西漳区堰桥村前两乡土地改革工作总结》（1950 年 10 月），锡山区档案馆，B1-5-16，第 70 页。

棉、做砖坯，一年到头如此。从事其他职业和到城市出卖劳动力的在外人口占全乡总人口的20%，在乡的副业生产收入占总收入的30%以上。① 坊前乡从事各种副业者733户，占总户数的94%。该乡在1949年麦收甚歉，稻收较丰，因实耕土地不多，稻收之后，若靠农产生活，大都不足，但因各有一定副业或其他职业收入，所以大部分均可维持到麦熟。②

由于具有城乡联系较密切的经济特点，土改前从一些地方的情况来看，农民对于发展农业的关心，远不及工商业。

据1950年3月的调查，梅村区景渎乡十一保男子即有50%在工厂做工和做小贩，后由于战争影响，失业的很多，要占1/3，这些人土地都很小，又不习惯耕田，迫求工厂复工。③

据1950年5月的材料，华庄区芦村乡地近市郊，东靠运河，尤以十八保及天同纱厂以北在运河西岸地区与市区交叉，居民客籍本籍杂居，基本上靠经商、挑贩、做小工为生，已脱离农业，与市区已无区别。居民以担贩（豆腐、百叶、鱼担、菜担等）收入为主要生活来源者，占1/2以上；以农业收入为主要生活来源者，约占1/4。本乡居民因着重副业生产，在春季工作中因受市面萧条影响，副业清淡，生活越来越困难，表现对市面经济最关心，对税收公债反映最多，对农业反而关心少。同时由于租佃关系比较少，阶级不过分对立，在减租中表现除少数着重农业地区外，一般兴不起热潮，与纯农业地区农民思想认识有所不同。土改工作队也认为，该乡原十八保棚户及天同纱厂以北地区基本上已不能算是农村，以划归市区最适宜，土改对他们是没有多大关系的。④

---

① 《潮音乡土改第一阶段总结》，锡山区档案馆，B1-2-7，第119页。
② 苏南区党委农村工作委员会：《关于坊前农村的调查》，锡山区档案馆，B1-2-18，第6页。
③ 《农村生产及农民负担问题》，锡山区档案馆，B1-1-6，第94页。
④ 《芦村乡情况概述》，锡山区档案馆，B1-5-19，第14~15页。

西漳区广益乡的土改总结也提到，本乡接近城郊，城乡关系较为密切，农民大都种菜，比较富裕，副业有利，职工比较多，半工半农或多职业的人也占多数，因此贫雇农对土改不感兴趣。[①]

关于土改对不同地区的影响，从目前所掌握的一些区、乡的材料来看，作为人多田少较为典型的地区，在无锡，通过 20 世纪 50 年代初的土改，主要是对有限的土地资源中的一部分进行了调整和再分配。据统计，在无锡农村平均每人需有自耕田 2 亩（或稻田 1 亩半，桑田半亩）才能维持生活[②]，但土改前后，许多地区的平均数都达不到这个标准。不过，在土地资源整体上较为缺乏的背景下，各地区之间仍有区别。

根据现有材料，无锡人均土地数字较高的是东北部地区，一般在 2 亩左右；其他地区人均多在 1 亩左右；在接近城区的一些乡镇，人均土地甚至只有几分。

从土改时期各乡抽田、分田的平均数来看，东北部的蠡漪区港下乡，土改时第一平均数 2 亩 5 分，第二平均数 2 亩 3 分。[③] 该区东湖塘乡，第一平均数 2.2 亩，第二平均数 1.8 亩。按实际情况和自然形势，各村不同，最高的有 3 个村，第一平均数 2.5 亩，第二平均数 2.1 亩；最低的第一平均数 2 亩，第二平均数 1.7 亩。[④]

---

① 《广益乡土改总结》，西漳区委：《本委及堰桥、胶南、塘头、东北塘、广益等乡关于土改工作的计划、总结、通报》，锡山区档案馆，B1－5－16，第 49 页。

② 中共无锡县委调研科整理《无锡农民生活概况》（1950 年 3 月），锡山区档案馆，B1－1－6，第 101 页。

③ 《蠡漪区港下乡土改工作检查报告》（1951 年 2 月 6 日），锡山区档案馆，B1－2－31，第 115 页。

④ 《蠡漪区东湖塘乡土改检查汇报》（1951 年 1 月 25 日），锡山区档案馆，B1－2－31，第 94 页。苏南土地改革过程中，各乡在分配土地时，一般将全乡土地分成两个平均数，先分户按照第一平均数分配，后分户按照第二平均数分配。其计算方法分别为：全乡使用土地数/全乡总人口 = 第一平均数；

$$\frac{\text{没收、征收土地亩数} + \text{后分户自田} + \text{地主自耕田} + \text{后分户佃入田}}{\text{后分户人口} + \text{在乡地主人口}} = \text{第二平均数}。$$

东亭区 1950 年秋收前完成土改的 13 个乡，即关泾、杨亭、仓下、云林、新滕、福寿、东亭、九里、墈旸、江溪、潮音、吴蒋、下甸，每人土地平均数 1.066 亩弱。[①] 其中接近城区的江溪乡，据 1951 年 9 月调查，土改时第一平均数 0.85 亩，第二平均数 0.65 亩。[②]

西漳区虽然与东亭区同为接近城区的地方，其人均土地不足的现象更为突出。该区土改行动方案提到，在 13 个乡 1 个镇中，每人使用田地平均数为 9 分 2 厘，最高的太安乡也不过每人平均 1 亩 2 分；最低的是高泾乡，仅有 0.5 亩；一般的平均数是八九分。[③]

与人均土地数字形成对照的是，伴随与作为工业中心的城区距离的不同，各个地区经济活动的特点也有差别。在一些近城的乡镇，虽然人均土地有限，但由于进城做工及从事农村副业和各种杂业的机会都较多，其经济往往较为宽裕；而离城较远的地方，农民虽然人均土地稍多，但由于以从事农业为主，经济收入来源较为有限，其农家经济仍不免相对窘迫。由于不同地区经济结构中对农业的依赖程度不同，因而土地资源占有的多寡，并不一定就能对农家的经济状况起决定作用，需视具体的情况而定。

二　土改后的农业生产

在无锡土改时期的调查材料中，有不少关于农业生产恢复和发展的报道。例如 1951 年 9 月关于东亭区江溪乡的调查，1952 年 11 月

---

① 《无锡县东亭区秋收前土改工作计划》（1950 年 9 月 1 日），锡山区档案馆，B1 - 2 - 7，第 2～3 页。

② 无锡农村工作团一队江东调查组：《无锡县江溪乡农村经济情况调查报告》（1952 年 11 月 30 日），锡山区档案馆，B1 - 1 - 13，第 45 页。

③ 《西漳区土改行动方案》，西漳区公所：《本所关于土改月度工作、秋征工作、干部任免处分、区乡划分、追认烈士、启用印信的总结、方案、训令》，锡山区档案馆，B1 - 5 - 25，第 3 页。

关于该乡江东村的调查，1952年关于该乡江东、蠡埠两个代表村的调查，1952年关于南泉区壬港乡和该乡和平、民主、自由三个村的调查，1953年关于东亭区福寿乡和该乡华场村的调查，等等。在这些调查中所提到当地主要作物水稻和小麦增产的原因，不外乎以下几个方面：作物品种的改良，劳动力投入的增加，农具和施肥量的变化，农田灌溉的改善，对防治病虫害逐渐重视，耕作方法和生产技术的改进等。①

从一些材料中可以看到，土改确实会对群众生产积极性有刺激作用，尤其是在这场运动中受益最大的贫农阶层。1951年9月关于江东村的调查提到，该村贫农吴金培土改前种2.8亩，仅下豆饼50斤、河泥200担，土改后种4.5亩（分得1.7亩），就下豆饼480斤（贷100斤）、河泥410担，他说："现在土地是我们自己的啦，生产怎能不来劲。"② 但是，正如上文所述，生产的增长，是多种因素共同作用的结果，从中实际很难单独衡量土改的作用。如果只是从狭义上将土改理解为重新分配有限的土地资源和为数不多的几种生活、生产资料的过程，那么其经济绩效，在缺乏较好的计量手段和数据的情况下，并不容易单独衡量和凸显。

从各乡小麦生产的变化，更可以看出市场因素对于农业资源配置的影响。在包括无锡在内的苏南农村，由于农民不喜且不习惯面

---

① 苏南农村工作团第一大队调研组：《无锡县江溪乡土改后农村阶级经济情况变化调查报告》（1951年10月20日），锡山区档案馆，B1-1-13，第60～61页；无锡农村工作团一队江东调查组：《无锡县江溪乡农村经济情况调查报告》（1952年11月30日），锡山区档案馆，B1-1-13，第48～51页；《无锡县南泉区壬港乡农村经济调查报告》（1952年12月），锡山区档案馆，B1-2-39，第90～92页；《无锡县东亭区福寿乡农业生产与农民生活情况的调查（初稿）》，锡山区档案馆，B1-2-39，第131～132页；《无锡县东亭区福寿乡华场自然村调查材料》，锡山区档案馆，B1-2-43，第213～214页；《苏南无锡江东、蠡埠二个代表村农村经济调查报告》，锡山区档案馆，B1-2-39，第32～33页。
② 苏南农村工作团第一大队调研组：《无锡县江溪乡土改后农村阶级经济情况变化调查报告》（1951年10月20日），锡山区档案馆，B1-1-13，第60页。

食，小麦主要是作为商品作物出售的。其产量的消长，与作为当地主要农村副业的蚕桑之间，有较为密切的关联。

全面抗战爆发前尤其是 1931 年前后，曾是无锡蚕桑业最为兴旺的时期，因茧价较高，收益较为丰厚，农家植桑养蚕的很多，每亩桑叶产量也比较高；此后经历了世界经济衰退和抗战及内战，到解放前后，是无锡蚕桑业发展的低谷。因海口被封锁，销售困难，茧价降低，农户养蚕情绪低落，每季鲜茧产量和每亩桑叶收量都大幅下降，任桑田荒芜或将桑树砍掉改植其他作物的也很多。[①] 同时，由于蚕业失败，农民对小麦更为重视，不论在种植面积还是收成数量上，都有了增加。解放后这类调查和记载较多。

根据 1949 年 6 月的调查，查桥区云林乡近年来由于蚕业的衰败，农民春季收入皆依赖麦产，故不论在种植面积还是收成数量上，都有了增加。全面抗战爆发前坏田不种麦，现在皆垦植了，过去一亩田只收 5～6 斗，现在则收 8 斗到 1 石，超过过去 40%～50%。不同时期比较：1935 年，产麦每亩平均 5 斗上下，原因是那时茧价高，蚕利大，1 担茧可兑 10 石米，群众春季重视养蚕，无心于麦，垩本积于桑田而不垩麦，故麦收少；1943 年，产麦每亩平均 8 斗到 1 石，原因是茧价下跌，麦价上涨，农民开始重视种麦，将欲植桑的田转种麦，垩本亦转向垩麦，不肯垩桑，故小麦产量、面积逐年增加。[②]

另据 1949 年 10 月关于查桥区安龙山乡五保的调查，在当地养蚕既没有什么利益可图，很自然的农民都在桑田里种植豆麦及蔬菜，有

---

① 据无锡县委调研科 1950 年 3 月 20 日的报告，养蚕在过去（1937 年前）是农民的主要收入，要占总收入的 30% 左右，每担鲜茧价格 7 石米到 10 石米，农民养蚕情绪很高，有养三熟蚕的（春、秋、菊花蚕）。全面抗战爆发后由于日寇统治市场，压价收买，茧价降低，到 1940 年降到 3 石米左右。到抗战胜利又提高些，每担 3～4 石米。解放后海口被封锁，销路困难，只有地方政府收买，每担茧 2 石 3 斗米左右。见《农村生产及农民负担问题》，锡山区档案馆，B1－1－6，第 94 页。

② 《无锡县云林乡农村经济调查》，《江苏省农村调查》，1952 年，第 112 页。

的索性砍掉桑树改成麦田，这种现象已经很普遍。因为种麦比养蚕稳，养蚕要死，麦最多歉收，二者利息相埒时，农民便择取较稳的一种了。农民有这样一种意见：若把茧价提高到 5～6 石米一担，则蚕业自会繁荣起来。①

解放后麦价的调整，也是小麦产量提高的重要原因。例如 1951年 10 月关于东亭区江溪乡的调查指出，过去在麦的生产方面，当地农民是不够重视的，认为"种麦不值钱，多放了肥料，还要看天气，多收少吃，无所谓"。解放后才扭转这样的看法。农民林××说："过去的麦不值钱，收成好坏要看天，多放了肥料，还要蚀本。现在人民政府领导生产，麦价提高了，我俚要搭稻一样看重的去种了。"②

另据 1951 年 11 月关于江东村的调查，解放前在小麦田内，每亩的最高施肥量仅有 12～20 石的人粪或猪窝灰，中农成分白耕白种的土地要占本阶层的一半左右，一般贫农每亩小麦田施肥量与中农比较，平均要减少 1/3 强的数字。解放前群众不重视麦熟的主要原因是麦价太低。据农民反映，过去种麦成本大了算不来，种好种坏差不多，不种小麦日脚③也是一样过。农民林阿法回忆：过去六月里卖麦无人要，十月里无麦价钱高，有点成本别处用，倒比白下无用来得好。解放以后在各级政府领导增产小麦的号召下，并合理规定了麦价，从单位面积施肥数量上看，是大大增加了。④

由上文可知，解放后小麦产量变化的主要背景是茧价的下降以及麦价的提高，因此农民较以前重视麦熟并增加麦田投入。在分析

---

① 《无锡县查桥区安龙山乡五保调查》（1949 年 10 月），锡山区档案馆，B1－2－2，第 44 页。

② 苏南农村工作团第一大队调研组：《无锡县江溪乡土改后农村阶级经济情况变化调查报告》（1951 年 10 月 20 日），锡山区档案馆，B1－1－13，第 60 页。

③ 方言，犹日子，指生活或生计。

④ 无锡农村工作团一队江东调查组：《无锡县江溪乡农村经济情况调查报告》（1952 年11 月 30 日），锡山区档案馆，B1－1－13，第 50 页。

解放后小麦增产原因时，除了重视劳动力、技术等层面的变化，还应该看到，市场供求关系的变化和价格的浮动在这一过程中也扮演了比较重要的角色。这一点似非狭义的土改层面所能概括。

三　土改后的农村经济

关于土改在不同地区的经济意义和效果，目前可以作为讨论依据的，主要是东亭区福寿乡、江溪乡、三蠡乡，南泉区壬港乡等几个地方的调查。从地理来看，这些地区大都土壤肥沃，灌溉便利，具备较好的农业生产条件，但由于距城较近，人口密度较大，人均土地数量较少，依靠单纯农业生产多不能自足，因此在经济结构上都具有对工商业和各种副业依赖程度较高，城乡关系比较密切的特点。

据 1953 年的调查，东亭区福寿乡总户口 822 户，3354 人，外出的有 486 人，其中有 57 户全家迁出，外出人口的职业有工人、手工业者、职员等 20 余种，以产业工人为最多，手工业次之。在家兼营副业者 294 户，占总户数的 36%，以木匠、泥水匠、皮匠、成衣业等手工业及换糖的为多。外出人口 486 人中，有工薪收入或其他职业的收入者计 304 人，其中工人每月收入一般 30 万 ~ 80 万元，手工业者为 20 万 ~ 50 万元。绝大多数有工薪收入的外出人员，对家庭有经常的补助，每月多者 20 万元，少者五六万元，多数每月 10 万元左右。[①]

据 1951 年 10 月和 1952 年 11 月的调查，东亭区江溪乡外出谋生或兼营副业辅助生活来源者，占本乡人口大半。外出人口占总人口的 27%，大多在锡沪一带做工经商。在乡人口大半经营做砖、撑船、搬

---

① 《无锡县东亭区福寿乡农业生产与农民生活情况的调查（初稿）》，锡山区档案馆，B1 - 2 - 39，第 62 ~ 64 页。书中"万元"为旧币单位。根据国务院 1955 年的规定，人民币旧币 1 万元折合新币 1 元。

运等副业及经营小贩等。农业人口占全乡总人口的58%。①

据1952年11月的调查，该乡江东村战前全村人口生活来源，75%需要依靠其他收入。仅据埌坝头一个自然村的了解，全村50户43个男人（过去的人口），仅有一个中农林根荣没有其他职业，别人称之为没用人；其他42个男人，全部兼营其他副业或职业（内有一部分忙时回来闲时外出）。②

据1952年12月的调查，江东、蠡垮两个村外出人口与副业生产较多。两个村外出人口共263人，占总人口的18%。江东一村单从事做砖坯的就有63人，从事手工业（皮匠、裁缝）的有38人。外出人口的职业，大致分产业工人、职员、教员、店员、手工业工人等。由于上述因素，两个村副业及其他收入占总收入的比重较大，1951年全年总收入为1718431斤稻谷，其中蚕桑收入139260斤，副业及其他工薪收入663137斤，共占总收入的47%；全年农业收入915672斤，仅占总收入的53%。③

据1952年12月的调查，南泉区壬港乡外出从事其他职业的男女劳动力平均约占户口总数的30%以上，家庭副业以养猪、养蚕为主，编芦苇、编草鞋、捕鱼、贩鱼等在靠近太湖一带的农户中亦较普遍，少数农民剪羊毛贩卖。因此该乡农民生产生活的提高与改善，是和副业生产密切相关的。④

土改后，这些地方的农业生产均已步入恢复发展之途。但由于农

---

① 苏南农村工作团第一大队调研组：《无锡县江溪乡土改后农村阶级经济情况变化调查报告》（1951年10月20日），锡山区档案馆，B1-1-13，第55页；无锡农村工作团一队江东调查组：《无锡县江溪乡农村经济情况调查报告》（1952年11月30日），锡山区档案馆，B1-1-13，第45页。
② 无锡农村工作团一队江东调查组：《无锡县江溪乡农村经济情况调查报告》（1952年11月30日），锡山区档案馆，B1-1-13，第31页。
③ 《苏南无锡江东、蠡垮二个代表村农村经济调查报告》，锡山区档案馆，B1-2-39，1952年，第31页。
④ 《无锡县南泉区壬港乡农村经济调查报告》（1952年12月），锡山区档案馆，B1-2-39，第58页。

业生产周期长、需要多种投入、收益相对有限且不稳定，当地农民在以工商业作为比较和参照的情况下，仍有相对不重视农业生产的心理特点。

例如，关于东亭区福寿乡的调查（1953）提到，就该乡农民现有生活水平来说，并不算苦，但因靠近无锡，农民受城市工人生活的影响很深，在干部和农民中（主要是青年农民）已产生了不安心农业生产的思想。1952 年过春节，工人带许多礼物回来，农民看得眼热，反映"工人一只手拿肉，一只手拿笋，钞票一大把，赚钱赚到像混水里摸鱼"，"工人有钱阔气"，"工人是毛主席的亲生儿子，农民是毛主席的晚儿子"。有些农民羡慕工人适意①，认为种田吃苦，说"做泥水匠几个月回来，蛮像样，列宁装、皮领头"，"种田不及工人，究底工人会技术的好，我俚总规〔归〕是落后了"。青年农民多想当工人，反映"脚踏田里，眼望城里，心在厂里"，积极想争取入团，认为"入了团底板硬（意思是有了靠山），找工作做有把握"。典型的如青年团员华阿喜，家里宁愿雇工做，出租 1.4 亩，自己到城里去学泥水匠（学习期间就拿 8000 元②一天工资），不乐意种田。1952 年无锡市进行失业工人就业工作时，该乡有 200 多过去当过泥水匠、木匠、烧热水汀和在工厂做过工的农民到城里登记。③该乡华场村有些农民因该村田少人多，农业生产不够维持开支，以前做惯副业贴补生活，眼下换糖生意清淡，普遍说："要想搞无啥做，赚不到钱，自己又无本钱。"④相比之下，在苏南的纯农业地区，群众

① "适意"，吴语词，相当于普通话的"舒服"。
② 旧币单位。根据国务院 1955 年的规定，8000 元旧币折合人民币新币 0.8 元。
③ 《无锡县东亭区福寿乡农业生产与农民生活情况的调查（初稿）》，锡山区档案馆，B1 - 2 - 39，第 67 - 68 页。
④ 《无锡县东亭区福寿乡华场自然村调查材料》，锡山区档案馆，B1 - 2 - 43，第 55 页。

主要经济来源依靠农业收入，一般对生产比较重视。①

人多田少，本是无锡农村的普遍事实。以上调查地点因距城较近，土地资源紧张的现象更为突出。就土地平均数而言，东亭区福寿乡全乡可耕田平均每人1.35亩，平均每农业人口1.584亩；南泉区壬港乡土改时，农民分得土地第一平均数1.1亩，第二平均数0.8亩；东亭区江溪乡土改时第一平均数0.85亩，第二平均数0.65亩；江溪乡的江东、蠡埝两个代表村，土改后平均每人占有田1.1亩，可耕地每人仅有8~9分。② 而中共江苏省委农村工作委员会调查的苏南9个县9个乡的9个典型村，土改后每人占地的平均数都在2亩以上，最多者达3.5亩。③

尽管如此，土改后在无锡上述乡、村，并未出现苏南纯农业地区普遍存在的剩余劳动力缺乏出路现象④；相反，由于外流人口较多，在家实际从事农业生产的劳动力不足，以上乡、村均不同程度存在种田请工行为，离城最近的东亭区江溪乡江东村尤为突出。据1952年11月调查，江东村尽管人均土地数量较少，但由于人口外流和从事其他职业的较多，并且土改后在技术上更强调精耕细作，在农业生产上，反而出现了劳力不足的现象，在麦收麦种和秋收秋种两大忙场，

---

① 中共江苏省委农村工作委员会编《江苏省农村经济情况调查资料》，1953年，第237、241页。

② 《无锡县东亭区福寿乡农业生产与农民生活情况的调查（初稿）》，锡山区档案馆，B1-2-39，第62页；《无锡县南泉区壬港乡农村经济调查报告》（1952年12月），锡山区档案馆，B1-2-39，第37页；无锡农村工作团一队江东调查组：《无锡县江溪乡农村经济情况调查报告》（1952年11月30日），锡山区档案馆，B1-1-13，第45页；《苏南无锡江东、蠡埝二个代表村农村经济调查报告》，锡山区档案馆，B1-2-39，第31页。

③ 中共江苏省委农村工作委员会编《江苏省农村经济情况调查资料》，1953年，第105~106、127~128、143~144、159~160、173~174、189、192、204、225、239页。

④ 如常熟县扶海乡，除饲养猪、羊及养鱼外，无其他副业，土地改革前轧花、纺纱、织布等手工业，土地改革后大部分停止，每年剩余劳力576个（按每人每年耕作5亩地计算），占劳动力总数的26.42%，至调查时，尚无适当出路。见中共江苏省委农村工作委员会编《江苏省农村经济情况调查资料》，1953年，第226页。

都需要雇用大批流动客工来协助耕作，他们是历年不误农时，完成收割栽种的主要力量。埌坝头一个 50 户的自然村，全村仅有 13 个男性全劳动力，内有 5 个过去兼做泥水木匠的农民，正积极准备外出参加城市工会，脱离农业生产，剩下的 8 个劳动力，每人平均要负担 20 亩以上土地的耕作。但实际上，每个劳动力在一季生产内的耕作能力只是 4.5 亩左右。粗略计算，该自然村除妇女劳动力外，将缺少 1387.8 个人工。其他各自然村的情况虽没有这样严重，但不同程度的缺乏劳动力是一致现象。

江东村全村共有男劳动力 107 人，妇女劳动力 134 人（包括全劳动力与半劳动力），土改后流向其他劳动的特别是男劳动力逐年增加，计 1950 年 8 人，1951 年 11 人，1952 年 19 人，这些人流出后都完全脱离了农业生产。在参加农业的劳动力中，闲时做副业，忙时回家或转向农业生产的，也计有男女 63 人。由于缺乏劳动力，雇人耕作需管吃，每工要一万五千元，农民中有认为种田不合算的反感，"政府号召加工，劳力又不足，现在种田要种好，种少，不要多种了"。据两个组的具体调查，由于无农业劳动力或家里有人从事其他职业有别样收入，因而在秋种中出租或包耕土地的计中农 5 户、7.5 亩，贫农 5 户、6.3 亩（内包出田 4 亩），其他成分 15 亩。[①] 另据同一时期调查，江东、蠡埝两个代表村共有全劳动力 367 人（包括妇女劳力折合在内），共使用土地 1468 亩，如以每一全劳动力耕作 4 亩田计算，两个村全年尚少 2152 工，这些缺少的劳动力一般均须依靠外来客工解决。[②] 除江溪乡和江东村外，其他的几个调查地点，由于类似原因，也都存在种田请工的现象，但没有江溪乡江

---

① 苏南农村工作团一队江东调查组：《无锡县江溪乡农村经济调查报告》（1952 年 11 月 30 日），锡山区档案馆，B1－1－13，第 124～125 页。

② 《苏南无锡江东、蠡埝二个代表村农村经济调查报告》，锡山区档案馆，B1－2－39，第 31 页。

东村这样突出和普遍。

四 土改后的农民生活

土改之后，随着社会环境的安定和劳动力的相对增加，各地新解放区农业生产开始恢复和发展，多数农家的经济生活水准都趋于上升和好转[①]，社会结构普遍出现"中农化"现象[②]，苏南地区也不例外。根据苏南地区 6 个典型村调查，1952 年农产品全年总收入为 209322 万元（旧币），比 1951 年增加 20%，比 1950 年增加 23%。随着收入增加，农民的生活有了一定程度改善。土地改革前，缺 1～2 个月食粮的农户占 7.4%，缺 3～6 个月的占 36%；1952 年，缺 1～2 个月的占 14.6%，缺 3～6 个月的占 22.8%，缺粮户的数量减少，且程度降低。[③] 但与其他纯农业地区"生活好坏全视年成丰歉而转移"[④]的情况不同的是，在无锡，工商业和各种副业在促进农村社会的阶层分化中也扮演了比较重要的角色。

例如，据 1952 年 12 月关于南泉区壬港乡 8 个典型农户的调查，解放后生活上升的原因，主要是土改后分得了土地，副业逐渐恢复，职工收益增加。如贫农石仁源，全家 8 口，土改前佃入 6.5 亩，土改中原耕分进，废除了剥削，生产积极性非常高。1952 年水稻每亩收

---

① 尽管学界对土改的经济绩效评价不一，但有一点是确定无疑的，那就是它在一定程度上刺激了农民（尤其是在土改运动中受益最大的贫农阶层）的生产积极性，从而带动基本投入的增加，有利于农业产量的提高。但是，在土地的分配、投入的增加和农业产量的提升、生活的改善之间，并非简单的直线联系。

② 苏少之：《论我国农村土地改革后的"两极分化"问题》，《中国经济史研究》1989 年第 3 期；王瑞芳：《新中农的崛起：土改后农村社会结构的新变动》，《史学月刊》2003 年第 7 期；常明明：《主动上升与被动保持：土改后农民阶层的内部分化解析——以豫、鄂、湘、赣、粤五省为中心》，《中国农史》2013 年第 3 期。

③ 中共江苏省委农村工作委员会编《江苏省农村经济情况调查资料》，1953 年，第 7 页。

④ 中共江苏省委农村工作委员会编《江苏省农村经济情况调查资料》，1953 年，第 114 页。

616 斤，比解放前增加二成七；养猪逐年增多，生产成本降低，生活提高。另如中农顾玉宝，全家 7 口，种 6.9 亩，土改中不动户，1952年水稻每亩收 707 斤，比解放前增加 14%；妻子又帮人家养一个小孩，增加一些收益，因而生活水平上升。生活水平下降的原因，主要是副业收益减少而影响了农业生产，其次是病、死等特殊情况。如中农顾阿五，过去烧糟酒，近年不做，减少了收益，养的猪连年死亡，生产资料减少，施肥不足，产量不高，生活水平逐渐下降。贫农顾长根解放前在上海某瓷器店做工，每年约可收入 3000 斤稻谷；解放后失业在家，并连续死猪死人，虽分得土地，生活仍然困难。[①] 在以上事例中，影响生活上升和下降的因素都是多样的，农民的生活程度高低，取决于家庭收入与支出的总体比较。在分得土地、增加生产的基础上，更多来自农业之外的收益，固然有助于生活提高；如果农业外的收益减少，且出现家庭成员生病、死亡等特殊情况，即使土地的收益增加，生活水平也很可能下降。

另如东亭区福寿乡 1953 年春的调查，该乡沈尤住基、夹墙、陈巷、旺松浜 4 个自然村 216 户（其中贫农 144 户、中农 72 户）中，贫农上升为中农的 40 户，占贫农阶层的 28%；生活比解放前稍好，但还未达中农水平的 84 户，占贫农阶层的 58%；生活不及以前的 20户，占贫农阶层的 14%。中农生活比以前好的 18 户，占中农阶层的25%；稍有改善的 44 户，占中农阶层的 61%；不及以前的 10 户，占中农阶层的 14%。216 户的生活与收入概况是：够吃够穿，稍有积余的户约占 26%；不欠债，可以维持生活，比以前稍好的户约占 60%；欠债或生活不及以前的户约占 13%。

在上升户中，主要因分得土地，农业产量提高，使得生活好

---

① 《无锡县南泉区壬港乡农村经济调查报告》（1952 年 12 月），锡山区档案馆，B1 - 2 -39，第 61 页。

转；有一部分上升较快的户多系家中有人在工厂做工，或从事其他职业，工薪收入较多者。如陈巷自然村上升的 5 户贫农，均系家家有人外出做工，每月有钱补贴家庭。沈尤住基自然村中农王菊根，当过机船工人，从 1951 年开始，机船忙时抽水，机船闲时做小生意，请工种田，其抽水工薪收入占农业总收入的 39%，小生意收入占 10%；1952 年老婆又替工人养小孩（代奶），每月赚米 6 斗。这样，其他职业和副业收入即占到农业收入的一半以上。生活比过去稍有提高的农户，其生活主要来源依靠农业收入（包括蚕桑收入），没有副业与工薪收入或副业、工薪收入甚少，其中亦有因欠旧债太多者。下降的农户，主要是因婚、丧、疾病、死人亏债未清。4 个自然村 216 户中，无法上升的困难户两户，系丧失主要劳动力的鳏寡孤独。① 以上事例更清楚地说明：当地土改后上升和下降最快的农户都是缘于农业之外的因素，来自土地和农业的收入在农村社会分化中的作用不可高估，单纯农业对于农村经济和农民生活的调节程度相对有限。

苏南农村工作团 1952 年 11 月关于东亭区江溪乡的调查结论也印证了这点："在阶级关系变化上，我们认为在本地区由于地少人多，土地使用分散，其他收入占一定比重，因此在生活上升经济好转引起阶级变化，如以纯农业收入论，是较少而迟缓的，因此引起成份上升、下降的变化，尚不突出，中农以上上升的便成为困难，但今后转化趋势，随着国家工商业的逐渐发达，将更为显著、迅速。"②

从整体上看，以上调查的乡、村，基本都属于同一社会经济类型，反映了受工商业影响较深的地区在土改后的社会经济发展特点。

---

① 《无锡县东亭区福寿乡农业生产与农民生活情况的调查（初稿）》，锡山区档案馆，B1-2-39，第 67~68 页。
② 无锡农村工作团一队江东调查组：《无锡县江溪乡农村经济情况调查报告》（1952 年 11 月 30 日），锡山区档案馆，B1-1-13，第 55 页。

不过若具体区分，其情况仍有差别。

例如，从各乡的地理位置看，南泉区壬港乡位于无锡南部，邻近太湖；东亭区福寿乡位于无锡城东南十余里；东亭区江溪乡距无锡城南门仅四五里，城市郊区的性质最为明显。从各乡人均土地数量看，土地不足的状况，也以东亭区江溪乡最为突出，土改中第一平均原耕分配数0.85亩，第二平均分配数仅0.65亩。东亭区福寿乡、南泉区壬港乡人均土地数量基本都在1亩以上。

从各乡农业所处的地位和占比看，东亭区福寿乡农民的主要生活来源仍依靠农业收入，农业户占全乡总户数的93%，农业人口占总人口的85%；南泉区壬港乡农业户口和人口分别占总数的87.4%和75.2%；东亭区江溪乡农业人口只占全乡总人口的58%。从外出人口所占的比例看，东亭区福寿乡外出的有486人，占总人口的14.5%；东亭区江溪乡外出人口达总人口的27%，其中江东、蠡埝两个村的比例也有18%；南泉区壬港乡外出从事其他职业的男女劳动力平均占户口总数的30%以上。[①]

以上不同调查乡、村之间的对比，如果放大来看，实际也在一定程度上反映了工商业和副业较为发达的地区与其他农业占比较高地区的差别。相关情况，还有待以后结合更多资料的发掘整理，来进行专门分析。需要指出的是，在近代无锡，影响农村经济和农民生活的因素是多样的，不能仅就农业的情况来观察。以这样的地方为研究对象，无论如何，都不能离开其工商背景来分析问题。

① 《无锡县东亭区福寿乡农业生产与农民生活情况的调查（初稿）》，锡山区档案馆，B1-2-39，第62页；《无锡县南泉区壬港乡农村经济调查报告》（1952年12月），锡山区档案馆，B1-2-39，第37页；无锡农村工作团一队江东调查组：《无锡县江溪乡农村经济情况调查报告》（1952年11月30日），锡山区档案馆，B1-1-13，第45页；《苏南无锡江东、蠡埝二个代表村农村经济调查报告》，锡山区档案馆，B1-2-39，第31页。

结　语

本书主要以江苏省无锡县为个案，分析了该地区自民国至土改时期工商业发展背景下农村经济的变化，土地占有和租佃关系的概况及其内部差别，以及这些特点对于新中国成立后在这一地区推行减租和土改政策的影响。

本书以县为单位，而不是像以往许多研究成果那样以村庄或更大区域为单位，这是考虑到：一方面，以村为单位进行调查研究，有其长处，也有其局限，从社会经济角度讲，村庄本身也许并不是一个完全自足的单位，其所存在的问题以及解决的途径，可能都超出了村庄，因而都不能只在村庄内部寻求答案；另一方面，如果以更大的区域作为单位，所得到的分析结果，也往往只是一种学术意义上的一般状况和变化趋势，容易淡化对于内部复杂多样的实际情形的关注，与农村社会生活的现实之间存在距离。与这两种研究思路和方法相比，选择以"县"这样规模适中的单位为基础，可以结合对一般状况的观察和对于个案的描述，并兼顾事物之间的联系，在农村研究中，应该是一种值得考虑和尝试的途径。

当然，以县为单位，前提是需要有较为丰富的资料基础。本书所选择的无锡县，就是具备这样条件的少数地区之一。如前所述，关于无锡民国时期的农村调查，不仅次数多，持续时间长，地点分布广泛，在调查主体的类型上，也较为全面；此外，无锡目前所保存的土改时期的档案，其数量之庞大和内容之丰富，在江南地区大约30个县市的档案馆中也位居前列。这对于本书所关心的农村经济和土地问题的研究来说，无疑是一个极重要、极好的资料宝库。依据这些民国到土改时期的资料，本书得以对一些素来关心的问题展开讨论，并得到一些基本的认识和启发。

但尽管如此，本书的研究方法也还是有明显的不足。在目前田野调查方法和手段在农村研究中越来越得到重视的背景下，由于一些客观的原因，本书仍基本停留于文献分析的方式，这不能不说是一个缺憾，需要在未来继续补足和加强。以资料分析为主且参考大量土改时期档案作为立论基础，其主要问题在于，土改时期所留下的材料主要反映的是作为外来者和运动决策者的中共的视角，其对农村问题的观察和认识往往带有革命色彩，在阅读和利用这些材料时，虽然可以就数据的可靠性以及数据和表述的配合程度进行推敲，但整个观察视角还是不免受到限制。田野调查有助于从本地的视角来认识半个多世纪以前这场巨大的产权变革与社会改造过程的方方面面，与通过文献分析得到的结果进行对照，应该是突破以上这种视角限制的一个有效途径。

通过无锡的个案研究，本书可以归纳出以下认识。

无锡及其所在的苏南地区，一向被认为是全国土地集中程度和租佃率、地租率都较高的地区之一，对其内部差别，以往学者关注不多。事实上，依据民国和土改时期的资料，可以确定苏南的土地集中程度并不像以往所认为的那么严重，且不同地区之间并不均衡，而无锡在苏南属于土地占有相对分散的地区，与邻近的苏州、常熟等地区情况有一定差别。

就土地占有的变化趋势而言，相对于以往所言土地越来越向地主阶层集中的结论，在无锡，基于对中央研究院社会科学研究所1929年调查和中国科学院经济研究所1958年追踪调查数据的分析，所反映的是中农、富农向小地主转化，及小地主因分家等原因回落到中农甚至是贫农的相互易位流动的趋势。大部分地主的经济状况相对稳定，与此同时，中农阶层的经济力量得到增强，所占有土地数量及其百分比都显著上升。

当地租佃关系的情况也并非一成不变，抗战以来在部分地区实际经历了较大的变化，在田面田领域表现尤为明显，主要体现在租额的下降、田面价值的相对提高以及地主收租方式的调整，等等。在不同的地区和田制之间，是否变化以及变化幅度的大小，都有所区分，很难笼统地讲变化情况如何，而必须进行具体的考察。无锡的个案研究，事实上为我们认识解放前中国农村土地占有和租佃关系的多样性、复杂性，打开了一扇窗口。

土改时期，"苏南无封建""苏南无地主"之类的言论曾流行一时。遗憾的是，关于这些言论，至今很少有材料正面反映其具体内涵及依据何在。当时一些参与苏南地区土改的知识分子，在后来的总结报告中，曾对此观点进行批驳，最具代表性的是经济学家孙毓棠和社会学家潘光旦，其论点不外乎土地占有、租佃关系以及农村中的政治势力等几个方面。2005 年，樊树志在《重提苏南无封建》[①] 一文中，也主要从苏南地主占有土地的比例以及田面权的存在这两个方面展开论述，认为苏南地权分散、租佃制度特殊，值得区别对待。如果接受以上的论证方式，假设所谓"无封建"和"有封建"的看法都是从地权、租佃等角度进行立论的话，通过本书的考证会发现，在苏南各地区社会经济条件和土地租佃状况都存在多样化差别的情况下，实际很难以"无封建"或"有封建"一以概之。所谓"苏南无封建"，更多是强调苏南作为一个整体在全国的特殊性，但实际上，对于苏南各地区之间的差别和特性，亦有重视的必要。

地权和租佃关系不仅是土地改革的背景和前提，也是土改过程

---

① 樊树志：《重提苏南无封建》，《经济观察报》2005 年 5 月 2～9 日。

中处理和改造的对象。在各地区之间土地占有和租佃关系都不均衡的情况下，如何依据统一的政策完成减租及重新分配土地，值得关注。通过无锡的个案可以看到，在相关政策的制定与实施过程中，出于对地方社会经济状况复杂性的承认和尊重，地方领导者在秉持原则性的同时，也在一些具体措施上有所灵活变通。本书对于无锡减租和土改过程的梳理，也提供了一些不同于既往研究的新看法，可为继续推进土地问题研究提供参考。例如，土改时期，规定以乡作为分配土地的基本单位，从社会经济效果看，不失为调节土地占有区域不均问题的途径之一。另外，过去的研究在讨论土地集中程度时，常以地主占有土地的多寡为标准，而土改中没收征收土地的范围，与地主私人占有的土地并不完全是同一概念。且土改时期在判断土地集中程度时，并非只看本地地主占有土地的多少，更重视的是在整个使用土地中有多少是来自本乡和外乡的地主阶层，等等。

在研究农村问题时，应该有更为开阔的视角。在无锡这样经济比较发达的地区，村落之间以及不同区域和部门之间的横向联系都相当广泛，不仅对于土地没收、征收和分配过程的认识，需要将视野扩展到本村和本乡之外，在评价土改后农业生产、农村经济和农民生活的变化时，也应该采取更加综合的观点。农业生产的水平，实际是自然、技术、经济等多种条件的综合，从中很难单独衡量通过作为主要生产资料的土地的调整所带来的作用。部分商品性农作物生产的趋势消长，更是与市场的兴衰及价格的涨落密切相关，其源头已超越农业和农村系统。农民生活水平的高低，也是一个复合的概念，除与生产及收入相关外，还取决于农家消费和支出的多寡。在经济结构较为复杂、收入来源较为多样的情况下，农户经营的优劣，取决于各种途径的综合比较所得到的累积性总量。农家经济的上升，未必完全由于土地生产的增加；同时，农家经济的下降，也往往是多种因素正负叠加的效果，不可完全强调其中某一方面的影响。

　　在无锡这样工业化进程较快的地区，对于农村经济和土地问题的分析，不能脱离其工商背景。在各个地域，农业在整个家庭经营中所占的比重和意义各有不同。土改前，不同地方的农民所感受到的主要问题和矛盾，并不专在土地方面；土改以重新分配土地为口号，在不同地方所产生的动员能力和效果也有区别；土改结束后，这些地方所面临的新问题也有出入。在对现有材料分析的基础上，根据无锡的经验事实可知，关于新中国成立后的土改对农村经济、农业生产和农民生活的影响，一般在人均占有土地较多的地方，土改的经济意义和效果较为明显；而在接近城区、人均占有土地较为有限的地方，农民对于恢复和发展工商业的要求，往往比重新调整土地更为迫切，土改所带来的经济效果也就相对有限。

　　以上所述，主要是土改前后的情况。就 20 世纪 50 年代以后，尤其是 80 年代以来的情况来说，在无锡，人多田少的特点是越来越突出了。据《无锡县农业志》记载，全县耕地面积，在清顺治四年（1647），约有 132 万亩；民国十八年（1929），约有 125.5 万亩（水田 67%，旱田 33%）；1949 年，耕地（水旱田及旱田）为 102.86 万亩，另有桑田 11.78 万亩。新中国成立后，由于水利和交通建设、国家征用、农户建房和乡镇企业用地，全县耕地面积更为下降。据统计，1949~1990 年的 41 年中，全县共减少耕地 18.33 万亩，减少桑田 10.37 万亩。非农业用地的数量则在不断增长，据民国三十七年（1948）无锡县地籍整理办事处调查，全县非农业用地 71773 亩；1949 年，全县非农业用地 8.05 万亩；至 1990 年，非农业用地已增加到 32.34 万亩，比 1949 年增加 4 倍，其中国家基建占用土地 59252 亩，这些土地大多占用近村好地，土地不足的矛盾更加突出。[①]

　　与此同时，无锡的人均耕地也在不断减少。据统计，1949~1990

----

① 蒋国良主编《无锡县农业志》，中国农业出版社，1996 年，第 85~86 页。

年，人口增加了 37.08 万人，全县每人平均耕地面积从 1.45 亩减少到 0.78 亩，人均水旱田只有 0.69 亩；每个农业人口平均耕地由 1.53 亩减少到 0.89 亩，人均水旱田只有 0.79 亩；不论是人均耕地或只按农业人口计算的人均耕地，都不足 1 亩。[①] 1990 年以来的情况，虽然缺乏相应的统计数字，但可以肯定的是，随着社会经济的发展，人多地少的情况将更为明显，人均耕地面积也必然会进一步缩减。

有意思的是，虽然新中国成立后各乡镇的人均耕地数字都在减少，但不同乡镇之间依然不平衡，其分布规律与土改时期相比，有较多的相似性。例如，《无锡县农业志》提到，1990 年末，全县 35 个乡镇中，每人平均耕地 1 亩以上的只有安镇、羊尖、张泾 3 个乡，安镇乡最多，总人均 1.07 亩，农业人均 1.20 亩；0.8 ~ 0.99 亩的有查桥、厚桥、梅村、鸿声、荡口、甘露、八士、东湖塘、港下、藕塘、陆区、胡埭、硕放、后宅等 14 个乡镇；0.60 ~ 0.79 亩的有坊前、东北塘、长安、堰桥、前洲、玉祁、石塘湾、洛社、杨市、雪浪、南泉、华庄、新安等 13 个乡镇；0.60 亩以下的有东亭、西漳、钱桥、阳山、东绛等 5 个乡镇；西漳镇最少，总人均 0.40 亩，农业人均 0.48 亩，总人均水旱田只有 0.34 亩。[②] 由此来看，仍以距城较远、接近边缘的地区，人均土地较多，以东北部的一些乡镇较为明显；近城的地方，人均土地则普遍偏少，尤以西漳区的情况最为突出。

尽管从以上统计看，无锡的人均耕地面积日呈缩减之势，到 20 世纪 90 年代，即使人均耕地最多的乡镇，也不过 1 亩左右。但就整体经济情况而言，在包括乡镇企业在内的现代化进程推动下，无锡仍是全国社会经济最为发达的县之一，在 90 年代曾获得"华夏第一县"的美称。在整体经济增长的同时，农民的生活水平也在不断提

①　蒋国良主编《无锡县农业志》，中国农业出版社，1996 年，第 86 页。
②　蒋国良主编《无锡县农业志》，中国农业出版社，1996 年，第 86 页。

高，深为世人瞩目。如果说从民国和土改时期的调查来看，近代工商业的影响还主要限于以城区为中心向周边范围辐射的话，那么今日无锡的工商业布局特点，几有"遍地开花"之势，较之以往，在全县范围内的分布要均衡得多。以此为背景，不同区域之间就业和经济结构的差距，也在逐渐缩小。

我国是一个历史悠久的农业大国，"三农"问题具有特殊而重要的意义。土地、农民问题，更是"三农"问题的重中之重。一方面，在中国辽阔的版图上，无锡只占据一个很小的板块。而且，近代以来无锡的社会经济发展速度，不仅高于中国绝大多数地区，也领先于江南的许多地方。自然，相对于其他区域而言，无锡个案只是中国农村的一种类型，并不具备普遍代表意义。另一方面，无锡又是中国之无锡、江南之无锡。近代以来无锡农村的独特发展历程，无疑为我们追索中国各地的多元发展脉络以及江南区域内部的多样性、复杂性提供了新的注脚。作为近代中国率先开启工业化、城镇化的地方，无锡农村的发展轨迹，在一定程度上预示了中国农村的未来变化趋向，即越是经济发达的地区，农民的从业和收入结构就越多样化，土地和农业作为生产手段的意义和对农家生活的影响，也将越来越降低。在研究近代以来类似无锡这样地区的农村问题时，不能仅就农村而论农村，只有以更广阔的视野，将其纳入整个社会经济的脉络，才能更加接近历史的真实。

附 录

一 无锡县行政区域划分

无锡县境旧分为22乡。至明中叶，并成13区，区分上扇、下扇。区摄都，都摄图，图摄甲，全县共60都415图。清光绪三十四年（1908），重行划分，人口满5万的地区为市，不满5万的为乡，共划分10市7乡。民国十八年（1929）8月，改为17区，以序数为区名，下辖110镇、442乡。民国二十三年（1934）6月，又并为10区，分设78镇、121乡。全面抗战爆发后，无锡沦陷期间在日伪统治下，区域划分曾两度更改。1938年1月～1941年1月，恢复为1934年前的17区。1941年2月至1945年抗战胜利止，又恢复为全面抗战爆发前之10区，以序数为区名。抗战结束后，民国三十四年（1945）11月，无锡县政府决定恢复全面抗战爆发前的10区区域旧制，各区序数区名改为所在地名称，少数乡镇略有变动。全县共设80镇、121乡。民国三十七年（1948）1月，裁区设置，合并乡镇，全县划分为5个区署、6个指导区和1个自治实验乡（玉祁），辖53镇、17乡。[1]

---

[1] 《无锡行政区域划分》（解放前部分），无锡地方志编纂委员会办公室、无锡县志编纂委员会办公室编《无锡地方资料汇编》第4辑，1985年，第1～30页。

1949 年 4 月 23 日，无锡县解放，析城区和近郊置无锡市，实行市、县分治。无锡市为苏南行政公署直辖市，并为苏南行政公署驻地。无锡县于解放初期属苏南行政公署所辖的武进专区（后称常州专区）① 管辖，1949 年 6 月 9 日划归无锡市②，1950 年 6 月 6 日改由苏南行政公署直接领导③，土改时为中共苏南区的两个基点县之一（另一基点县为当时属苏州专区的吴县）。

无锡县境全部解放后，除原城厢指导区由无锡市政府领导，余尚有荡口、查桥、张泾、张村、新渎、滨湖 6 个区及 1 个自治实验乡。其中自治实验乡于 1949 年 4 月 30 日改名玉祁区，5 月 5 日改名前洲区。1949 年 6 月 29 日，无锡市将开原镇、湖山乡划归无锡县领导。无锡县原有 7 个区 1 个直属镇（洛社），加上新划入的这两个乡镇，各单位范围较大，管辖不便，为便于领导起见，7 月 10 日，经县委讨论决议，全县重新划分为梅村、前洲、荡口、开原、滨湖、查桥、张村、新渎、张泾等 9 个区。此后，为加强领导，迅速发动组织群众起见，无锡县在废除保甲制度的同时，实行划小区乡，这一工作约在 1950 年 5 月初完竣，原有 9 个区改划为东亭、新渎、西漳、华庄、安镇、梅村、南泉、蠡漪、墙门、藕塘、荡口、八士、洛社、玉祁、开源等 15 个区，共辖 191 乡。④

---

① 该行政区原名苏南常州行政区专员公署，1949 年 5 月 16 日易名苏南常州行政区，直辖武进、无锡、江阴、溧阳、金坛、宜兴等 6 县及常州市。无锡县委民政科：《无锡市、县政府关于区、乡的划分、干部任免、启用印信的命令》，锡山区档案馆，C23－1－1，第 2 页。

② 《无锡市、县政府关于区乡的划分，干部任免、启用印信的命令》，锡山区档案馆，C23－1－1，第 1 页。

③ 《本县各区乡及邻县、无锡市行政区域划分变更的呈报、训令、指令》，锡山区档案馆，C23－1－2，第 30 页。

④ 《无锡市、县政府关于区乡的划分，干部任免、启用印信的命令》，锡山区档案馆，C23－1－1，第 13～15、32～33、55～58 页。

1912～1934 年无锡县行政区划表

1912 年前所属县名	十七市乡 (1912～1929)	十七区 (1929～1934)				面积（方里）(3650)
		区名	镇数 (110)	乡数 (442)	区公所所在地	
无锡县、金匮县	无锡市	第一区	31	3	县政府内	92.3
金匮县	景云市	第二区	2	27	江溪桥	221.7
无锡县	扬名乡	第三区	3	34	南　桥	255.1
无锡县	开原乡	第四区	4	32	前桥头	202.5
无锡县	天上市	第五区	8	29	堰桥镇	198.9
金匮县	天下市	第六区	6	30	八士桥	229.1
金匮县	怀上市	第七区	7	24	张泾桥	230
金匮县	怀下市	第八区	6	22	安　镇	264.6
金匮县	北上乡	第九区	3	22	厚桥镇	145.3
金匮县	北下乡	第十区	4	16	东亭镇	138.5
金匮县	南延市	第十一区	5	27	荡口镇	214
金匮县	泰伯市	第十二区	3	33	大墙门	309.4
无锡县	新安乡	第十三区	2	36	华大房庄	189.4
无锡县	开化乡	第十四区	10	13	南方泉	240.8
无锡县	青城市	第十五区	7	30	凤阜墩	272.2
无锡县	万安市	第十六区	5	30	洛社镇	285.4
无锡县	富安乡	第十七区	4	34	张舍里	260.8

1934 年 6 月～1937 年无锡县行政区划表

新区名称	旧区（市乡）名称	区署所在地	面积（方里）	所辖乡镇	
				镇数 (78)	乡数 (121)
第一区	第一区（无锡市）	崇安寺	92.3	20 镇 中一镇 中二镇 中三镇 中四镇 熙井镇 长街镇 清名镇 黄泥镇 下渎镇 通汉镇 中仓镇 惠勤镇 西兴镇 迎龙镇 惠山镇 大安镇 北塘镇 北闸镇 惠河镇 梨花镇	2 乡 黄巷乡 大窑乡

续表

新区名称	旧区（市乡）名称	区署所在地	面积（方里）	所辖乡镇	
				镇数（78）	乡数（121）
第二区	第二区（景云市）第十区（北下乡）	东亭镇	360.2	6镇 江陂镇 东亭镇 坊前镇 查家桥镇 西仓镇 梅村镇	18乡 陶玑乡 九里乡 柏庄乡 广一乡 前旺乡 堠阳乡 潮音乡 吴蒋乡 下甸乡 周泾乡 庙金乡 华庄乡 白吐乡 福寿乡 新藤乡 三蠡乡 东园乡 丹麓乡
第三区	第三区（扬名乡）第十三区（新安乡）第十四区（开化乡）	南桥	685.3	4镇 南桥镇 南方泉镇 华大房镇 周新镇	17乡 青祁乡 溪南乡 净慧乡 蠡河乡 太平乡 吴塘乡 方陶乡 南杨墅乡 嘉禾乡 新安乡 许舍乡 杨北乡 石塘乡 杨西乡 杨东乡 四河乡 方湖乡
第四区	第四区（开原乡）第十七区（富安乡）	前桥头	463.3	9镇 荣巷镇 徐巷镇 钱桥镇 藕塘镇 张舍镇 胡埭镇 新渎镇 陆区镇 鸿桥镇	13乡 仙蠡乡 河埒口乡 大池乡 惠北乡 溪北乡 稍塘乡 修浦乡 盛店乡 崇仁乡 兴隆乡 闾江乡 福山乡 刘塘乡
第五区	第五区（天上市）第六区（天下市）	寺头镇	428	10镇 塘头镇 长治镇 久安镇 寺头镇 张村镇 堰桥镇 北西漳镇 陈家桥镇 刘潭桥镇 八士桥西镇	10乡 高庄乡 东埭乡 斗东乡 平梓乡 石舍乡 泰安乡 观惠乡 胶南乡 刘仓乡 斗西乡

新区名称	旧区（市乡）名称	区署所在地	面积（方里）	所辖乡镇	
				镇数（78）	乡数（121）
第六区	第七区（怀上市）	张泾桥	230	7 镇 黄土塘镇 陈墅镇 王庄镇 寨门镇 东湖塘镇 张泾桥镇 八士桥东镇	8 乡 下庄乡 张缪舍乡 港下乡 卖酒巷乡 鹽瀆乡 双泾桥乡 三坝桥乡 让村乡
第七区	第八区（怀下市） 第九区（北上乡）	安镇	409.9	5 镇 厚桥镇 羊尖镇 廊华镇 安镇 严镇	12 乡 东埭乡 东桥乡 曹乐乡 安龙山乡 长大厦乡 太芙乡 吼山乡 仓下乡 乔柳乡 关泾乡 杨亭乡 兴塘乡
第八区	第十一区（南延市） 第十二区（泰伯市）	荡口镇	523.4	8 镇 甘露镇 荡口镇 鸿声镇 南前镇 坊桥镇 后宅镇 薛典镇 大墙门镇	20 乡 湖彩乡 松芝乡 汶上 黄塘乡 刘潭桥乡 三让乡 凤兴乡 庙河乡 荻泽乡 省问乡 葛家乡 北渡乡 金娥乡 金桥乡 荆福乡 香平乡 观泗乡 南家乡 硕柱乡 塔西乡
第九区	第十五区（青城市）	玉祁 凤阜镇	272.2	6 镇 北七房镇 秦巷镇 礼社镇 玉祁镇 前洲镇 南双庙镇	7 乡 北新桥乡 蟆三乡 慕环乡 刘庄乡 凤阜乡 七宝乡 魏前乡
第十区	第十六区（万安市）	洛社镇	285.4	3 镇 洛社镇 石塘湾镇 杨墅园镇	14 乡 匡桥乡 高明乡 前旺乡 帝让乡 菜丰乡 重仁乡 西漳乡 双钱乡 新合乡 陡门乡 万寿乡 新建乡 海马乡 唐平乡

1945 年 11 月～1947 年 12 月无锡县行政区划表

区名	区署所在地	所属乡镇	
		镇（80）	乡（121）
第一区 城区	崇安寺	21 镇 中一镇 中二镇 中三镇 中四镇 惠勤镇 北闸镇 中仓镇 通汉镇 大安镇 北塘镇 惠河镇 西兴镇 迎龙镇 长街镇 熙井镇 惠山镇 黄泥镇 大窑镇 清名镇 下溇镇 梨庄镇	
第二区 东亭区	东亭	6 镇 东亭镇 江陂镇 坊前镇 查家桥镇 西仓镇 梅村镇	18 乡 福寿乡 三蠡乡 堠阳乡 潮音乡 东园乡 丹麓乡 新藤乡 柏庄乡 广一乡 全旺乡 吴蒋乡 下甸乡 周泾乡 庙金乡 华庄乡 九里乡 陶玑乡 白吐乡
第三区 周新镇区	南桥	5 镇 周新镇 南桥镇 新安镇 华大房镇 南方泉镇	16 乡 杨西乡 杨东乡 杨北乡 溪南乡 青祁乡 蠡河乡 太平乡 静慧乡 嘉禾乡 泗河乡 方陶乡 石塘乡 许舍乡 方湖乡 吴塘乡 南杨墅乡
第四区 藕塘区	钱桥	9 镇 张舍镇 胡埭镇 藕塘镇 盛店镇 新渎镇 钱桥镇 荣巷镇 河埒口镇 徐巷镇	13 乡 福山乡 修浦乡 鸿桥乡 崇仁乡 陆区桥乡 兴隆乡 闾江乡 刘塘乡 稍塘乡 溪北乡 惠北乡 仙蠡乡 大池乡
第五区 长安桥区	寺头	9 镇 长治镇 久安镇 塘头镇 张村镇 寺头镇 刘潭镇 八士西镇 北西漳镇 陈家桥镇	11 乡 斗东乡 斗西乡 石舍乡 严东乡 平梓乡 高庄乡 观惠乡 泰安乡 堰桥乡 胶南乡 刘庄乡
第六区 张泾桥区	张泾桥	9 镇 王庄镇 陈墅镇 寨门镇 黄土塘镇 东湖塘镇 张泾桥镇 双泾桥镇 八士东镇 三坝桥镇	6 乡 港下乡 卖酒巷乡 蠡澜乡 张缪舍乡 下庄乡 让村乡

区名	区署所在地	所属乡镇	
		镇（80）	乡（121）
第七区 安镇区	安镇	5 镇 安镇镇 羊尖镇 严镇镇 后桥镇 杨亭镇	12 乡 太芙乡 安龙山乡 吼山乡 廊下乡 乔柳乡 曹乐乡 东桥乡 东埭乡 兴塘乡 关泾乡 仓下乡 长祁乡
第八区 荡口区	荡口	8 镇 大墙门镇 荡口镇 甘露镇 南前镇 坊桥镇 后宅镇 薛典镇 鸿声镇	20 乡 黄塘乡 刘潭桥乡 荻泽乡 松芝乡 汶上乡 湖彩乡 凤兴乡 三让乡 庙河乡 葛家乡 省问乡 金娥乡 金桥乡 南家乡 北渡乡 观泗乡 香平乡 荆福乡 塔西乡 硕柱乡
第九区 前洲区	玉祁	5 镇 前洲镇 北七房镇 秦巷镇 玉祁镇 礼社镇	10 乡 七宝乡 蟆三乡 北新桥乡 南双庙乡 刘庄乡 凤阜乡 慕环乡 蓉南乡 魏齐乡 黄泥坝乡
第十区 洛社区	洛社	3 镇 洛社镇 石塘湾镇 杨墅园镇	15 乡 新建乡 菜丰乡 前旺乡 帝让乡 重仁乡 西漳乡 新合乡 双钱乡 梅泾乡 陡门乡 万寿乡 海马乡 唐平乡 匡桥乡 高明乡

1948 年 1 月～1949 年 4 月无锡县行政区划表

新区名称	旧区名称	区署所在地	所辖乡镇		备注
			镇	乡	
荡口区署	荡口区 安镇区	荡口镇	8 镇 甘露镇 荡口镇 北延镇 鸿声镇 坊桥镇 后宅镇 薛典镇 墙门镇		北延镇 1948 年 3 月后改为南 四镇
查桥区署	安镇区 东亭区	查家桥	4 镇 羊华镇 安镇 东亭镇 坊前镇	4 乡 永安乡 北夏乡 云林乡 梅村乡	梅村乡 1948 年 3 月后改为梅 村镇

续表

新区名称	旧区名称	区署所在地	所辖乡镇		备注
			镇	乡	
张泾区署	张泾桥区 安镇区	张泾桥	6 镇 怀一镇 怀二镇 怀三镇 怀四镇 怀五镇 胶东镇	1 乡 斗山乡	胶东镇 1948 年8 月后改为胶东乡
张村区署	前洲区 长安桥区	张村	7 镇 长安镇 张村镇 塘头镇 八士镇 堰桥镇 前洲镇 石塘湾镇	1 乡 天一乡	
新渎区署	藕塘区 洛社区	新渎桥	7 镇 双庙镇 杨墅镇 藕塘镇 新渎镇 张舍镇 陆区镇 胡埭镇		
第一指导区	城区		6 镇 中一镇 中二镇 仁爱镇 靖复镇 大同镇 和平镇		
第二指导区	城区		6 镇 锡冶镇 忠孝镇 博爱镇 惠河镇 信义镇 惠山镇		
第三指导区	东亭区		2 镇 景渎镇 运渎镇	2 乡 广柏乡 周泾乡	景渎镇、运渎镇后改为乡
第四指导区	洛社区 藕塘区		3 镇 洛社镇 张镇 钱桥镇	2 乡 万北乡 万东乡	
第五指导区	周新镇区 藕塘区			5 乡 荣巷乡 湖山乡 南桥乡 扬名乡 落霞乡	荣巷乡后改为开原镇
第六指导区	周新镇		4 镇 南泉镇 周潭镇 华庄镇 新安镇	2 乡 化北乡 雪浪乡	
玉祁自治实验乡					

1949 年 5 月无锡县行政区划表

区名	驻地	乡镇名
荡口区	荡口	甘露镇 荡口镇 北延镇 鸿声镇 坊桥镇 后宅镇 薛典镇 墙门镇
查桥区	查家桥	羊华镇 安镇镇 东亭镇 梅村镇 运渎镇 坊前乡 周泾乡 永安乡 北夏乡 云林乡
张泾区	张泾桥	怀一镇 怀二镇 怀三镇 怀四镇 怀五镇 胶东乡 斗山乡
张村区	张村	长安镇 八士镇 堰桥镇 张村镇 塘头镇 景渎镇 天一乡 广柏乡
新渎区	新渎桥	双庙镇 杨墅镇 藕塘镇 新渎镇 张舍镇 陆区镇 胡埭镇 钱桥镇 张镇镇 万东乡
滨湖区	周新镇	周新镇镇 南泉镇 周潭镇 华庄镇 新安镇 南桥乡 落霞乡 化北乡 雪浪乡
前洲区	前洲	洛社镇 石塘湾镇 前洲镇 万北乡 玉祁镇 礼社镇 蓉南乡

1950 年 5 月无锡县行政区划表

区名	驻地	所辖乡镇	
		镇名	乡名
梅村区	梅村	梅村	三让 西仓 秦村 永安 东园 周泾 庙金 宅基 荆福 香平 新中
荡口区	荡口	荡口 甘露	荡北 荡西 松湖 汶上 坊桥 六步 鸿声 东桥
东亭区	东亭		关泾 仓下 杨亭 云林 新藤 东亭 福寿 席祁 九里 坊前 三蠡 吴蒋 景渎 下甸 潮音 堠旸 江溪 熙井
安镇区	安镇	安镇 羊尖	廊下 蠡桥 太芙 胶山 山河 安龙山 查桥 北夏 厚桥 曹乐
蠡瀔区	大河巷		胶东 港下 山前 严家桥 下庄 东湖塘 黄土塘 塘南 张缪舍 陈墅 蠡瀔 王庄
八士桥	八士桥	八士	斗东 斗西 石舍 怀五 寨门 长安 平梓
西漳区	陈家桥	堰桥	天一 刘潭 胶南 泰安 观惠 张村 寺头 塘头 广益 柏庄 刘仓
玉祁区	玉祁	玉祁 前洲	蓉南 礼社 凤平 黄泥坝 北七房 浮舟
洛社区	洛社	洛社	高明 双庙 石塘湾 万北 张镇 杨家圩 秦巷
新渎区	新渎桥	杨墅	胡埭 西溪 马鞍 张舍 刘塘 陆区 鸿桥 前进 光明 新渎 修浦 盛店 新民 新华 新生
藕塘区	钱桥		藕塘 稍塘 钱桥 万东
开原区	荣巷		开原 梅园 湖山 青祁 溪南 扬西 南桥 扬北 仙蠡 河垾
南泉区	南方泉	南泉	湖广 军嶂 壬港 泗河 方湖 葛埭 板桥 许舍 方桥 湖东 塘山
华庄区	周新镇		黄庄 巡塘 东垰庙桥 芦村 梁塘 落霞 太平 新北 锡华
墙门区	大墙门		墙门 墙南 墙西 硕放 塔西 蠡河 薛典 观泗 后宅 后南 后西 新安 新南

资料来源：《无锡行政区域划分》（解放前部分），无锡地方志编纂委员会办公室、无锡县志编纂委员会办公室编《无锡地方资料汇编》第 4 辑，1985 年，第 1 ~ 30 页；谈汪人主编《无锡县志》，上海社会科学院出版社，1994 年，第 75 ~ 85 页。

二　相关资料

第二章

（1）1929～1930 年无锡农村调查背景和经过

①1929 年 7 月 2 日，中央研究院为社会科学研究所组织团体赴无锡农村调查公函江苏省民政厅，请令行该县县长转咨公安局保护、教育局及公立小学校借给宿舍。①内容如下：

为本院社会科学研究所组织团体赴无锡调查农村请令行该局保护并借用宿舍由

径启者：

本院社会科学研究所为预备研究新兴工业与农村经济的关系，现组织二十余人往无锡调查农村，拟请贵厅令行无锡县长公署知照该县公安局及分局，切实保护，并转函县教育局及公立学校借用宿舍，俾可从容进行，实地研究，务希查照办理，至纫公谊。又本院负责调查之特派员为陈翰笙及王寅生两君，并烦察照为荷。此致

江苏民政厅

②1931 年，中央研究院社会科学研究所派张（稼夫）②、钱（俊瑞）二人再次赴锡，目的是对前年的调查进行补充，"确知该县全县各户所有地亩数"。③

请函江苏民政暨训令无锡县政府俟本所派员赴锡作补充调查时照料一切事

---

① 《公函江苏民政厅》（十八年七月二日，第一号），《国立中央研究院院务月报》第 1 卷第 1 期，1929 年 7 月，第 40～41 页；《文书处日志》，《国立中央研究院院务月报》第 1 卷第 1 期，1929 年 7 月，第 113 页。

② 原档中未出现完整姓名，"张"究竟指张稼夫还是张锡昌，待考。

③ 中国第二历史档案馆藏《中央研究院调查浙江钱塘道属农村及无锡县农村经济文件》，全宗号三九三，案卷号 258。南京大学的郁花女士提供了抄件。

（一）民国十八年七月至九月赴无锡作农村经济调查，当时曾函民政暨训令无锡县政府协同办理

（二）关于全县各户所有地亩数项再派员赴锡作补充调查

（三）请再函民政暨令无锡县政府俟本所调查员赴锡调查时照料一切并训令各区书据实报告

径启者：

查本院社会科学研究所曾于十八年秋组织二十余人赴无锡作农村经济调查，当时函请贵厅暨令行无锡县政府切实保护有□。现在该所为欲确知该县全县各户所有地亩数起见，往无锡作补充调查，特再函达，务请查□□予令饬无锡县政府俟张、钱二君到时予以切实照料，并由县训令各区之区书据实报告，俾资依据而臻便利。□□□□此致……

径启者：

顷接马孝□君□□陈翰笙先生来单，知贵所近拟派张、钱二君赴无锡作该县全县各户所有地亩数补充调查□根据前□再□苏民厅令行无锡县政府切实照料，并令各区之区书据实报告。

此致……

民国二十年五月二十六日

③陈翰笙《中国农村经济研究之发轫》（1930 年 7 月）（节选）[①]

前北京农商部之农村经济调查与统计，其简陋虚妄之点不胜枚举。据农商部报告，一九一四至一九一五年，一年中广东农民骤增九百万；一九二二年一年中吉林耕地面积骤增两倍。试问农村经济学者如何能应用此种报告，而研究中国土地关系！金陵大学美国教授主持

[①]　本文系中央研究院社会科学研究所 1929～1930 年的工作报告。由陈翰笙起草，社会学组讨论定稿。见陈翰笙、薛暮桥、冯和法编《解放前的中国农村》第 2 辑，中国展望出版社，1987 年，第 3～7 页。

之农村调查，所用表格大都不适于当地情形。不但对于各种复杂之田权及租佃制度未能详细剖析，甚至对于研究农村经济所绝不容忽视之雇佣制度、农产价格、副业收入、借贷制度等等，亦都非常忽略。由此观之，美国教授对于中国农村经济之尚无深刻认识，以视农商部亦仅为五十步与百步之差。一九二二至一九二三年间，哈尔滨东省铁路经济调查局之北满农业调查，其统计报告视金陵大学发表者较为详确。但所调查之农户绝少贫农；对自耕农与其他农民在投资上及收获上之各种差异，全被忽视；且与农村经济关系重要之借贷事项，亦未调查（参阅本所专刊第一号"黑龙江流域的农民与地主"）。社会学组同人因此决心抛弃以前政府统计之残屑，不顾一切违反中国实情之报告，而从事有意识有组织之农村经济调查。

中国各地农村社会进化之程度，甚不一致。农村经济之调查势必分区进行，方为合理。划分区域虽可以作物、土壤、交通、市场、农户类别、租佃制度等作一定标准，奈关于此种标准之基本知识现尚缺乏。不得已只能先从农村经济显然特殊之地方着手调查。一九二九年七月初至九月底，本组实行无锡二十二村之挨户调查。一九三〇年五月又与北平之社会调查所合作，组织保定农村经济调查团。无锡工商发达，佃农占村户全数之百分之三十九。保定自耕农较多，而工商业尚未发达。无锡粘〔黏〕土，种稻最多；保定沙土，种麦最多。无锡普通收获一年两熟；保定普通三年两熟。两处显属不相同之农村经济区域。

无锡农村经济调查团，由调查员及办事员四十五人组织而成。办事处设无锡城中。调查员分四组。各组之组长、交际、文书、会计等职务，由组内调查员分别兼任。无锡各乡地势水利，大都相同；但农村中村户田权分化颇深。故依各村自耕农、雇农、佃农、工人、商人之多少，可分普通村与特殊村二种。就各乡选出普通村九，特殊村十三，共二十二村；挨户调查一千二百零七家。又择其附近之三十三村，及为各村经济中心之八市镇，作一概况调查。

……

保定农村经济调查团，由调查员、向导员、办事员共六十六人组织而成。办事处设清苑城内。调查员分组，一如在无锡。惟组长不复兼调查员，所以增加工作之效率也。清苑各乡地势水利大不相同；但农村中村户田权尚无甚分化。故依农作水利，可分全县为四区。每区中择其最普通之村庄，作分村经济、村户经济、城镇分业及农户抽样四种调查。第一种注重分配，第二种注重生产，第三种注重交换，第四种注重消费。第一二两种各自独立，第三四两种则系补充性质。据无锡挨户调查之经验，若干事项非每户所能详答。所答含糊，反有碍统计。故在保定，拟作农户抽样之调查。

保定挨户调查之表格，其形式较无锡者大加改良。纸张大小划一，免折叠与展开之烦。表格布置整齐，节省总面积三分之一。表格内容，更多进步。例如田亩上之各项农业成本，不以每一作物亩设问，而以每块作物亩设问。又如人工与畜工，不以作物之各熟所需总量设问，而按工作之种类分别设问。关于典地、赊账、作物副产、畜养副产等项，亦较无锡表格为详备。

……

（3）王寅生、钱俊瑞《土地分配和资本的将来》（1932）①

---

① 该报告中文版迄未公开发表，英文版发表于 *Agrarian China*：*Selected Source Materials from Chinese Authors*，compiled and translated by the Research Staff of the Secretariat, Institute of Pacific Relations, Kelly and Walsh, Limited, Shanghai, 1938，标题为 Land Concentration in Wusih, near Shanghai（上海附近无锡的土地集中）。文末注明来源：Wong Yin-seng, Chien Tsen-jui and others, Land Distribution and the future of Capital, an unpublished MS., dated 1932（王寅生、钱俊瑞等：《土地分配与资本的将来》，未出版的手稿，1932 年）。英文本另有 1939 年（George Allen & Unwin, London）的版本。1940 年，杉本俊朗综合两个英文本，将其翻译为日文（太平洋問題調查会编、杉本俊朗訳『中国農村問題』、岩波書店、昭和十五年）。范世涛近年发表的文章指出，这份报告是陈翰笙领导下中央研究院无锡农村经济调查产生的一系列原创成果之一。文章附录中提供了据 1939 年英文本翻译的该报告中译稿，标题为《无锡的土地分配和资本主义的前途》（见《陈翰笙与国立中央研究院无锡农村经济调查》，《中国经济史研究》2020 年第 5 期）。经与作者讨论交流并得其允准，本书依据日文版报告进行翻译时，参考了其中译稿。

无锡是有名的工业县，人们自然期待在这里发现资本主义农业经营的端绪，但是这样的资本主义发展，却被土地集中及租佃制度的现状明确否定了。过去十年中，土地典当和买卖的数量虽然有所减少，土地集中的程度却没有丝毫减退的征兆。

（地权的三种范畴）根据地权的完整性，可以将无锡的农地分为三个类型。在当地分别叫作"收租田"、"灰肥田"和"自田"。收租田指的是有田底权的土地，灰肥田指的是有田面权的土地，而自田是指完整拥有田面权和田底权的土地。据 1929 年国立中央研究院社会科学研究所在无锡 20 个代表村的实态调查，地主占全部农村人口的比例不过 5.36%，其拥有的自田和收租田占全部耕地的比例却达到了 47.08%。随后在 1931 年的调查中也发现，无锡有 921 户地主，各自拥有的自田及收租田都在百亩或者百亩以上，其土地总面积达 305000 亩，占全县耕地的 24%。如与占有土地不到 100 亩的地主家庭合计，结果是无锡农田的 39% 掌握在地主手中。

当然，地主大部分的土地都是收租田。县城附近属于地主的全部农地都是收租田，其永佃农大多数都住在城墙周围半径五英里范围内。从这一地域内黄巷、黄土泾桥、周家桥三个村的情况看，农民租入田地（借入田地）的 81%～98% 都是灰肥田。在 20 个代表村中，收租田占地主全部土地的比例，平均达到 62%。事实上，这些地主当中有 1 户占地超过 550 亩，其土地的 98% 都只有田底权，占 20 个村收租田的一半左右。

（农民的土地所有）转过来看农民的土地所有，富农当然占优势地位。作为一个整体，富农雇用了大部分的长工或季节工，但其自田和收租田也有 5.18% 左右租出（借出）。中农人口占村落人口的 1/5，其所拥有的土地也大约占耕地面积的 1/5，其土地数量仅足勉强维持生计，因此只有 0.53% 成为收租田。在 20 个代表村中，有大约 700 户贫农，占人口比例 68% 左右。这些农家一共只有 9 亩收租田、960

亩自田，而作为相对贫困明确标志的灰肥田却达到了 1510 亩。

不过，贫农甚至连这样的收租田和自田也不能维持。正常情况下，他们不得不通过借钱维持日常的低生活水准。如果遇到婚丧、家庭不幸或者作物歉收，就不得不转让从祖辈传下来的财产。但是，如果他们把土地完全卖掉的话，就会一下子失去生活的基础。因此，除非绝对必要，他们常常不情愿卖地，而是选择典出土地。但实际上，典出不过是变相的卖出。因为典出的土地在法律上属典进方或放款人，典出人只是在名义上还有赎回土地的机会（实际上并没有）。很显然，这并不是资本主义形式的典押。在资本主义形式的典押关系里，抵押或者典当的人只要履行其债务，就依然可以保留所有权。

由于经济条件的差异，土地转让的方法在同一县的各个地方也有所不同。在无锡南部，地主相对较少，大部分土地交易是在农民之间进行，获得土地的人通常自己耕作。因此，卖出土地的数量远远超过典的数量。无锡东部和西部的情况有所不同，那里通常是通过抵押来获得田租的地主数量比较多。不过，即使是在那里，1927 年以来情况也有变化。在这一年之前，征收地租比较容易，典多于卖；这一年以后，典的数量减少了，这是佃农暴动的结果。

（土地所有的移动过程）大部分佃农正是在典这一前资本主义的形态下失去其土地，这些土地落入地主和富农手中。根据 1929 年的调查，农民所有的土地中有 14% 典出，其中，富农的土地仅有 2% 典出，中农 8% 的土地典出，而贫农的土地则有 38% 典出。另一方面，富农的土地中有大约 6% 是通过典进取得。地主以典进方式持有的土地，占其所有土地的 10% 以上。

要想了解贫农不管付出什么样的努力，想保住自己的土地有多么困难，只要了解土地交易的实际过程就可以了。在无锡，贫农典出自田通常经过四个阶段。第一个阶段，他们典出田底权，并按年向典进方支付定额租作为预期的利息。这种方法在当地被称为"卖租米"。生活如果更加困难，他们去找典进方，提出绝卖田底权，由此获得一笔钱，但从此以后不得不作为真正的佃农缴纳田租。这叫作"绝的收租田"。下一个阶段是典出田面权，这在当地被称为"活买的灰肥田"。第四个阶段，也就是最后一个阶段，当然就是绝卖田面权。此后，农民彻底放弃对于任何一种所有权形式的要求。完成这四个阶段所需要的时间，通常不超过三到八年。换言之，农民一旦将田地典出，实际上注定在十年之内完全丧失所有权。

根据 20 个代表村的调查，土地分配的情况如第 3 表所示。

第 3 表　1929 年无锡的土地集中

阶级	占全体农家数的百分比（%）	占全部耕地亩数的百分比（%）
贫农	68.49	14.17
中农	20.06	20.83
富农	5.68	17.73
地主	5.77	47.27

68% 的农家占有 14% 的土地，其他 11% 的农家拥有 65% 的土地，这一事实清楚表明了无锡的土地集中程度。同一年的调查显示，无锡全县的地主拥有 39% 的农田，其中一部分有势力的地主，还以这样那样的方式，攫取了名义上的族田或公田，实际拥有另外 9% 的土地。另一方面，无锡超过 60 万的农民，不得不在剩下的 52% 的土地上挣扎。如上表所示，比例很小的富农在这 52% 的土地中占份额很大，构成农民大多数的贫农，只有很少的一部分土地。

（地主的寄生性）不过，仅仅是土地的集中，并不意味着资本主义发展的开始。罗马帝国社会经济史中的大地产制度，加速了罗马各州的崩溃，对于资本主义的发展，没有带来任何刺激作用。但是，16世纪英国的土地集中运动，却产生了资本主义的农业经营。现在中国的一般农业状态，的确不能说是有助资本主义的发展。另一方面，现有的土地集中和租佃制度，仍然嵌含在封建的残余之中。在无锡，第一个棉纺织工厂 1894 年建立，第一个面粉厂 1901 年建立，第一个缫丝企业 1904 年建立，第一个化学染料工厂 1909 年建立，第一个机械工厂 1912 年建立。虽然 1929 年无锡工业资本总额达到 1200 万元，工厂工人总数达到 8 万多人，但地主们尚未为谷物或其他商品作物的大规模生产而烦恼。

无锡拥有百亩以上土地的地主，有超过一半生活在城里或者农村的商业中心地区，有 45% 左右实际住在村庄里。地租收入实际上全部用于购买土地、放高利贷和投资商业，用于工业投资的寥寥无几。租金最常见的用途是放高利贷。无论在哪个村，至少有 40% 的地主因此更为发达，在许多情况下，这个比例达到 90% 或 100%。总的来说，大约三分之一的地主投资于商业，但是仅有 1.29% 的地主投资于近代工厂。

和中国别的地方一样，无锡的地主并不像旧普鲁士容克地主那样经营自己的土地；他们不仅租出全部收租田，还把自有田地的 63% 租出。事实上，地主家庭拥有的土地越多，他们租出土地所占的比例就越大。更进一步说，在目前的条件下，甚至富农也认为租出一部分土地更有利可图。事情的真相是，由于中国的劳动力极为廉价和农地的零细化、分散化，富农既不能也不希望使用机械来耕种。由于不断征收重税、强制的军事征发、世界市场的价格操纵，以及技术的原始，来自农业的利润不断减少。所有这一切，都说明了富农为什么希望将其部分土地租出用于征收田租。他们认为，收租比赌博农业利润更为安全。在调查的 20 个代表村中，约 19% 的富农土地租出，而且与地主情况类似的是，富农占有的土地越多，租出的比例就越高。

（贫农的雇农化）毫无疑问，地主和富农出租的土地，是通过农民的典和卖等方式取得的。在资本主义发达的国家，无地的农民要么直接去工厂做工，要么受雇为农业工人。但中国的情况不同，工业化的程度有限，也没有大规模农场经营的可能性，因此，无地和只有少量土地的农民只得成为佃农，支付高额的地租以谋生。这些农民中还有很多人因不能承担必要的生产成本，无法成为佃农，不得不以极低的工资出雇为季工或日工。1929 年，雇农的每天工资是男性约 5 角，女性更少。与工业化国家的农村无产者相比，中国贫农的处境要糟糕得多，因为他们苦于土地饥馑，同时又因生计被继续束缚在土地上。

（4）陈翰笙《现代中国的土地问题》（1933 年）（节选）[①]

……

一 贫农需要土地

中国的经济构造，建筑在农民的身上，是人所周知的事实。殊不知农村中不下于百分之六十五的农民，都很迫切的需要土地耕种，中国的经济学者以为自耕农是自给自足的，其实这是远于事实的见解，在黄河及白河两流域间，自耕农很占优势，然而大多数和别处的贫农一样，所有土地，不足耕种。

（一）土地分配不均

白河流域的土地，分配的就很不平均。河北省定县，自耕农占百分之七十，佃农仅占百分之五，然而经过调查的一四六一七农家之中，有百分之七十的农家占有耕地不到全数的百分之三十，其余不到百分之三的农家，占有耕地几当全数五分之一。

定县的土地分配表（一三四村，一九三〇—一九三一年）

耕地量	农家数目	农家百分比	占有地亩	地亩百分比	每家平均数
无地可耕者	1725	11.8	—	—	—

---

① 陈翰笙、薛暮桥、冯和法编《解放前的中国农村》第 2 辑，中国展望出版社，1987 年，第 80～93 页。原作以英文写成，1933 年由黄汝骧译为中文，发表于《中国经济》第一卷第四、五期合刊。1934 年收入冯和法选《中国农村经济论》，文字略有改动。经钱俊瑞校正后，1937 年收入中国农村经济研究会编《中国土地问题和商业高利贷》。新中国成立后出版的《解放前的中国农村》第 2 辑也收入此文。

耕地量	农家数目	农家百分比	占有地亩	地亩百分比	每家平均数
二十五亩以下者	8721	59.7	95139	29.4	10.9
二五~四九点九亩者	2684	18.3	87903	27.1	32.8
五十~九九点九亩者	1152	7.9	79035	24.4	68.6
一〇〇~二九九点九亩者	302	2.1	46357	14.3	153.5
三〇〇亩及三〇〇亩以上者	33	0.2	15481	4.8	469.1
总计	14617	100	323915	100	22.2

定县是河北富庶之区，所以以保定为代表，来研究河北省的土地问题，较为合适。中央研究院社会科学研究所曾与北平社会调查所协同合作，在保定作过一次农村调查，调查者计有十村，凡一五六五家，其中百分之六十五的农家，不是无地可耕，就是耕地不足。

保定土地分配表（十个代表村中之地主与农民，一九三〇年）

类别	农家数目	农家百分比	占有地亩	地亩百分比	每家平均地亩
地主	58	3.7	3392	13.4	58.5
富农	125	8	7042	27.9	56.3
中农	362	23.1	8400	32.8	23.2
贫农与雇农	1020	65.2	6686	25.9	6.6
合计	1565	100	25520	100	16.3

以每个农家占有耕地的平均数而论，定县实较保定为多。定县的多数农民，每家都有二十五亩以下的土地，即贫农每家也有十亩土地，而保定的贫农与雇农，平均每家不到七亩地。所以百分之六五·二的农家只有耕地的百分之二五·九，反之百分之一一·七的地主

与富农，却有土地百分之四一·三。

在保定百分之六十以上的地主，人口占村民百分之二·三六，虽然自家管理产业，但不从事耕种。其中有百分之三以下的土地，占地百分之一〇·五七，是雇用无地或土地不足的贫农与雇农来代他们耕作的。

扬子江下游的情形与河北省大不相同，在扬州与杭州之间的地带，地主完全是收租的。自己经营的地主，甚属少见。在浙江平湖，很多大地主，该处土地多为地主所独占，地主以百分之三的人口，而占有土地百分之八十。

在平湖，因为尚有百分之四以下的耕地未曾开垦，所以地主占有耕地的百分数，显见得是耕地分配之十分不均。中小地主占有耕地百分之四〇·五二，大地主占有百分之三九·五六。占有千亩以上的地主，并不是普遍的现象，因为在扬子江流域中，中小地主实占重要地位。

平湖土地分配情形表（一九二九年）

产业量	农家数目	占有地亩	对全耕地的百分比
小地主 （1～99.9 亩）	1200	60000	11.63
中地主 （100～999.9 亩）	380	149000	28.89
大地主	66	204000	39.56
总计	1646	413000	80.08

在江苏无锡，千亩以上的地主仅有耕地百分之八·三二，中小地主却有耕地百分之三〇·六八。该地百分之九的土地，属于地方公团、庙宇及各宗族。只有余下的百分之五二的耕地，为六〇〇〇〇〇农民所有。中央研究院社会科学研究所曾在无锡调查二十个代表农村，在一〇三五农家中，其土地分配情形如下页表：

无锡的地主，仅有百分之五是自己经营田产，他们在农村户口中只占百分之六以下，却占有耕地百分之四七，其余百分之六九的人家，都是贫农与雇农，他们占有的田地，仅为百分之一四·二。

无锡土地分配表（一九二九年二十个代表村）

类别	农家数目	农家百分比	占有地亩	地亩百分比	每家平均地亩
地主	59	5.7	3217	47.3	54.5
富农	58	5.6	1206	17.7	20.8
中农	205	19.8	1418	20.8	6.9
贫农与雇农	713	68.9	965	14.2	1.4
总计	1035	100	6806	100	6.6

在杭州西边的临安土地分配，也很不平均。在一九三〇年全国建设委员会曾派十人赴该地调查，据他们的报告，十亩以下的贫农很多，临安不及无锡富庶，贫农占全人口百分之四八，所有耕地仅百分之一三。

临安土地分配表（一九三〇年）

耕地量	农家数目	农家百分比	占有地亩	土地百分比
1 – 5.99 亩	3113	31.0	16000	7.0
6 – 10.99 亩	1718	17.1	14000	6.1
11 – 50.99 亩	4106	40.8	20000	8.7
51 – 100.99 亩	646	6.4	60000	26.1
101 – 200.99 亩	382	3.8	70000	30.4
201 – 500.99 亩	75	0.7	30000	13.0
501 亩以上	17	0.2	20000	8.7
总计	10057	100	230000	100

在淮河流域与扬子江流域之间的山地，土壤的硗瘠，更次于临安。这一带的土地，分配的更不平均。河南南阳县，有百分之六五的人口都是贫农，他们所有的耕地，仅当全农地五分之一。该地占有二十五亩的农家，通常也算作贫农。中农通常有土地五十亩至七十亩，富农平均享有农田百亩。

南阳土地分配表（一九三三年）

产业量	农家数目	农家百分比	占有地亩	土地百分比
1–4.99 亩	42279	38.9	126800	7.2
5–9.99 亩	28625	26.3	229000	13.0
10–49.99 亩	33355	30.6	867100	49.3
50–99.99 亩	3487	3.2	263300	14.9
100–199.99 亩	850	0.8	127900	7.3
200 亩以上	244	0.2	146300	8.3
总计	108840	100	1760400	100

关于福建、云南、广东、广西、西南诸省的土地分配情形，现在没有详细报告，《广东省农业调查报告》一书上卷于一九二五年由广东大学刊行，下卷于一九二九年由中山大学农院刊行；该书对广东土地分配情形虽略有叙述，惟对于土地占有情形，则毫未说明。两位热心的苏联学者，佛林（M. Volin）与约克（E. Yolk）氏，曾于一九二六年夏季到广东，搜集材料，以便研究农民问题。根据这些材料，匈牙利人马季亚尔（L. Magyar）氏对广东土地分配情形，曾有一种估计。佛约两氏的材料，完全是从当时的农民协会搜集而来，该会为富农及中农所主持，因之马季亚尔氏的估计决不正确。因为材料来源的限制，所以他对于贫农的经济情形，没有充分注意。马氏说广东的贫农之家，平均有田五亩，是远于事实的估计。

马季亚尔的文章发表于一九二七年，至一九二九年重加订正，并有以下的叙述："大略计之，西南诸省的地主，占有耕地百分之六十到七十，扬子江流域占有百分之五十到六十，河南陕西占有百分之五十，山东占有百分之三十到四十，湖北占有百分之十到三十，辽宁、吉林、黑龙江、热河、察哈尔、绥远等省占有百分之五十到七十。"因为地主与无土地者同时并存，并且在广东省无土地者尤独多，所以广东省的土地分配情形，我们应重新估计如下：

广东省土地分配表（一九三三年估计）

类别	农家数额	农家百分比	占有地亩	土地百分比	每家平均地亩
地主	110000	2	22360000	52	203.3
富农	220000	4	5460000	13	24.8
中农	1090000	2	6550000	15	6.0
贫农及雇农	4040000	74	8080000	19	2.0
总计	5460000	100	42450000	100	7.8

百分之七十四的贫苦农家，占有耕地不及五分之一，同时百分之二的人家，却占有耕地二分之一以上。这是广东省的普遍情形。广西的东部，有七县在一九二六年经塔汉诺夫（Tahanoff）调查过，当地的百分之二的人家占有土地百分之七十一，百分之二十五的人家仅有土地百分之二十九，其余百分之七十的人家，则贫无立锥之地。

……

第三章

无锡保定农村经济调查办公室致陈翰笙函（1959 年 4 月 9 日)[①]

翰笙先生：

关于去年春天开始进行的无锡保定两地农村经济调查，江苏和河北两省统计局早在去年八、九月间即已完成了资料搜集和数字汇总工作，并写出两地调查报告初稿。我们根据领导上的指示，在两省调查报告的基础上，再写出一个包括地区对比和历史对比的综合分析报告。

编写这个报告的过程中我们发现解放前两地出现如下一些现象，即地权分散，经营缩小，租佃、借贷、雇佣等剥削关系收缩。为什么在农村经济愈趋贫困化的过程中会出现如上一些现象，我们感到难

---

① 资料来源：陈翰笙未刊档案，童瑜琼（陈翰笙家属）提供。

以理解，是否阶级划分上有不切实际之处，因此我们在原划阶级的基础上对每户阶级成分重新作了一次审查和修订，并根据修订后的阶级进行分组汇总。这项工作相当艰巨，花费了我们相当多的人力和时间。经过重新汇总以后的材料却仍然出现了上述现象，因此我们有必要先对这些现象加以探讨和说明，否则整个报告不好写下去。现在把这个初步探讨和说明随函附呈，请您审查。这份材料主要是对于抗战前十年内战时期蒋政权统治下半封建半殖民地社会土地制度的演变趋势及其规律的初步看法，这些看法有的是编写这一报告所必须解决的理论问题，有的可能牵涉的范围广一些，远一些，（目前不好解决）由于不易分割开来，故仍一并呈上，究竟其中那些看法可以肯定，那些看法是不完全的，那些看法是错误的，还有一些什么其他看法可以更好说明当时现象，希望得到您的指示，以便有所遵循。

这份材料经审查后，我们拟以这一材料作基础写成整个报告的绪论，除此以外，我们目前正在编写其余各章，并力争在本年五、六月间陆续打印送审，现在先将各节的简要内容一并送请审查。

此致

敬礼！

无锡保定农村经济调查办公室

附送：一、近三十年来无锡保定农村社会经济的演变报告提纲（略）

二、无锡保定两地十年内战时期土地制度演变趋势（略）

第四章

1929 年江苏无锡 20 个村户的经济基本情况（节选）[①]

	户数（户）	人口（人）	所有耕地（亩）	使用耕地（亩）
20 村合计	1102	5348	6279.17	7622.41
地主	58	333	2532	461.15
富农	59	389	1243.42	1268.88
中农	207	1004	1369.73	2230.09
贫农	690	3252	1100.03	3619.45
雇农	13	46	—	—
其他	75	324	33.99	42.84
东吴塘计	51	240	194.2	242.9
地主	2	11	24	10.8
中农	13	66	103.9	69.3
贫农	33	154	60.8	161.3
其他	3	9	5.5	1.5
小房巷计	34	148	228.3	286
地主	4	21	59.55	26
富农	1	3	10	12
中农	9	52	110.75	130
贫农	20	72	48	118
邵巷计	78	416	940.7	1090.5
地主	2	12	75	29.5
富农	21	158	640.8	510
中农	19	81	138.9	231.4
贫农	36	165	86	319.6
龚巷计	39	177	173.2	230.8
地主	1	5	18.5	14

① 《无锡市近三十年来农村经济调查报告（1958 年）》（一），无锡市档案馆，B15-3-19，第 4~10 页。原表罗列了 20 个代表村的多项指标，本书因篇幅关系，仅节选其中关于户数、人口和耕地的数据，劳动力、农产量、收入等项暂略。该表格在复制过程中有部分数据缺失，承范世涛副教授和隋福民研究员的帮助，笔者依据经济研究所收藏的相关资料对此做了增补。

	户数（户）	人口（人）	所有耕地（亩）	使用耕地（亩）
富农	1	11	18	7
中农	10	49	78.6	90.6
贫农	27	112	58.1	119.2
前章计	63	308	265.2	383
富农	1	12	25.75	15.75
中农	22	116	170.65	201.65
贫农	36	160	68.8	165.6
其他	4	20	—	—
唐家塘计	79	429	212.75	484.9
地主	2	8	61.5	3.5
富农	7	4	18	12.5
中农	8	52	45.1	93.8
贫农	59	327	87.85	370.5
其他	9	38	0.3	4.6
张巷桥计	45	250	83.9	99
地主	9	54	35	12.5
中农	2	11	7.5	16.5
贫农	21	101	29.4	60.9
雇农	2	5	—	—
其他	11	79	12	9.1
跨上泾计	38	156	196.55	262.7
地主	2	14	163	22
中农	8	38	19.4	125.4
贫农	21	84	13.4	113.6
其他	7	20	0.75	1.7
毛村计	68	345	384.48	521.89
地主	5	35	216.8	94
富农	2	18	21	38
中农	12	69	80.2	134.3
贫农	45	208	64.08	251.69

	户数（户）	人口（人）	所有耕地（亩）	使用耕地（亩）
其他	4	15	2.4	3.9
苏巷计	37	166	46.3	193.6
中农	1	6	3	12.5
贫农	36	160	43.3	181.1
张塘巷计	38	178	756.9	239.45
地主	3	10	723	9
中农	3	16	17	36.3
贫农	30	146	16.9	193.55
雇农	1	1	—	—
其他	1	5	—	0.8
周家桥计	16	83	50.9	353.15
富农	5	38	46.2	176.85
中农	4	18	4.6	83.7
贫农	7	27	0.1	92.6
白水荡计	32	153	40.6	117.3
贫农	30	145	37.6	115.3
雇农	1	3	—	—
其他	1	5	3	2
小沙头计	73	274	361.73	740.82
地主	1	2	13.5	6
富农	8	38	138.2	159.6
中农	28	106	146.34	375.65
贫农	34	124	63.17	199.57
其他	2	4	—	—
黄土泾桥计	80	430	283.92	438.56
地主	3	23	34.8	8
富农	4	22	34.35	38.78
中农	10	59	64.79	101.14
贫农	58	300	145.78	287.44
雇农	1	5	—	—

续表

	户数（户）	人口（人）	所有耕地（亩）	使用耕地（亩）
其他	4	21	4.2	3.2
曹庄计	57	245	694.5	542.8
地主	4	17	206.5	53.5
富农	9	46	179	183
中农	17	68	148.3	162.3
贫农	27	114	160.7	144
西大房计	60	287	599	490.15
地主	9	46	247.35	116.35
富农	5	36	111.6	94.4
中农	21	101	171.15	171.5
贫农	24	101	68.9	107.9
雇农	1	3	—	—
新开河计	25	132	617.05	208.55
地主	10	69	563.5	50
富农	1	3	—	21
中农	8	34	41.55	98.55
贫农	6	26	12	39
前刘巷计	77	422	119.2	348.8
地主	1	6	90	6
中农	3	17	8.5	17
贫农	65	365	20.7	322.3
雇农	4	19	—	—
其他	4	15	—	3.5
黄巷计	112	509	29.79	347.54
中农	9	45	9.5	78.5
贫农	75	361	14.45	256.5
雇农	3	10	—	—
其他	25	93	5.84	12.54

主要参考文献

一　原始档案、资料汇编

无锡市锡山区档案馆馆藏档案

无锡市档案馆馆藏档案

江苏省档案馆馆藏档案

华东局秘书处编《华东农村工作资料汇集（一）——减租及合理负
　　担》，1949 年。

苏南区农民协会筹备会编《苏南农村经济研究资料》第 1～3 期，
　　1950 年 1 月 10 日～2 月 20 日出版。

苏南人民行政公署土地改革委员会编《苏南土改情况》第 1～61 期，
　　1950 年 10 月 20 日～1951 年 8 月 16 日。

华东军政委员会财政经济委员会辑《华东区财政经济法令汇编》，华
　　东人民出版社，1951 年。

苏南人民行政公署土地改革委员会编《土地改革前的苏南农村》，
　　1951 年。

中国共产党苏南区委员会农村工作委员会编《苏南土地改革文献》，
　　1952 年。

中共苏北区委农村工作委员会、苏北人民行政公署土地改革委员会
　　编《苏北土地改革文献》，1952 年。

华东军政委员会土地改革委员会编《江苏省农村调查》，1952 年。

华东军政委员会土地改革委员会编《浙江省农村调查》，1952年。

华东军政委员会土地改革委员会编《华东区土地改革成果统计》，
　　1952年。

中共江苏省委农村工作委员会编《江苏省农村经济情况调查资料》，
　　1953年。

李文治、章有义编《中国近代农业史资料》（第1－3辑），生活·读
　　书·新知三联书店，1957年。

中国社会科学院经济研究所中国现代经济史组：《第一、二次国内革
　　命战争时期土地斗争史料选编》，人民出版社，1981年。

薛暮桥、冯和法编《〈中国农村〉论文选》（上、下），人民出版社，
　　1983年。

陈翰笙、薛暮桥、冯和法编《解放前的中国农村》（第1－3辑），中
　　国展望出版社，1985－1989年。

中共江苏省委党史工作委员会、江苏省档案馆编《苏南抗日根据
　　地》，中共党史资料出版社，1987年。

高景岳、严学熙编《近代无锡蚕丝业资料选辑》，江苏人民出版社、
　　江苏古籍出版社，1987年。

《中国的土地改革》编辑部、中国社会科学院经济研究所现代经济史
　　组编《中国土地改革史料选编》，国防大学出版社，1988年。

《当代中国农业合作化》编辑室编《中国农业合作史资料》1988年
　　第2期（增刊），"解放前后无锡保定农村经济"（专辑）。

中国社会科学院、中央档案馆编《中华人民共和国经济档案资料选
　　编（1949－1952）》（农村经济体制卷），社会科学文献出版社，
　　1992年。

中共江苏省委党史工作委员会、江苏省档案馆编《苏南行政区
　　(1949－1952)》，中共党史出版社，1993年。

中共江苏省委党史工作办公室、江苏省档案馆、南京市档案馆编

《江苏土地改革运动（1950－1952）》，1998 年。

中共江苏省委党史工作办公室编《陈丕显在苏南》，中共党史出版
社，1998 年。

前南京国民政府司法行政部编、胡旭晟等点校《民事习惯调查报告
录》（上、下），中国政法大学出版社，2000 年。

二 民国时期调查资料

蒋启藩：《游开原乡记》，《学生杂志》第 4 卷第 5 期，1917 年。

东南大学农科编《江苏省农业调查录（苏常道属）》，江苏省教育实
业联合会，民国十二年（1923）8 月。

容盦：《各地农民状况调查：无锡》，《东方杂志》第 24 卷第 16 期，
"农民状况调查号"，民国十六年（1927）8 月。

陈翰笙等：《亩的差异：无锡 22 村稻田的 173 种大小不同的亩》，
上海：国立中央研究院社会科学研究所，民国十八年（1929）。

孙东城等：《农村调查实录：无锡鲍家庄》，《明日之江苏》第 2 卷第
1 期，民国十九年（1930）1 月。

钱俊瑞、秦柳方：《黄巷经济调查统计》，《教育与民众》第 1 卷第 8
期，民国十九年（1930）3 月。

钱俊瑞、秦柳方《黄巷经济调查统计》（续），《教育与民众》第 1 卷
第 9 期，民国十九年（1930）4 月。

江苏省立民众教育院、劳农学院实验区编《黄巷实验区》，民国十九
年（1930）6 月。

顾倬等编《江苏无锡县农村经济调查第一集·第四区》，江苏省农民
银行总行，民国二十年（1931）。

詹念祖编《江苏省一瞥》，商务印书馆，1931 年。

余霖：《江南农村衰落的一个索引》，《新创造》第 2 卷第 1、2 期合
刊，民国二十一年（1932）7 月。

华洪涛：《无锡一隅之农村概况》，《教育与民众》第 3 卷第 7 期，民
　　国二十一年（1932）3 月。

实业部国际贸易局编纂《中国实业志 江苏省》，1933 年。

龚骏：《中国都市工业化程度之统计分析》，商务印书馆，1933 年。

叶谦吉：《江苏无锡堰桥一百十三农家土地利用之研究》，《农林汇
　　刊》第 4 号，民国二十三年（1934）2 月。

胡焕庸：《江苏省之农产区域》，《地理学报》创刊号，民国二十三年
　　（1934）年 9 月。

陈翰笙：《广东的农村生产关系与农村生产力》，上海：中山文化教
　　育馆，民国二十三年（1934）。

行政院农村复兴委员会：《江苏省农村调查》，商务印书馆，民国二
　　十三年（1934）7 月。

顾振中：《无锡农村经济衰落之现状》，《农行月刊》第 1 卷第 2 期，
　　民国二十三年（1934）6 月。

倪养如：《无锡梅村镇及其附近的农村》，《东方杂志》第 32 卷第 2
　　号，民国二十四年（1935）1 月。

陈一：《无锡农村之现况》，《农行月刊》第 2 卷第 4 期，民国二十四
　　年（1935）4 月。

钱俊瑞：《评陈翰笙先生著〈现今中国的土地问题〉：兼评陈先生近
　　著〈广东的农村生产关系与农村生产力〉》，《中国农村》第 1 卷
　　第 5 期，民国二十四年（1935）2 月。

苏锡生：《无锡农民副业之今昔观》，《东方杂志》第 32 卷第 10 号，
　　民国二十四年（1935）5 月。

张益圃：《江苏的土地分配和租佃制度》，《中国农村》第 1 卷第 8
　　期，民国二十四年（1935）5 月。

施琦：《无锡开原乡的农村经济》，《中国农村》第 1 卷第 9 期，民国
　　二十四年（1935）6 月。

韦健雄：《无锡三个农村底农业经营调查》，《中国农村》第 1 卷第 9 期，民国二十四年（1935）6 月。

王天予：《无锡北夏的农村经济》，《农行月刊》第 2 卷第 11 期，民国二十四年（1935）11 月。

《本院普及民众教育之两个实验》，《教育与民众》第 4 卷第 3 期，1932 年。

赵冕：《北夏的实验》，《教育与民众》第 4 卷第 7 期，1933 年。

赵步霞：《北夏第二年》，《教育与民众》第 6 卷第 6 期，1935 年；

《北夏第三年》，《教育与民众》第 7 卷第 3 期，1935 年。

赵如珩编《江苏省鉴》，新中国建设学会，1935 年。

殷惟龢编《江苏六十一县志》，商务印书馆，1936 年。

江苏省秘书处编《三年来江苏省政述要》（上、下），1936 年。

俞庆棠编《农村生活丛谈》，申报馆，1937 年。

中国农村经济研究会编《中国土地问题和商业高利贷》，上海黎明书店，1937 年。

王培棠编著《江苏省乡土志》（上、下），商务印书馆，1938 年。

阮荫槐：《无锡之土地整理（一）、（二）》，见萧铮主编《民国二十年代大陆土地问题资料丛书》，台北成文出版社有限公司、美国中文资料中心，1977 年影印本，第 35、36 册。

阮荫槐：《无锡实习调查日记》，见萧铮主编《民国二十年代大陆土地问题资料丛书》，台北成文出版社有限公司、美国中文资料中心，1977 年影印本，第 98 册。

何梦雷：《苏州无锡常熟三县佃租制度调查》，见萧铮主编《民国二十年代大陆土地问题资料丛书》，台北成文出版社有限公司、美国中文资料中心，1977 年影印本，第 63 册。

奉派无锡县公署实习员姚蝶侬、冯志成编订《二十八年无锡县行政状况调查报告书》，1939 年。

清乡委员会经济设计委员会编《清乡区经济概况调查报告》，南京中
　　文仿宋印书馆，民国三十一年（1942）7月。

《国民党政府农林部关于苏豫皖三省租佃制度及推行「二五减租」情
　　形的调查报告》（国民政府行政院档案），民国三十五年（1946），
　　中国科学院历史研究所第三所南京史料整理处选辑《中国现代
　　政治史资料汇编》，油印本，第4辑第29册。

严保滋主编《无锡县地籍整理办事处两周年纪念特刊》，民国三十七
　　年（1948）11月。

"满铁"上海事务所调查室编『江蘇省無錫県農村実態調査報告書』、
　　昭和十六年（1941）。

"满铁"上海事务所调查室编『堰橋鎮事情』、昭和十六年（1941）。

三　地方文献

（清）顾觐光辑《顾义庄事略》，清道光顾氏义庄刻本，1册。

（清）华翼纶辑《华氏新义庄事略》，清光绪二十一年（1895）存裕
　　斋活字印本，2册。

严毓芬等辑《严氏义庄章程》不分卷，民国三年（1914）刻本，
　　1册。

侯鸿鉴纂修《锡金乡土地理》，清光绪三十二年（1906）无锡艺文斋
　　活字本。

侯鸿鉴纂修《锡金乡土历史》，清光绪三十二年（1906）无锡艺文斋
　　活字本，清光绪三十四年（1908）梁溪文苑阁活字本。

（清）王抱承纂、（民国）萧焕梁续纂《无锡开化乡志》，（清）王
　　鉴纂《瞻桥小志》，佚名纂《无锡斗门小志》，均见于《中国
　　地方志集成·乡镇志专辑》第14册，江苏古籍出版社1992年
　　影印本。

（清）黄印《锡金识小录》，《无锡文库》第2辑，凤凰出版社，2012年。

龚栽卿编《无锡日用游览指南》，民国十三年（1924）3月再版。

孙云年：《无锡游览指南》，无锡娱乐周刊社，民国二十六年（1937）
4月初版。

薛明剑等：《无锡指南》，民国八年（1919）7月初版，民国三十六
年（1947）4月第17版。

芮麟等：《无锡导游》，无锡导游社，民国二十三年（1934）4月
初版。

盖绍周主编《无锡导游》，大锡出版社，民国三十七年（1948）3月
初版。

无锡县政府、无锡市政筹备处主编《第一回无锡年鉴》，民国十九年
（1930）4月初版。

无锡县政府编《无锡概览》，民国二十四年（1935）5月出版。

羊冀成等编《无锡米市调查》，社会经济调查所发行，1939年。

无锡县玉祁镇人民政府编《玉祁史鉴》，上海人民出版社，1990年。

杨市镇人民政府：《杨市乡志》，1991年。

童子明主编《梅村志》，江苏科学技术出版社，1991年。

锡山市雪浪镇乡土史编委会：《雪浪乡土史》，1996年。

张岳根主编《前洲镇志》，江苏人民出版社，2002年。

东亭镇志编纂委员会编《东亭镇志》，江苏人民出版社，2003年。

陈国柱主编《扬名镇志》，方志出版社，2004年。

李树勋主编《小镇春秋：无锡严家桥史话》，方志出版社，2004年。

无锡市太湖文史编纂中心编《梅里志·泰伯梅里志》，中国文史出版
社，2005年。

中共羊尖镇委员会、羊尖镇人民政府编《拂尘露珠话辉煌：无锡历
史名镇严家桥》，黑龙江人民出版社，2006年。

吴文勉、武力：《马鞍村的百年沧桑：中国村庄经济与社会变迁研
究》，中国经济出版社，2006年。

谈汗人主编《无锡县志》，上海社会科学院出版社，1994 年。

蒋国良主编《无锡县农业志》，中国农业出版社，1996 年。

彭焕明主编《无锡县土地志》，江苏人民出版社，1998 年。

王赓唐：《知半斋文集》，学苑出版社，2001 年。

王赓唐：《知半斋续集》，学苑出版社，2006 年。

四 回忆、口述史料

廖凯声：《社会科学研究所无锡农村调查记略》（1930 年 3 月），《国
　　立中央研究院院务月报》第 1 卷第 8 期，1930 年。

陈枕白：《〈往事与回忆〉摘录（一）》，无锡市政协文史资料研究委
　　员会编《无锡文史资料》第 2 辑，1981 年。

秦柳方：《回忆一九二九年无锡农村调查》，中共无锡市、县党委党
　　史办公室，无锡市档案局编《无锡革命史料选辑》（第 10 辑），
　　1987 年。

陈翰笙：《中国农村经济研究之发轫》（1930 年 7 月），陈翰笙、薛暮
　　桥、冯和法编《解放前的中国农村》第 2 辑，中国展望出版社，
　　1987 年，第 3 - 7 页。

秦柳方：《云海滴翠》，中国财政经济出版社，1995 年。

陈翰笙：《四个时代的我》，任雪芳整理，中国文史出版社，1988 年。

薛暮桥：《薛暮桥回忆录》，天津人民出版社，1996 年。

欧阳惠林：《经历与往事》，中共江苏省委党史工作办公室编，2000 年。

五 著作、论文

（一）中文著作

天津市土地改革参观团等编《我们参观土地改革以后》，五十年代出
　　版社，1951 年。

吴景超、杨人梗、雷海宗等：《土地改革与思想改造》（第 5 辑），光

明日报出版社，1951 年。

苏南人民行政公署土地改革委员会编《我所见到的苏南土地改革运
　　动》，1951 年。

潘光旦、全慰天：《苏南土地改革访问记》，生活·读书·新知三联
　　书店，1952 年。

〔美〕韩丁：《翻身：中国一个村庄的革命纪实》，北京出版社 1980
　　年中译本。

〔加〕伊莎贝尔·柯鲁克、〔英〕大卫·柯鲁克：《十里店：中国一个
　　村庄的群众运动》，北京出版社 1982 年中译本。

陈翰笙：《解放前的地主与农民——华南农村危机研究》，冯峰译，
　　中国社会科学出版社，1984 年。

费孝通：《江村经济（中国农民的生活)》，戴可景译，江苏人民出版
　　社，1986 年。

中共江苏省委党史工作委员会《苏南抗日斗争史稿》编写组：《苏南
　　抗日斗争史稿》，江苏人民出版社，1987 年。

茅家琦、李祖法主编《无锡近代经济发展史论》，企业管理出版社，
　　1988 年。

章有义：《近代徽州租佃关系案例研究》，中国社会科学出版社，
　　1988 年。

洪焕椿、罗仑主编《长江三角洲地区社会经济史研究》，南京大学出
　　版社，1989 年。

〔美〕黄宗智：《长江三角洲小农家庭与乡村发展》，中华书局，1992 年。

乌廷玉：《中国租佃关系通史》，吉林文史出版社，1992 年。

郭德宏：《中国近现代农民土地问题研究》，青岛出版社，1993 年。

王赓唐、汤可可主编《无锡近代经济史》，学苑出版社，1993 年。

金德群：《民国时期农村土地问题》，红旗出版社，1994 年。

吴柏均：《中国经济发展的区域研究》，上海远东出版社，1995 年。

曹锦清等：《当代浙北乡村的社会文化变迁》，上海远东出版社，1995年。

曹幸穗：《旧中国苏南农家经济研究》，中央编译出版社，1996年。

秦晖、苏文：《田园诗与狂想曲：关中模式与前近代社会的再认识》，中央编译出版社，1996年。

章有义编著《明清及近代农业史论集》，中国农业出版社，1997年。

段本洛主编《苏南近代社会经济史》，中国商业出版社，1997年。

姜涛：《人口与历史：中国传统人口结构研究》，人民出版社，1998年。

张佩国：《近代江南乡村地权的历史人类学研究》，上海人民出版社，2002年。

庄孔韶等：《时空穿行：中国乡村人类学世纪回访》，中国人民大学出版社，2004年。

复旦大学历史学系、复旦大学中外现代化进程研究中心编《近代中国的乡村社会》，世纪出版集团、上海古籍出版社，2005年。

高王凌：《租佃关系新论：地主、农民和地租》，上海书店出版社，2005年。

〔美〕白凯：《长江下游地区的地租、赋税与农民的反抗斗争，1840－1950》，林枫译，上海书店出版社，2005年。

赵冈：《永佃制研究》，中国农业出版社，2005年。

赵冈：《中国传统农村的地权分配》，新星出版社，2006年。

李德英：《国家法令与民间习惯：民国时期成都平原租佃制度新探》，中国社会科学出版社，2006年。

莫宏伟：《苏南土地改革研究》，合肥工业大学出版社，2007年。

张玮：《战争·革命与乡村社会：晋西北租佃制度与借贷关系之研究：1937－1945》，中国社会科学出版社，2008年。

汪效驷：《江南乡村社会的近代转型——基于陈翰笙无锡调查的研究》，安徽人民出版社，2009年。

张一平：《地权变动与社会重构：苏南土地改革研究（1949－1952）》，

上海人民出版社，2009年。

张丽：《非平衡化与不平衡：从无锡近代农村经济发展看中国近代农村经济的转型（1840－1949）》，中华书局，2010年。

曹树基、刘诗古：《传统中国地权结构及其演变》，上海交通大学出版社，2014年。

邢丙彦：《近代松江土地租佃制度研究》，上海人民出版社，2015年。

汪春劼：《无锡：一座江南水城的百年回望》，同济大学出版社，2018年。

张之毅：《无锡、保定农村社会调查和土地制度的演变》，商务印书馆，2019年。

（二）中文论文

程潞等：《江苏省苏锡地区农业区划》，《地理学报》1959年第3期。

汤可可：《抗战前的无锡农村副业》，《中国农史》1983年第1期。

严学熙：《蚕桑生产与无锡近代农村经济》，《近代史研究》1986年第4期。

章有义：《本世纪二三十年代我国地权分配的再估计》，《中国社会经济史研究》1988年第2期。

郭德宏：《旧中国土地占有状况及发展趋势》，《中国社会科学》1989年第4期。

苏少之：《论我国农村土地改革后的"两极分化"问题》，《中国经济史研究》1989年第3期。

曹幸穗：《旧中国苏南城居地主的土地租佃》，《古今农业》1990年第2期。

崔晓黎：《家庭·市场·社区：无锡清苑农村社会经济变迁的比较研究（1929－1949）》，《中国经济史研究》1990年第1期。

崔晓黎：《变迁中的传统农业与社区市场：无锡县和清苑县近代农村社会经济变迁的比较研究》，《农村经济与社会》1990年第4期。

吴柏均：《无锡区域农村经济结构的实证分析（1920－1949）》，《中国经济史研究》1991 年第 3 期。

陈廷煊：《近代中国地主土地所有制下的租佃关系》，《中国经济史研究》1991 年第 4 期。

李伯重：《简论"江南地区"的界定》，《中国社会经济史研究》1991 年第 1 期。

周振鹤：《释江南》，钱伯城主编《中华文史论丛》（第 49 辑），上海古籍出版社，1992 年，第 141－147 页。

秦晖：《封建社会的"关中模式"——土改前关中农村经济研析之一》，《中国经济史研究》1993 年第 1 期。

唐文起：《抗战前江苏农村土地所有权浅析》，《民国档案》1993 年第 3 期。

史建云：《近代华北平原自耕农初探》，《中国经济史研究》1994 年第 1 期。

丁沧水：《近代嘉湖地区土地关系的变化》，《湖州师专学报》1995 年第 1 期。

许辉、吴玉琴：《苏南地区土地改革运动述略》，《学海》1996 年第 3 期。

朱玉湘：《试论近代中国的土地占有关系及其特点》，《文史哲》1997 年第 2 期。

赵冈：《从制度学派的角度看租佃制》，《中国农史》1997 年第 2 期。

史建云：《近代华北平原地租形态研究——近代华北平原租佃关系探索之一》，《近代史研究》1997 年第 3 期。

史建云：《近代华北平原佃农的土地经营及地租负担——近代华北平原租佃关系探索之二》，《近代史研究》1998 年第 6 期。

乌廷玉：《旧中国地主富农占有多少土地》，《史学集刊》1998 年第 1 期。

朱文强：《怎样认识 20 至 50 年代无锡农民的纯收入：对〈第二次无锡、保定农村经济调查报告〉的再研究》，《中国经济史研究》1998 年第 3 期。

曹幸穗：《民国时期农业调查资料的评价与利用》，《古今农业》1999 年第 3 期。

钞晓鸿：《本世纪前期陕西农业雇佣、租佃关系比较研究》，《中国经济史研究》1999 年第 3 期。

侯建新：《二十世纪二三十年代中国农村经济调查与研究评述》，《史学月刊》2000 年第 4 期。

侯建新：《近代冀中土地经营及地权转移趋势——兼与前工业英国地权转移趋势比较》，《中国经济史研究》2001 年第 4 期。

刘克祥：《20 世纪 30 年代地权集中趋势及其特点——30 年代土地问题研究之二》，《中国经济史研究》2001 年第 2 期。

刘克祥：《20 世纪 30 年代土地阶级分配状况的整体考察和数量估计——20 世纪 30 年代土地问题研究之三》，《中国经济史研究》2002 年第 1 期。

赵冈：《地权分配的长期趋势》，《中国社会经济史研究》2002 年第 1 期。

温锐：《清末民初赣闽边地区土地租佃制度与农村社会经济》，《中国经济史研究》2002 年第 4 期。

史志宏：《20 世纪三、四十年代华北平原农村的土地分配及其变化——以河北省清苑县 4 村为例》，《中国经济史研究》2002 年第 3 期。

史志宏：《20 世纪三四十年代华北平原农村的租佃关系和雇佣关系——以河北省清苑县 4 村为例》，《中国经济史研究》2003 年第 1 期。

王瑞芳：《新中农的崛起：土改后农村社会结构的新变动》，《史学月刊》2003 年第 7 期。

李金铮、邹晓昇：《二十年来中国近代乡村经济史的新探索》，《历史研究》2003 年第 4 期。

武力：《20 世纪 30 - 40 年代保定农村土地分散趋势及其原因》，《古今农业》2004 年第 3 期。

李善峰：《20 世纪的中国村落研究：一个以著作为线索的讨论》，《民俗研究》2004 年第 3 期。

黄道炫：《一九二〇——一九四〇年代中国东南地区的土地占有：兼谈地主、农民与土地革命》，《历史研究》2005 年第 1 期。

徐畅：《农家负债与地权异动——以 20 世纪 30 年代前期长江中下游地区农村为中心》，《近代史研究》2005 年第 2 期。

〔日〕村松祐次：《清末民初江南地主制度文书研究》，邢丙彦译，《史林》2005 年第 3 期。

高王凌：《拟解地租率》，《读书》2005 年第 11 期。

莫宏伟：《近代中国农村的永佃权述析——以苏南为例》，《学术论坛》2005 年第 7 期。

莫宏伟：《苏南土地改革后农村各阶层思想动态述析（1950 - 1952)》，《党史研究与教学》2006 年第 2 期。

慈鸿飞：《民国江南永佃制新探》，《中国经济史研究》2006 年第 3 期。

秦晖：《"业佃"关系与官民关系——传统社会与租佃制再认识之二》，《学术月刊》2007 年第 1 期。

秦晖：《关于传统租佃制若干问题的商榷》，《中国农村观察》2007 年第 3 期。

曹树基：《两种"田面田"与浙江的"二五减租"》，《历史研究》2007 年第 2 期。

曹树基：《苏南地区"田面田"的性质》，《清华大学学报》（哲学社会科学版）2007 年第 6 期。

张丽：《人口、土地和农业生产力水平：二十世纪初无锡农村地区人
　　口压力的测量》，《中国农史》2007 年第 3 期。

汪效驷、郑杭生：《史学和社会学视野中的陈翰笙无锡调查》，《苏州
　　大学学报》（哲学社会科学版）2007 年第 2 期。

史志宏：《无锡、保定农村调查的历史及现存无、保资料概况》，《中
　　国经济史研究》2007 年第 3 期。

凌鹏：《近代华北农村经济商品化与地权分散——以河北保定清苑农
　　村为例》，《社会学研究》2007 年第 5 期。

李文军、王茂盛：《论明清以来"一田两主"的地权关系及其改造》，
　　《重庆科技学院学报》（社会科学版）2008 年第 1 期。

张一平、尚红娟：《收益重组与秩序再造：建国初期的农村减租运
　　动——以无锡为中心》，《苏州科技学院学报》2010 年第 1 期。

黄正林：《近代黄河上游区域地权问题研究》，《青海民族研究》2010
　　年第 3 期。

高陆：《民国苏州的地权分配——对 1947 年至 1948 年"吴县田赋实
　　征册"的初探》，《苏州科技学院学报》（社会科学版）2010
　　年第 6 期。

张少筠、慈鸿飞：《清至新中国建立初期政府永佃权政策的演变——
　　以国家和福建地方互动为中心的考察》，《中国农史》2011 年第
　　1 期。

张一平：《苏南"土改"中一田两主地权结构的变动》，《中国农史》
　　2011 年第 3 期。

李金铮：《矫枉不可过正：从冀中定县看近代华北平原租佃关系的复
　　杂本相》，《近代史研究》2011 年第 6 期。

常明明：《集中抑或分散：土改前农村土地占有关系再探讨——以中
　　南区为中心》，《贵州社会科学》2011 年第 6 期。

张一平：《新中国建立初期的农家经济、市场变迁与制度转型——以苏南为中心的考察》，《财经研究》2011年第9期。

张丽：《1929－1948年无锡农村土地出租率和地租率的变化趋势及其原因分析》，徐秀丽、黄正林主编《中国近代乡村研究的理论与实证》，社会科学文献出版社，2012年，第259－270页。

胡英泽：《近代华北乡村地权分配再研究——基于冀鲁豫三省的分析》，《历史研究》2013年第4期。

常明明：《主动上升与被动保持：土改后农民阶层的内部分化解析——以豫、鄂、湘、赣、粤五省为中心》，《中国农史》2013年第3期。

田传浩、方丽、张旋：《中国历史上的地权分配——基于鱼鳞图册的估计》，《中国农村研究》2013年第2期。

徐畅：《民国时期中国农村地权分配及其变化》，《聊城大学学报》（社会科学版）2013年第4期。

隋福民、韩锋：《20世纪30－40年代保定11个村地权分配的再探讨》，《中国经济史研究》2014年第3期。

关永强：《农村土地产权制度的历史借鉴：近代中国地权分配研究述评》，《南开经济研究》2015年第3期。

王海光：《土改后的农村经济发展路向之管窥——以〈江苏省农村经济情况调查资料〉（1953年）为研究文本》，《中共党史研究》2015年第6期。

张会芳：《新中国成立初期无锡农村的租佃状况与减租实践》，《近代史研究》2016年第6期。

吴淑丽、辛逸：《1949－1953年农村生产的发展路向：以山东聊城县为例》，《史林》2018年第1期。

张会芳：《工商业发达地区土改后的农村经济发展路向——以苏南无锡县为中心的考察》，《史学月刊》2018年第2期。

龙登高、何国卿：《土改前夕地权分配的检验与解释》，《东南学术》
　　2018 年第 4 期。

胡英泽：《历史时期地权分配研究的理论、工具与方法——以〈中国
　　传统农村的地权分配〉为中心》，《开放时代》2018 年第 4 期。

隋福民、韩锋：《我们还能不能回到陈瀚笙？——兼论 20 世纪 30 年
　　代的无锡、保定农村调查》，《河北师范大学学报》（哲学社会科
　　学版）2019 年第 1 期。

张丽、李坤：《陈翰笙与中国土地革命和无锡保定农村调查》，《中国
　　农史》2019 年第 3 期。

郁花：《十年农村：民国时期中研院与满铁无锡农村调查比较研究》，
　　《档案与建设》2019 年第 10 期。

范世涛：《陈翰笙与国立中央研究院无锡农村经济调查》，《中国经济
　　史研究》2020 年第 5 期。

张会芳：《中共对苏南“一田两主”制的认识与改造（1950 - 1951）》，
　　《史学月刊》2020 年第 11 期。

刘志：《近代地权分配研究方法刍议——基尼系数与统计方法的运
　　用》，《近代史研究》2020 年第 1 期。

刘志：《方法与实证：近代中国土地分配问题再研究》，《华东师范大
　　学学报》（哲学社会科学版）2020 年第 2 期。

胡英泽：《近代中国地权分配基尼系数研究中若干问题的讨论》，《近
　　代史研究》2021 年第 1 期。

庞浩、徐之茵、管汉晖：《土改前后地权分配之比较：基于县志的研
　　究》，《中国经济史研究》2021 年第 1 期。

田传浩、汪序梅：《土地改革前浙江省的地权分配》，《中国土地科
　　学》2021 年第 5 期。

张家炎：《话语、现实与乡村社会——以二十世纪前半期江汉平原的
　　租佃与雇佣关系为例》，黄宗智主编《中国乡村研究》（第 16

辑），广西师范大学出版社，2021 年，第 205 - 242 页。

常明明：《中华人民共和国成立初期苏南农家经营研究》，《中国经济 史研究》2021 年第 1 期。

（三）英、日文论著

Agrarian China: Selected Source Materials from Chinese Authors, compiled and translated by the Research Staff of the Secretariat, Institute of Pacific Relations, Kelly and Walsh, Limited, Shanghai, 1938.

Yuji Muramatsu, A Documentary Study of Chinese Landlordism in Late Ch'ing and Early Republican Kiangnan, *Bulletin of the School of Oriental and African Studies*, *University of London*, Vol. 29, No. 3, 1966, pp. 566 - 599.

Robert Ash, *Land Tenure in Pre-revolutionary China*, *Kiangsu Province in the 1920s and 1930s*, London: Contemporary China Institute, 1976.

Joseph W. Esherick, Number Games: A Note on Land Distribution in Prerevolutionary China, *Modern China*, Vol. 7, No. 4, 1981, pp. 387 - 411.

Kathryn Bernhardt（白凯），*Rents*, *Taxes*, *and Peasant Resistance*, *the Lower Yangzi Region*, *1840 - 1950*, Stanford University Press, 1992.

Bell Lynda S.（夏明德），*One Industry*, *Two Chinas: Silk Filatures and Peasant-Family Production in Wuxi County*, *1865 - 1937*, Stanford University Press, 1999.

太平洋問題調査会編、杉本俊朗訳『中国農村問題』、岩波書店、昭 和十五年（1940）。

林恵海『中支江南農村社会制度研究』、東京、有斐閣、1953 年。

村松祐次『近代江南の租棧：中国地主制度の研究』、東京大学出版 会、1970 年。

高橋孝助「『居郷』の『善士』と在地地主層：江蘇省無錫・金匱県

の場合」、『近きに在りて』第 2 号、1982 年 9 月。

川勝守「清末、江南における租桟・業戸・佃戸関係：九州大学所
　　蔵江蘇省呉県冯林一桟関係簿冊について」、『史淵』114 期、
　　1977 年 3 月。

川勝守「清末民国初、江南における租桟・業戸・佃戸関係再論：
　　九州大学所蔵江蘇省呉・長洲県冯林一桟関係簿冊の再検討・
　　補遺」、『史淵』135 期、1998 年 3 月。

柳沢和也『近代中国における農家経営と土地所有：1920 – 30 年代
　　華北・華中地域の構造と変動』、御茶の水書房、2000 年。

夏井春喜『中国近代江南の地主制研究：租桟関係簿冊の分析』、汲
　　古書院、2001 年。

奥村哲『中国の資本主義と社会主義：近現代史像の再構成』、桜井
　　書店、2004 年。

小島淑男『近代中国の農村経済と地主制』、汲古書院、2005 年。

夏井春喜『中華民国期江南地主制研究』、汲古書院、2014 年。

后 记

  这本小书终于要和大家见面了，我的心情激动而又惶恐。书稿是在我的博士学位论文基础上修订而成的，前后历时不短，却依然距离理想状态尚远，充其量只能说是一个阶段的成果汇报。若能借由这本小书的出版，引起同行学友的兴趣，多予教正，则心愿足矣。

  或许是自小生长于农村的缘故，曾经较长一段时间里，我一直对"三农"问题情有独钟。因此，博士毕业论文以近代中国的农村经济和土地问题作为研究主题，并不意外，但选择无锡作为个案，则有偶然。起初，导师杨奎松教授的建议是选取若干地点，围绕民国时期各方学者和机构的农村调查进行资料比较，借以判断当时对于一些较具争议的农村社会经济问题，有无根本性的认识分歧。基于这样的考量，位于江南富庶地区、历来各种文献都比较丰富的无锡，自然进入了笔者的视野。但在阅读资料的过程中，我却感觉从社会调查角度切入有些吃力，主要原因在于部分调查背景资料的欠缺，以及对各调查数据质量与可比较性的顾虑。于是退而求其次，开始考虑利用这些资料研究当地农村的实际状况。这样转换的结果，不免使原本选题的价值和意义大打折扣，却是当时我感觉唯一可以把握的方向。磕磕绊绊许多年，终于循着这样的思路改完，却不免反躬自问：这一个案的价值何在？近代中国农村经济、土地问题以及江南历史研究均是学术积淀十分深厚的领域，我的研究对于整体知识史的推进有何贡献？受彭慕兰《腹地的构建》等著作影响，我一直期待能融合社会经济史、革命史、政治史等不同视角，从长时段勾勒无锡内部不同区域的发展轮廓。由于多种原因，这项工作只能诉诸来日，希望不会太久远。田野调查方法在社会经济史研究中早已应用相当广泛，可遗憾的是，我虽几次到过无锡，却都来去匆匆，连太湖都未看过一眼，遑论在当地沉潜下来、细致体会。江南是人间天堂，也是做研究的福地，今后应当再找机会多去走走看看，希望能对无锡这方宝地的历史文化底蕴和发展脉络有更加立体和完整的认识。

回顾这本小书从萌芽到完稿的过程，首先要感谢的是北大历史学系的多年培养，以及博士导师杨奎松教授和硕士导师徐勇教授的费心栽培。说不清与史学的缘分始于何时，但高考时报考北大历史学系，确是我的第一志愿。在北大读书期间，历史学系的办公地址还在静园西侧的二院。那座宁静的小院，如同世外桃源，在日渐浮躁和喧嚣的社会，仍保持了一片相对纯净的天空。刚入学时，我对于专业内容尚一无所知，正是系里各位师长的言传身教，使我从当初对于史学的单纯兴趣爱好，得以略窥其门径。大学二年级时，我有幸获得李政道先生设立的"莙政基金"科研资助，徐勇老师欣然应邀担任指导，并且勉励我将对"三农"问题的兴趣保持下去。第一篇变成铅字的习作，是关于抗战期间华北日系农场殖民经营的初步研究，也是经徐老师帮忙推荐给《抗日战争研究》杂志发表。杨老师是研究中国近代史的大家，治学谨严，众所周知。在我的选题和写作过程中，他始终给予极大的宽容和信任，并慷慨赠阅从境外复印或拍照的许多珍贵资料。我到无锡查资料，停留时间最长的一次有一个多月，若不是杨老师出面请朋友帮忙，难以想象，一个几乎一文不名的学生，基本住宿问题该如何解决。在论文答辩前的修改环节，杨老师曾多次耐心审读稿件，适时给予点拨，每使笔者有豁然开朗的感觉。惭愧的是，杨老师所建议的许多很好思路，至今在这部书稿中仍未得到充分体现和展开，唯有寄望于将来。

从北大毕业后，我入职中国社会科学院近代史研究所，先后在人事处、近代史资料编译室（今史料学研究室）、革命史研究室等部门实习或工作。崔军、席卫蓉、李学通、刘萍、孙彩霞、卞修跃、于化民、王士花、周斌等老师和前辈，一直关爱我的成长。在书稿漫长的修改过程中，金以林研究员、马忠文研究员、高士华研究员、杜继东研究员、马平安研究员以及青年同人任智勇、贾小叶、唐仕春、李在全、吴敏超、高莹莹、张海荣、张建、李珊、赵妍杰、魏兵兵的关心和鼓励，都令我十分难忘。最应该感谢的是黄道炫老师。曾经与他同在一个办公室四年，是多么难得的经历。有段时间心情陷入低谷，甚至萌生离职的打算，如果不是他的鼓励开导，也许我很难走出来。经历了长期写作困境后发表的第一篇习作，若不是他的敦促，可能至今还被我压在箱底，没有勇气投出去。记不清有多少次他抽出宝贵时间帮我看稿，有的稿子甚至看过前后好几个版本。他的治学境界于我是可望而不可及，但他的为人处世，永远是我学习的榜样。

书稿准备过程中，我有幸得到东京大学村田雄二郎教授的关照，赴日访学半年。其间，东京都立大学的奥村哲教授和筑波大学的山本真教授在学术动态和资料收集方面，都曾给予许多帮助。正是在悉心拜读他们大作的过程中，本书的一些基本构想逐渐清晰。信州大学的久保亨教授和明治大学的高田幸男教授慨允我参加"南京江南近现代史研究会"的考察活动，并邀请我在研究会上作报告，使我有机会听取一些有价值的意见和建议。到无锡的时候，硕士同学林小异费心帮忙安排了实地考察的机会，档案馆和图书馆的老师也都提供了热情周到的接待服务，这为本书完稿提供了重要史料基础。20世纪20年代末由陈翰笙发起的无锡农村调查以及新中国成立后的多次追踪调查，名闻遐迩，对于这部分资料的认真解读，是本书的重要组成部分。陈老的后人童瑜琼阿姨、北京师范大学的范世涛副教授、社科院经济研究所的隋福民研究员和毕业于南京大学的郁花老师，都为我使用未刊资料提供了便利。"陈翰笙文集工作组"各位老师独到的见解和评论，也使笔者深受启发。

书稿的部分章节，曾以单篇论文的形式在《近代史研究》《史学月刊》等杂志发表，得到徐秀丽、翁有为、潘晓霞等各位编辑老师以及匿名审稿专家的点拨。他们帮忙指出稿件中的谬误和论证薄弱之处，给了我进一步提升写作能力和认识水准的宝贵机会。2022年初，在科研处许欣舸副处长的推动和帮助下，本书有幸入选中国社会科学院创新工程学术出版资助项目。在书稿编辑出版环节，得到了社会科学文献出版社杨群总编辑、国别区域分社张晓莉社长的大力帮助和指正，在此一并深表谢意。

最后要感谢的是来自家人的理解和支持。父母虽然文化程度都不高，但在我的成长过程中，一直提供了十分开明宽松的氛围。我一天天地长大，却离他们的生活世界越来越远。父亲病重时，我未能陪侍在侧，甚至在他弥留之际，我也未能见他最后一面。回想至此，不禁泪目，心中只有深深的内疚与自责。谢谢我的先生，十年相伴，他如同温厚的兄长，也是贴心的爱人，为我的研究写作提供了最大支持。谢谢儿子，他天真可爱的模样，给平凡琐碎的日常生活增添了许多快乐与活力。

2022年5月于京北家中

图书在版编目（CIP）数据

近代无锡农村的地权、租佃与经济发展：1840～1952/张会芳著. -- 北京：社会科学文献出版社，2022.5

ISBN 978 - 7 - 5228 - 0236 - 7

Ⅰ.①近… Ⅱ.①张… Ⅲ.①土地问题 - 研究 - 无锡 - 近代 Ⅳ.①F321.1

中国版本图书馆 CIP 数据核字（2022）第 099241 号

近代无锡农村的地权、租佃与经济发展（1840～1952）

著　　者／张会芳

出 版 人／王利民
组稿编辑／张晓莉
责任编辑／叶　娟
文稿编辑／王明慧
责任印制／王京美

出　　版／社会科学文献出版社·国别区域分社（010）59367078
　　　　　地址：北京市北三环中路甲 29 号院华龙大厦　邮编：100029
　　　　　网址：www.ssap.com.cn
发　　行／社会科学文献出版社（010）59367028
印　　装／三河市龙林印务有限公司

规　　格／开 本：787mm × 1092mm　1/16
　　　　　印 张：15.75　字 数：203 千字
版　　次／2022 年 5 月第 1 版　2022 年 5 月第 1 次印刷
书　　号／ISBN 978 - 7 - 5228 - 0236 - 7
定　　价／98.00 元

读者服务电话：4008918866